本书为国家开发银行、华东师范大学共建开行—华东师大国际关系与

地区发展研究院第3期科研委托项目《"中国走出去"战略的国际政治经济研究》成果

丛 书 主 编：

　　吴征宇

编委会成员：

　　　　　徐弃郁　李 晨　马 骏　邱立波

"兴风作浪"

政治、宣传与日本帝国海军的崛起（1868-1922）

［美］约翰·查尔斯·史乐文◎著

刘旭东◎译

人民出版社

致　谢

　　非常高兴能有机会感谢很多个人、机构及组织,他们在我进行此项目的研究过程中提供了帮助、支持及指导,项目成果最终得以以本书的形式出版。我此项研究的一个核心主题是探讨一个政府机构为获得资金如何进行千方百计的努力,因此,我认为在此首先要感谢为我的研究项目提供了资金支持的很多组织机构。1995—1998 年间,我很幸运地获得了安田信托银行奖学金。该奖学金使我有机会在剑桥大学东方系攻读博士学位,没有该奖学金的慷慨资助,我不可能去剑桥进行研究生阶段学习。在 1998 年完成毕业论文之后,我再次得到了东方系的支持,分别于 1999 年和 2000 年成为一名安田及英国科学院博士后研究员。在这两年里,我开始修改毕业论文以便早日成书,同时开始规划下一个研究项目。安田信托银行及剑桥大学东方系的支持使我有了足够的时间和资源进行精雕细琢并最终将本书《"兴风作浪"》呈现在读者面前。

　　我也想利用此次机会表达对剑桥大学其他一些个人及机构的感谢。首先,特别感谢沃尔弗森学院院长戈登·约翰逊(Gordon Johnson)在我在该学院的 5 年间给予的所有帮助和指导。在此期间,我还得到了其他同行及同事们的鼓励及支持,他们是约翰·西格雷夫(John Seagrave)、蒂莫西·米德(Timothy Mead)、康拉德·居特勒(Conrad Guettler)、费丝·约翰逊(Faith Johnson)以及克莱尔·奥布莱恩(Claire O'Brien)。剑桥大学东方系的理查德·鲍林(Richard Bowring)、彼得·科尔尼基(Peter Kornicki)、休·惠特克(Hugh Whittaker)、约翰·斯温森赖特(John Swenson-Wright)、诺埃尔·彭宁顿（Noel Pinnington）以及马克·莫里斯（Mark Morris）不仅在我学习期间给予了最重要的指导，还在我进行博士后研究及论文修改时提供了宝贵的支持。感谢剑桥大学历史系的克里斯·贝利（Chris Bayly），自 1998 年以来，他一直愿意抽时间与我分享他的观点。迪克·斯梅瑟斯特（Dick Smethurst）在剑桥大学克莱尔霍学院访学期间，也经常与我分享他对日本军事史的一些真知灼见，并给我提供了不少建议，使我的书稿在很多方面都得到了改进。虽然我在英国时与他们相隔甚远，但伊恩·尼什（Ian Nish）、珍妮特·亨特（Janet Hunter）、安东尼·贝斯特（Anthony Best）、休·汤塞恩德（Sue Townsend）、约翰·韦斯蒂（John Westee）、约翰·查普曼（John Chapman）以及休·斯特罗恩（Hew Strachan）都乐于抽出时间与我分享他们对日本海军、帝国主义以及第一次世界大战的看法。最后，特别感谢我在剑桥的以下朋友：克斯廷·拉基（Kerstin Large）、罗杰·汤普森（Roger Thompson）、梅利莎·汤普森（Melissa Thompson）、托尼·巴兰坦（Tony Ballentyne）、萨利·亨德森（Sally Henderson）、托马斯·格兰特（Thomas Grant）、大卫·杰奎斯（David Jacques）、乔·哈蒙德（Joe Hammond）、巴里·斯威特曼（Barry Sweetman）、祖菲特·卡塔巴罗（Joviter Katabaro）、罗宾·内勒（Robin Naylor）和大卫·鲁尔斯（David Luhrs）。

在去剑桥大学学习之前，我在夏威夷大学完成了本科论文。正是在玛诺，我第一次对日本海军产生了兴趣。非常感谢大卫·夏贝尔（David Chappell）、伊杜斯·纽比（Idus Newby）、雷蒙德·纳恩（Raymond Nunn）、帕特·普兰斯基（Pat Polansky）、罗伯特·瓦利恩特（Robert Valliant）、嘉久男昭二（Kakuo Shōji）、千叶松井（Masato Matsui）、保罗·瓦利（Paul Varley）、乔治·秋田（George Akita）、莎伦·米尼基耶洛（Sharon Minichiello）和萨利·德雷克（Sally Drake）提供的帮助，也感谢我的以下研究生同学：苏尤米·大田（Sumie Ota）、美智子伊藤（Michiko Itō）、肯·鲁滨逊（Ken Robinson）、贝西·多恩（Betsy Dorn）、克雷格·帕森斯（Craig Parsons）、杰夫·戴姆（Jeff Dym）和大卫·阿特维尔（David Atwill）。在夏威夷大学时，我接触了一批日本学者，一直到今天他们还在美国和日本不断地给我提供很大帮助。1995 年，我有幸遇见了马克·R.皮蒂（Mark R. Peattie），他是历史系一位著名的访问学者。在一个学期的访学期间，马克在我修改论文的各个阶段给予了我很多启发和鼓励，他给我提出的建议绝对是不可或缺和弥足珍贵的。因此，除了我的导师们外，马克是最值得我感谢的。我还要感谢亨利·弗雷（Henry Frei）、布鲁斯·雷诺兹（Bruce Reynolds）、浅田·沙道（Asada Sadao）、平间余市（Hirama Yōich）、高粱久（Takahashi Hisashi）、石津友之（Ishizu Tomoyuki）和五十岚广量（Igarashi Hirokazu）。

自2000年7月以来，我一直是墨尔本大学历史系和墨尔本亚洲语言及社会学院的一名讲师。在此期间，我对书稿进行了大量也是最后阶段的修改，特别感谢下列同事的帮助和鼓励：罗莎·布雷萨克（Roza Brezac）、比尔·科尔德雷克（Bill Coaldrake）、安东尼娅·芬内娜（Antonia Finnane）、帕特里夏·格里姆肖（Patricia Grimshaw）、大卫·哈代（David Hardy）、罗伯特·霍瓦特（Robert Horvath）、玛丽·基德（Mary Kidd）、约翰·拉克（John Lack）、伊丽莎白·马尔科姆（Elizabeth Malcolm）、凯特·麦克格雷戈（Kate McGreggor）、彼得·麦克菲（Peter McPhee）、大卫·菲利普斯（David Philips）、墨尔·里克莱夫斯（Merle Ricklefs）、罗恩·里德利（Ron Ridley）、查尔斯·索瓦恩（Charles Sowerwine）、卡罗琳·史蒂文斯（Carolyn Stevens）、史蒂文·韦尔奇（Steven Welch）、斯蒂芬·惠特克罗夫特（Stephen Wheatcroft）和查尔斯·济卡（Charles Zika）。我还要感谢埃里克·范·贝姆尔（Eric van Bemmel）为这本书里的图片制作提供的帮助。来自澳大利亚其他地区的朋友也提出了一些建设性的建议或评价，他们是桑德拉·威尔逊（Sandra Wilson）、斯图尔特·娄纳（Stewart Lone）、埃利斯·蒂普顿（Elise Tipton）和本·蒂普顿（Ben Tipton）。来到墨尔本后，我认识了日本的两位学者：三蒲数土（Sakamoto Kazuto）和桥本兵彦（Hashimoto Takehiko），他们对我的书稿也做出了宝贵的评论。

非常感谢墨尔本大学图书馆日本研究书籍管理员米歇尔·霍尔（Michelle Hall）以及馆际借阅处的工作人员凯·古町（Kay Gooding）、黛德丽·格雷戈里（Deidrie Gregory）、维娅·帕蒂森（Vija Pattison）、黛安娜·谢弗（Diana Schaffer）、布朗温·托马斯（Bronwyn Thomas）和薇姬·韦斯特（Vicki West）。

在我完成手稿需要查找和借阅各种资源时,他们提供了巨大的帮助。尚木福译(Hisako Fukusawa)、秀子中村(Hideko Nakamura)和三木池田(Miki Ikeda)的辛勤工作及富有思想的评论也让我受益匪浅。墨尔本的珍妮特·宝蓝(Janet Borland)、卡罗琳·斯宾塞(Caroline Spencer)、克里斯·穆利斯(Chris Mullis)、特雷莎·卡斯泰尔韦泰雷(Teresa Castelvetere)、雷切尔·桑德斯(Rachel Saunders)、迈克·泼廷杰(Mike Pottenger)、佐薇·萨利巴(Zoe Saliba)、彼得·布雷登(Peter Breadon)、罗莎琳德·赫德(Rosalind Hearder)、理查德·特伦巴斯(Richard Trembath)和巴特·齐诺(Bart Ziino)经常给予我鼓励和启迪。

我的这本书是献给我的三位导师的,在感谢他们之前,还有一些人士需要感谢。首先,在我的整个教育生涯中,父母双亲及祖父亚瑟都给予了莫大的支持和鼓励。他们无私的爱、鼎力相助以及做出各种牺牲为我创造机遇都使我受益匪浅。我也想特别感谢萨拉,自我到了夏威夷之后,她就一直支持和鼓励我,并使我充分利用了参加各种国际交流的机会。其次,我要感谢我的日语老师们,其中最重要的是西华盛顿大学的米希科·由佐(Michiko Yusa)和夏威夷大学的角尾昭二(Kakuo Shōji),他们两人不仅帮助我提高了对日语的理解力,而且使我很早就相信学习日语对于一位历史学家的成功是至关重要的。他们的这一见解非常正确。我在从事学术研究的过程中不断得到下列历史学家和其他一些日本专家的鼓励:乌尔立赫·马米敖斯赫(Ulrich Mammitzsch)、爱德华·卡普兰(Edward Kaplan)、雷·麦金尼斯(Ray McInnes)、达尔·赛姆斯(Dal Symes)、凯瑟琳·汤姆罗诺维奇(Kathleen Tomlonovic)和帕特里克·巴克利(Patrick Buckley)。最后,我想感谢斯坦福大学出版社的所有编辑们,特别要感谢卡门·博尔冯吴(Carmen Borbon-Wu)、缪丽尔·贝尔(Muriel Bell)和约翰·费内龙(John Feneron),他们具有非凡的耐心,从我提交初稿到准备终稿,每个环节都离不开他们的支持。

最后,我要感谢我在剑桥大学攻读博士学位时的导师斯蒂芬·S.拉基(Stephen S.Large),在夏威夷大学攻读硕士学位时的导师约翰·J.斯蒂芬(John J.Stephan)以及在西华盛顿大学就读本科时的导师大卫·W.齐格勒

（David W.Ziegler）。谨以这本书献给三位导师。没有他们的指导、帮助、奉献和友谊，我不可能完成这本书的写作，也不可能成为今天这样的日本史学家。我对学术研究、历史探索、批评性思维及学习的热爱都离不开他们每个人的谆谆教诲。他们对我的帮助之大无以言表，给我提出的建议总是那么中肯，对我的热诚和友谊无处不在，对学问的热情追求总是那么坚持不懈。总之，他们是非常完美的导师。

C 目 录

ontents ★ ★ ★

引　言

　　1913 年 11 月的一天,秋风送爽,空气清新,首相山本权兵卫正微笑地注视着大海。集结在这位海军上将出身的政客面前的是海军最强大的舰队之一,类似的日本海军舰队将会在山本的有生之年光耀东京湾。今天,这些令日本皇家海军引以为豪的舰船集结在这里,举行日本自 1905 年 10 月以来最大规模的海军阅兵,当年的那次盛大庆祝仪式是为了迎接从 1904—1905 年日俄战争中凯旋的日本联合舰队。尽管本次高调集结表面上主要是为了展示日本海军性能优良的舰船,其中包括由英国制造的在当年堪称世界上排水量最大、技术最先进的金刚级巡洋舰,它不久前刚刚抵达日本。但是,在这种公开展示武力的背后仍然存在着明显的政治目的。根据东京朝日新闻社的记者报道,山本所制造的这次"华丽的视觉冲击",发生在海军大臣斋藤实在一次闭门会议上将海军五年发展计划介绍给全体内阁成员的第二天,它印证了民众的以下猜测:在下月议会会议上山本领导的政府将会推动议会批准价值高达 3.5 亿日元的海军一揽子扩军计划。① 因此,这次阅兵的时间安排绝非巧合。

---

　　① 由海军大臣斋藤实呈递给内阁的这项计划的细节可见于 Ko Hakushaku Yamamoto kaigun taisho denki hensankai(Count Yamamoto biographical compilation association),*Yamamoto Gonnohyoe den*(Biography of Yamamoto Gonnohyoe),2 vol.(Tokyo:Ko Hakushaku Yamamoto taisho denki hensankai,1938):2:1014-1015.内阁在 11 月 27 日的一次会议上决定了海军的预算。讨论细节可见于 Hara Kei'ichiro,ed.,*Hara Kei nikki*(Diary of Hara Kei),6 vols.(Tokyo:Fukumura shuppan,1965):27 Nov.1913 entry,3:367;and Banno Junji,ed.,*Takarabe Takeshi nikki*(Diary of Takarabe Takeshi),2 vols.(Tokyo:Hara shobo,1983):27 Nov.1913 entry,2:233-234.有关报纸的引用参见 Tokyo Asahi shinbun,10 Nov.1913:1。

如果说这次海军阅兵向人们展示了海军政治及民众偏爱海军的民族主义情绪，那么与首相一起出现在主检阅台的众多政客、商人和皇族名人则凸显了举行本次活动的主要政治目的——推动海军扩军。而且，正是由于日本选民地位的不断提高，日本海军军官们才将这次活动向公众开放，结果吸引了成千上万民众来到海边目睹海军的船坚炮利。一方面，海上集结的舰船显示了海军强大的实力、先进的技术以及不断壮大的军事能力；另一方面，岸边聚集的人群，特别是出现在检阅台上的那些达官贵人，则赋予了与海上展示的一切同样深刻的意义：尽管还不能完全将海军政治影响力视为日本海军如此强大的直接原因，但无疑这种政治影响力在不断增强。山本及其他海军人士深知，要想让海军梦寐以求的扩军计划得以批准，受海军之邀前来参加今天阅兵活动的达官贵人及普通民众所代表的不同社会群体是否会支持这项计划将至关重要，这些达官贵人包括国会里的政客、政友会领袖、海军装备业巨头、媒体成员和新近登基的天皇。与其他任何一次活动相比，这次盛大的海上阅兵能更好地证明实力、盛典、政治、宣传及民族主义之间互动关系的重要性，正是这种互动推动且折射出了日本现代海军的崛起。

虽然这次精心策划和组织的活动给记者、社会名流和民众都留下了深刻印象，但是日本海军并不是一直以来都享有如此强大的支持、政治影响力和军事能力的。在明治早期至中期的大部分时期（1868—1900 年），海军只不过是个很不起眼的小部门。在 19 世纪 90 年代之前，日本并不是一个海军强国。在德川时代（1603—1868 年），海军或海洋事务一直受到各种严格的限制，因此，到明治政府时期，海军既无任何优秀传统也无任何优良装备，发展海军缺乏良好的基础。而且，新政府最初的战略重点是加强对国内的控制以及镇压可能出现的任何国内叛乱，而不是向海外投送武装力量。自然，与海军比较起来，陆军的预算要求得到了更多的重视。制约海军发展的最后一个因素是，宗族派系政治对海军发展比对陆军发展形成了更大的阻碍。在 19 世纪 70 年代晚期，尽管由于前萨摩藩的首领们最终还是被吸引到海军中担任位高权重的职位，使海军在新政府中的政治代表性和影响力得到了一定的提高,但是从明治维新之初以来,陆军与长州藩之间就已经形成了十分亲密的关系。知名历史学家艾伯特·克雷格说过:"长州藩实力庞大"。陆军领袖与它的亲密关系使其在日本明治早期就享有比海军领袖更多的政治便利、政府拨款以及更大的政治影响力①。从明治政府成立至1904—1905 年的日俄战争,海军在和平时期的年预算只有两次超过了陆军;在 1905—1914 年间,只有一次超过陆军。对于日本海军来说,其在国家预算中所占份额几何以及与世界其他国家海军相比规模如何都是至关重要的因素。

　　到 1922 年,日本海军不仅实现了政治崛起,还在军事实力上成为世界海军第三强,究其原因,有几个因素非常关键。出席 1913 年盛大海军阅兵的人士所代表的不同社会群体为此发挥了重大的作用。具有讽刺意义的是,正是明治早期妨碍海军发展的那些因素迫使海军领袖们开展了以下一系列活动:在新近任职的官员中寻求政治盟友,全力以赴投入议会政治,为扩充海军舰队寻找各种理由,发动富有创新性的政治宣传,为海军发展寻求更多的预算资金。自海军在 19 世纪 70 年代早期从陆军部独立出来以来,虽然寻求得到更多的政府预算拨款还算不上海军领袖们的最重要任务,但成了他们的政治任务之一。巧合的是,在海军领袖们进行这些务实探索和政治投入的同时,在国内,日本政治也开始朝着多元化及民主化的方向不断发展;在国外,帝国主义扩张时代开始降临。这种国内外环境让日本海军受益匪浅。在国内,这种受益始于 1890 年日本国会的诞生,特别是在政友会于 1905 年成为国会中的重要势力后,海军从中的受益明显越来越多。另外,随着国内民众受教育程度的日益提高,选举权的不断普及以及印刷媒体的出现,各种信息能更便捷地传达给民众。富有远见的海军领袖们可以利用这些新渠道以一种全新的、前所未有的方式去争取及协调社会各方支持本部门的目标。最后,从地区及国际地缘政治层面看,日本海军通过诉诸包括战争在内的一些帝国主

①　Albert Craig, *Choshu in the Meiji Restoration* (Cambridge, Mass.: Harvard University Press, 1967):9.

义行径,获得了诸多机会向公众展示其拓展日本帝国疆界及夺取军事胜利
的能力。之后,海军领袖们又将这些军事成就作为向明治晚期及大正早期
政府索要更多拨款的理由。这样,帝国的疆土和军事实力又都得到了进一步
扩大。

事实证明,海军所开展的这些活动确确实实富有成效。从山本权兵卫
实现了自己政治上的异军突起开始——从海军部长秘书(1891—1896年)
到海军部长(1898—1906年)再到首相(1913—1914年)——一直到整个
第一次世界大战,海军通过认真严密的策划,逐渐发展成一个拥有丰富经验
的优秀政治机构。面对明治晚期及大正时期日本变幻莫测、日趋多元化的
政治环境,海军领袖们在山本的领导和管理下,审时度势,运筹帷幄。日本
的历史学家、记者宇崎雨城曾把山本对海军的正确领导和精心管理描述为
像"老虎守卫着自己的巢穴"一样。① 简而言之,在日本的明治晚期及大正
早期,海军部比其他任何部门都更成功地驾驭了日本政府部门间的官僚政
治。它这样做的首要目的是要服务于其部门自身,但同时也加强或促进了
议会民主的合法化,显示了大众宣传及盛典活动所具有的政治有效性,培育
了民族主义情感,从思想及实践上推进了日本帝国向南洋的扩张。而且,以
上诸多成功也使海军在政治及预算拨款上成为陆军最强劲的竞争对手。海
军的崛起使部门间的对立加剧,从而极大地影响了此书中所研究的该段时
期的日本政治、帝国及社会发展,此影响之深远远超任何日本历史学家及其
他学者的想象,而且这种重要的趋势一直延续到第二次世界大战结束。因
此,一言以蔽之,海军崛起之势可谓"兴风作浪"。

研究海军史的新范式:机构、政治与金钱

尽管历史学家有关早期日本海军所著甚少,但是研究德国、英国及美国海

---

① Uzaki Rojo.*Satsu no kaigun*,*Cho no rikugun*(The Satsuma navy and Cho-shu army)(Tokyo:
Seikyo sha 1911):6.

军的历史学家对于 19 世纪末及 20 世纪初海军发展的政治学不仅有着更强的意识,也给予了更多的关注。埃卡特·科尔第一次为有关德国皇家海军崛起的政治学研究提供了详细的历史研究成果①。在《德国的海军建设与政党政治,1894—1901 年》这本著作中,他探讨了德国海军为了获得扩建海军舰队所需的政府拨款而进行的各种政治努力,以及在德国海军成长为国家、帝权及后来战争的重要工具的背后,德国各党派和议会议员所发挥的重要作用②。在最近的一项研究中,保罗·佩蒂思琦采用类似的理论范式及方法论,论证了美国各党派及国会议员在海军 1882—1916 年间的发展过程中所发挥的关键性作用,作用之大甚至超过了同期的历任总统③。同样在最近,马克·舒尔曼和彼得·特鲁波维兹从地区和国家两个层面对促成美国海军崛起的海军政治学进行了广泛的研究④。约翰·比勒的研究集中在大西洋彼岸的英国,他论证了政治如何造就了世界上最强大的海军舰队——英国皇家海军,以及格雷斯顿—迪斯雷利时代的海军政策⑤。我在此书中的研究发现,在日本,议会议员,特别是那些来自政友会的议员,在海军的政治及军事崛起过程中同样发挥了关键性的作用。因此,我此书中的研

①　Eckart Kehr,Battleship Building and Party Politics in Germany,1894-1901,由 Pauline R. Anderson 和 Eugene N.Anderson 翻译并引进,(Chicago:University of Chicago Press,1973);初版于 1930 年,定名为 Schlachtflottenbau und Parteipolitik,1894-1901。

②　Eckart Kehr 所著的另一本关于此议题的著作为“The German Fleet in the 1890s and the Politico-Military Dualism in the Empire,”见于 Gordon A.Craig,ed.,Economic Interest,Militarism,and Foreign Policy:Essays on German History(Berkeley and Los Angeles:University of California Press,1977):1-21。

③　Paul E.Pedisich,“Congress Provides a Navy:The Emergence of a Modern Navy as a Force in Congressional Politics,1882-1916,”Ph.D.dissertation,State University of New York at Stony Brook,1998.

④　Mark Shulman,“Institutionalizing a Political Idea:Navalism and the Emergence of American Seapower,”in Peter Trubowitz,Emily Goldman,and Edward Rhodes,eds.,The Politics of Strategic Adjustment:Ideas,Institutions,and Interests(New York:Columbia University Press,1999):79-101;Peter Trubow-itz,“Geography and Strategy:The Politics of American Naval Expansion,”ibid:105-138.

⑤　John F.Beeler,British Naval Policy in the Gladstone-Disraeli Era,1866-1880(Stanford:Stanford University Press,1997):150-170,191-260.

究成果会进一步丰富现有探讨议会政治、社会与海军发展三者间关系的历史文献。

上述所有研究都属于海军史研究领域中的"新理论流派",它们为该流派的发展做出了相当大的贡献。约翰·偶田、大卫·罗森博格、约翰·哈滕多夫对"新理论流派"首次进行了详细的论述①。通过强调在19世纪末及20世纪影响海军发展的政治、官僚体制和经济因素等变量,该流派成员形成了一种新的研究方法,令人信服地论述了出于基本的经济和政治需要各国现代海军如何逐渐发展成结构复杂、政治活跃、地位显赫的政府机构。尽管海军每年需要大量政府拨款来购买、建造、维修或维护战舰和岸基设施以及维持海军机构及工作人员的正常运转,但只对战争本身或军事装备感兴趣的军事历史学家却经常忽略这一事实。为了获得这些款项,各国的海军领袖,特别是没有任何海军建设基础、新近崛起的海军大国的领袖,发现不得不采用一些富有创造性且高效的手段来说服国内政客及公众支持发展海军这一昂贵事业。在此过程中,各国海军为了实现其较为狭隘的部门利益——为自己获得更多的政府拨款,在很大程度上改变了各自国内的政治、帝权及社会。在日本,这种改变表现得最为明显。而且,由于日本的宪法所致,世界上除日本之外,其他任何国家都没有一个军事机关能如此极大地影响国家政治、社会及帝权。

历史学视域下的日本海军

令人难以理解的是,日本的海军史学家及学者有关日本海军政治崛起及其对二战前日本政治及社会的影响所著甚少。其原因之一是,历史学家更感兴趣和更经常研究的对象是日本海军战役史、战争本身以及军事和技

---

① David A.Rosenberg and John T.Sumida, "Machines, Men, Manufacturing, Management, and Money:The Study of Navies as Complex Organizations and the Transformation of Twentieth-Century Naval History,"in John Hattendorf, ed., *Doing Naval History:Essays Toward Improvement*, U.S.Naval War College Historical Monograph Series,13(Newport,Rhode Island,1995):35.

术方面的崛起。从某种程度上来说,这并不令人意外。威风凛凛的战舰及
惊心动魄的海战在今天仍然与一百年前一样让人兴趣盎然。一百年前在
日本取得了与俄国的海战胜利之后,日本的著作者、军事观察家以及记者
所著有关东乡平八郎上将指挥的意义非凡的对马岛海战以及日本海军所
取得的其他海战胜利的书籍汗牛充栋①。迄今为止,对日本海军研究最透
彻、最全面的应该是《1887—1941 年间日本帝国海军的战略、战术与技
术》这本著作。该书作者大卫・埃文斯和迈克・皮蒂感兴趣的同样是日
本海军的军事及技术发展。虽然这两位作者的研究令人钦佩,但他们自
己也承认,该著作并不是一部完整的日本海军史,因为它并未详细探讨如
下话题:海军预算、海军与文职政府部门间的关系以及海军如何积极参与
国内政治。简而言之,该著作只是对影响日本现代海军建设的政治、经济因
素进行了一些有限的探讨,而针对此方面的深入研究是我这本书的核心
所在②。

　　尽管学者们针对日本海军进行了一些政治层面的研究,但是这些研
究的范围也很有限。这些历史著作的研究重点一般都集中在以下两个主
题之一:海军裁军③;20 世纪 30 年代海军建设及实施向南推进政策背后的政

---

　　① 关于日本海军的军事和技术方面的研究浩如烟海,例如 Hayashi Katsunari, *Nihon gunji gijitsu shi*(日本军事科技史)(Tokyo: Haruki shobo, 1972); Chihaya Masataka, *Nihon kaigunno senryaku hasso*(Strategic concepts of the Japanese navy)(Tokyo: Purejidentosha, 1982).英文著作可见于 Paul S. Dull, *A Battle History of the Japanese Navy*(Annapolis: Naval Institute Press, 1979); Ito, Masanori, *The End of the Imperial Japanese Navy*, transl. Roger Pineau and Nadrew Y. Kuroda(New York: W. W. Norton, 1962)。

　　② David C. Evans and Mark R. Peattie, *Kaigun: Strategy, Tactics, and Technology in the Imperial Japanese Navy*, 1887-1941(Annapolis: Naval Institute Press, 1997): xxi.

　　③ 见于 Roger Dingman, *Power in the Pacific*(Chicago: University of Chicago Press, 1977); Stephen Pelz, *The Race to Pearl Harbor: The Failure of the Second London Naval Conference and the Onset of World War II*(Cambridge, Mass.: Harvard University Press, 1974); Kobayashi Tatsuo, "The London Naval Treaty, 1930," in James W. Morley, ed., *Japan Erupts: The London Naval Conference and the Manchurian Incident*, 1928-1932(New York: Columbia University Press, 1984): 11-117.

治因素①。正是以下错误观点造成了所有关于 20 世纪 20 年代前日本海军研究中政治维度的缺失:年轻的海军要么是一个与政治无关的部门要么已经超越了日本明治-大正时期(1868—1926 年)的政治。② 备受敬重的历史学家角田俊甚至宣称:"海军很少涉入政治","如果将海军和政治联系在一起,听起来十分怪异"。著名军事及政治历史学家浅田沙道在此立场基础上又向前迈进了一步,他写道:"最重要的是,'沉默的海军',即不涉入政治的传统决定了海军对国家事务的消极态度。"③尽管最近有一些日本历史学家对日本早期历史中的海军政治学表现出了更浓厚的兴趣,但是他们仍然将海军诠释为一个不涉入政治、在明治-大正时期超越了政治纷争的"沉默"的部门。④ 我的研究证明,这种观点经不起认真细致的历史审视。政治是日本海军的生命线,对于同时期的德国、美国和英国海军来说同样如此。

对 1945 年前日本军事与政治之间的密切联系做过研究的学者们已经将

---

① Hatano Sumio, "Sho wa kaigun no nanshinron" (The navy's southward advance in the Sho wa period), *Zokan rekishi to jimbutsu: hishi-Taiheiyo senso* (Special issue of history and personalities: secret episodes of the Pacific War), Dec.1984:277-285; Hatano Sumio, "Nihon kaigun to nanshin: sono sei-saku to riron no shiteki tenkai" (The Japanese navy and southward advance: the historical develoment of its policies and theory) in Shimizu Hajime, ed., *Ryotaisenkanki NihonTonanjia kankei no shoso* (Various aspects of Japanese-Southeast Asian relations between both world wars) (Tokyo: Ajia keizai kenkyujo, 1986): 207-236; Hatano Sumio and Asada Sadao, "The Japanese Decision to Move South (1939-1941)," in Robert Boyce and Edmond Robertson, eds., *Paths to War: New Essays on the Origins of the Second World War* (New York: St.Martin's Press, 1989): 383-407; Tsunoda Jun, "The Navy's Role in the Southern Strategy," in James W. Morely, ed., *The Fateful Choice* (New York: Columbia University Press, 1980): 241-296.

② Tsunoda Jun, "Nihon kaigun sandai no rekishi" (Three periods of history in the Japanese navy), *Jiyu* 11: 1 (Jan.1969): 90.

③ Asada Sadao, "The Japanese Navy and the United States, 1931-1941," in Dorothy Borg and Okamoto Shumpei, eds., *Pearl Harbor as History: Japanese American Relations*, 1931-1941 (New York: Columbia University Press, 1973): 230.

④ Koike Sei'ichi, "Taisho koki no kaigun ni tsuite no ichi kosatsu" (Examination of the Japanese navy in the late Taisho era), *Gunji shigaku*, 25: 1 (1989): 35-53.尽管是 1957 年出版的,Imai Sei'ichi 的文章对于大正年间的政治依然有引用价值, Imai Sei'ichi, "Taisho ki ni okeru gunbu no seijiteki chii" (The political position of the military in the Taisho period), *Shiso* 339 (Sept. 1957): 3-21; ibid., 402 (Dec.1957): 106-122。

更多的注意力转向了日本陆军的政治成就。为了实现政治及预算拨款目标，在一些享有盛名、政治上异常活跃的政治家的领导下，如山县有朋、桂太郎、寺内正毅、平田东助、田中义一等，陆军在不同时期内曾与"立宪政体"进行合作，甚至对它进行威逼和挑战。很多学者的研究对此都有论述①。在最近出版的桂太郎将军的传记里，斯图尔特洛内指出，为了实现部门的政治及预算拨款目标，陆军领导人积极参与政治，这一观点颇具说服力。他的结论是，国防预算是"推动日本政治体系变化的最强劲引擎之一"。② 事实确实如此。但是，在明治-大正时期及昭和初期（1926—1945 年），参与政治的并非只有陆军一个部门。在明治-大正时期，海军也积极参与议会及内阁政治，他们的参与有时是被迫无奈的，但更多的时候是带有实用主义目的的，结果获得了巨大成功。虽然海军领袖们确实曾不止一次地使用政治权力，阻止他们看来将不会支持海军预算计划的人员成功进入内阁，但是，海军却从未寻求推翻明治-大正时期的日本立宪政体。它也没有必要这样做。反之，作风务实的海军领袖们积极寻求与其他迅速成长的政治精英，如国会里的一些政党，特别是政友会，打造同盟或合作关系并借此来成功实现自己的政治目标。

　　因此，我在此的研究将会质疑和修正在更大日本历史学研究背景下形成的另一个理论谬误：在日本政治中，海军总是一种倒行逆施、暴戾恣睢的力量。尽管很多远东国际军事法庭或"东京审判"上的起诉人都持有相同的观点，而且二战后出现的一些日本历史学家今天仍然将这种观点奉为圭臬，但它却是

---

① 见于 Matsushita Yoshio 的著作，*Meiji gunsei shiron*（A historical discussion of the Meiji military establishment）（Tokyo：Yu hikaku，1959），*Nihon gunsei to seiji*（Politics and the Japanese military system）（Tokyo：Kuroshio shuppan，1960），*Nihon gunbatsu no kobo*（The rise and fall of Japan's military cliques），3 vols.（Tokyo：Jinbutsu oraisha，1967）；Imai Sei'ichi，"Taisho ki ni okeru gunbu no seijiteki chii"（The political position of the military in the Taisho period），*Shiso* 339（Sept. 1957）：3-21，and ibid. 402（Dec. 1957）：106-122.英文著作见于 Stewart Lone 的 *Army，Empire，and Politics in Meiji Japan：The Three Careers of General Katsura Taro*（London：Macmillan，2000）；Roger Hackett，*Yamagata Aritomo in the Rise of Modern Japan*（Cambridge，Mass.：Harvard University Press，1971）；and Richard Smethurst，*A Social Basis for Prewar Japanese Militarism：The Army and the Rural Community*（Berkeley and Los Angeles：University of California Press，1974）。

② Lone，*Army，Empire，and Politics in Meiji Japan*，89.

完全错误的。更糟糕的是,这种谬误为很多政治党派成员免去了罪责,因为正是他们在战前党派纷争中积极促成了军事部门的崛起,并使该部门成为拥有强大权力和雄厚资金且政治上十分活跃的精英团体。学者们重点研究的是,在被称作"黑谷"的 20 世纪 30 年代的日本,军方如何"推翻"了"自由主义"、"民主"以及"立宪政体"。这样一来,这些研究完全忽略了政治党派在推动军事部门崛起,特别是在促成海军在明治晚期和大正初期成为拥有强大权力和雄厚资金、政治上十分活跃的精英团体方面所发挥的巨大作用。造成这种结果的部分原因是,学者们错误地将很多二战之前的政党一味地与"自由主义"及战前民主联系在一起,因而将他们描述成昭和军国主义的受害者。[1] 但是,这些所谓的"受害者"其实并不是"讲原则的和平主义者",后者在明治-大正时期试图约束军方但后来在 20 世纪 30 年代却为他们之前反军方的态度付出了政治代价。与他们在明治-大正时期要求自己的党内成员不要努力阻止大力扩军一样,政党领袖们支持海军扩军也是出自同一目的:追求自身的权力。战前的日本政党都是追求权力的务实型的组织,这些政党的领导人很睿智,他们努力与其他精英群体之间建立工作协同及政治同盟关系,目的是为了加强自身的权力及影响。我的研究发现,在日本的明治-大正时期,崛起之中的日本海军成为政友会最具吸引力的盟友。因此,在 20 世纪 30 年代的日本,军方参与政治,包括议会及政党政治,算不上背离常规及传统,也不能表明日本政体出现了严重的问题。反之,它代表了一种政治连续性和"风向标",不仅表明军方参与政治及政党支持军队扩军是动荡不堪的 20 世纪 30 年代日本政治的最鲜明特征,更说明这种传统在明治-大正晚期的日本就已经得以确立并且根深蒂固。

---

① Peter Duus 和 Gordon Berger 令人信服地说明了把战前日本政党曲解为自由主义的描述所存在的缺陷。见于 Gordon Berger, *Parties Out of Power in Japan*, 1931–1941 (Princeton: Princeton University Press, 1977); and Peter Duus, *Party Rivalry and Political Change in Taisho Japan* (Cambridge, Mass.: Harvard University Press, 1968), and "The Era of Party Rule: Japan, 1905–1932," in James Crowley, ed., *Modern East Asia: Essays in Interpretation* (New York: Harcourt Brace, 1970): 180–206。

最后,海军在日本的明治-大正时期成为一个强大的精英群体在很大程度上导致了另一种社会现象的出现:在日本昭和初期,陆军与海军间的对立越来越频繁。在二战前的日本,这种对立不仅涉及宗派纷争及部门间的观念差异,还涉及政府拨款、学术研究及未来发展,甚至有关日本帝国未来拓展的截然不同的理念。这种越来越尖锐的对立一直持续到 1945 年末。由于日本宪法授予军队各部门一些独特的宪法权利及法外特权,部门间对立以及各部门为了实现自身目标而进行的政治干预极大地影响了日本的政治及社会,这种影响力之大在日本远超其他任何国家。在日本的明治-大正时期,部门间对立及军方参与政治(不管参与的方式是合作、务实还是强制性的)在不同时期既为 20 世纪 30 年代的日本政治及社会开创了一个不好的先例又与之形成了鲜明的对比。日本海军的崛起真可谓"兴风作浪",因为这种崛起的过程极大地影响同时也切实地折射出现代日本国的崛起。

一、海洋梦与明治日本现状
（1868—1878 年）

日本需要在 25 年内分 3 个阶段建设一支拥有 200 艘舰船和 25000 名士兵的海军部队。

——日本海军部①

军部的直接利益来源于内政，而外政只跟未来利益相关。②

——山县有朋

对于在 19 世纪末或 20 世纪的前 50 年间生活在环太平洋或东亚地区的人来说，日本皇家海军以及飘扬在它的每一艘舰船上的、饱含强烈感情色彩的太阳旗，象征着二战前日本的实力、影响力及帝国野心。海军在战时及和平时期的成就不仅带来了财富、军队的国际威望，还有对日本现代国家地位的认可。1905 年 5 月，当美国时任总统西奥多·罗斯福得知日本在对马岛战役中消灭了波罗的海舰队之后，他这样写道："这是世界所见证的最重大的事件。

---

① 1870 年日本军方发布的报告概略。整个计划的细节可见于 Kaigunsho, Kaigun daijin kanbo（Navy Ministry, Navy Minister's Secretariat）, *Kaigun seido enkaku*（History of naval organization）: 26 vols.（Tokyo: Hara shobo1971–1972）, 2(2): 37–41。

② 引自 Roger Hackett, "The Meiji Leaders and Modernization: The Case of Yamagata Aritomo," in Marius Jansen, ed., *Changing Japanese Attitudes Towards Modernization*（Princeton: Princeton University Press, 1965）: 254。

甚至特拉法尔加战役都无法与之相比……我相信这次海军战役决定了日本帝国的命运。"①对于很多普通国民,特别是那些自 19 世纪 80 年代以来在太平洋或亚洲不同地区生活过的日本人来说,海军也是一个强大的象征,一个有形的纽带,它能激起人们对日本现代崛起及成功的回忆。对于很多人来说,海军象征着明治时期(1868—1912 年)现代日本的崛起。

日本海军在历史上并非一直都享有如此高的声誉,也并非一直都能彰显日本的国家实力。虽然年轻的海军在很多方面象征着新明治时代特有的远大梦想,但同时它比其他政府部门更能反映年轻的明治政府所面临的严峻现实。正如自由民权运动(Jiyuminken undo)领袖们寻求突破《五条御誓文》的限制以获取更大程度的政治多元化及透明度一样,海军领袖在天皇 1868 年宣布建立一支强大的海、陆军号召的鼓舞下,积极寻求创建一支在规模上任何东亚国家都无法齐肩、令人敬畏的强大海军部队,一支拥有 200 艘舰船的现代化的海上舰队,在日本这是前所未有的。但是,追求这一梦想的各方人士都不得不面对 19 世纪晚期正在进行国家建设的日本所面临的严峻的政治、经济、工业及军事现实。在明治初期,日本仅仅是个资源匮乏、工业比重很小的农业穷国,国民真正的民族认同感意识极其淡薄。而且,早期的日本海军领袖缺乏能在精英阶层有效捍卫部门利益的政治才能和社会关系,加上没有任何基础可言,日本海军实际上缺乏建立一支强大海军舰队所必需的一切:财力、物力及人力。这一切对海军领袖产生了深远的影响,在很大程度上决定了他们在未来几十年间对日本政府、官僚体制、政治及经济的认知及应对策略。19 世纪 70 年代所发生的一些重大事件迫使海军领袖们首先要扮演好自己在官僚机构中的政治角色,其次才是海军将领角色;这些事件还迫使他们以尽可能高效的方式通过人而不是战舰来强化自己所领导的部门。虽然这对于那些将精力集中于海岸另一侧大海的海军人士来说是非常不易的,但是日本早期海军领袖们

---

① Gaimusho(Japanese Foreign Ministry), *Gaiko bunsho*: *Nichiro senso*(Diplomatic documents: The Russo-Japanese War)(Tokyo: Nihon kokusairengo kyo-kai, 1957-1960): no.5,731.引自 Okamoto Shumpei, *The Japanese Oligarchy and the Russo-Japanese War*(New York: Columbia University Press, 1970): 119。

从一开始就不得不专注于政治、行政及经济方面的运作,这些运作最终在明治时期的后几十年间让日本海军在政治和军事上受益匪浅。对明治初期海军发展状况进行研究不仅能凸显海军最终的崛起是多么的令人难忘,而且还能说明为什么日本海军领袖在随后的几十年间如此急切、不加掩饰地置身于政治及经济领域。他们这样做完全出于客观需要,因为政治决定预算的决策过程,而预算资金则决定了日本海军的规模、实力及组织机构是否健全。

明治早期海军部队的组建

虽然 1868 年的明治维新是由反幕府联盟成员借用诸如"恢复天皇统治""效忠天皇"等保守性的口号而发起的,但它却是一个具有真正革命性的历史事件。一些来自日本西部地区如长州、萨摩、肥前及土佐的人士,如伊藤博文、山县有朋、西乡隆盛、大久保利通、大隈重信及板垣退助,从 1867 年开始就相互联合对抗德川政府,他们还和志同道合的宫廷贵族岩仓具视和木户孝允一起领导维新运动,从根本上以一种不可逆转的方式改变了日本的政府与社会。而且,在 1868 年之后的岁月里,上述人士与其他寡头政治执政者们所实施的政策改变了日本作为现代民族国家的发展速度及发展模式。尽管维新活动的领袖们结成联盟并致力于推翻观念陈旧、权力分散的德川政治体制,但是他们对于现代日本应该如何发展并没有一致的看法和明确的规划。这一点在日本年轻海军身上得到了最好的体现。

在日本执政精英分子中,很少有人认真考虑过海军。虽然西方国家在海上开始对日本形成威胁,但是对于德川政府以及由独立藩国组建的、曾组织和领导明治维新运动的联合政府来说,陆军的重要性要大得多。在日本的新一届领导人看来,陆军参战将决定政治及维新运动的命运。在内战期间,实际上只爆发了一次重大海战,即 1868 年 1 月底的淡路岛战争。在几乎所有其他战争中,除了将地面部队从日本西部运至关东(即今天的东京)外,海军所做甚少。因此,海上事务充其量只属于事后才提及的事情。由此,在 1868 年之后,新政府在组建新的军事部门时没有试图将海军从陆军中剥离出来,这样做并不令人意外。海军的存在只是为了给地面战争提供必要的支持。1868 年 2 月，政府将德川幕府的士兵俘虏编入了新建立的明治政府的陆海军事务处。几周后，政府取消了这个机构并成立了军事防务局，但不到一个月后，又成立了军务局取而代之。6 个月之后，政府再次寻求建立更高效的机构来加强对武装力量的控制，于是成立了一个各方面配套齐全的机构——军部。① 从海军看来，这种连续重组意味着：政府及军队领导认为没有必要对陆、海军部队进行区分；海军部队只不过是新陆军的附属部队。日本新政府将海军界定为一支附属部队。②

在 1868 年之后的数年里，不得不服从陆军的指挥只是困扰日本海军的众多问题之一。军队权力分散化进一步妨碍了建立一支足以保护日本领土不受外国海军威胁的强大海军。海军的管理机制在很大程度上折射出了日本国内的整个政治环境。在明治政府成立后的两年里，日本并没有一支接受统一管理的国家级海军。新政府直接管理的只是 1867—1868 年间维新战争中缴获的那些德川幕府的舰船。各种不同政治势力控制着包括一些最强战舰在内的所有其他海军力量，这些政治势力在之前 15 年的幕末时期（1853—1868 年）组装或者购买了属于自己的战船。因此，这些势力仍然能无视天皇政府独居一方，同时也保持着军事及海军的独立性③。这是个十分令人棘手的局面，前德川幕府的海军领袖胜海舟对此最为了解。他不但拥有治理海军的丰富经验，也能驾驭在新政府海军队伍中留任的前幕末时代的海军人员，鉴于此，联合政府领袖将他招入新政府的领导层。胜在担任海军领导不久后，就建议迅

① 关于日本军队早期行政机构的描述，见于 Nihon kindai shiryo kenkyu kai, eds. (Historical records study association of modern Japan), *Nihon rikukaigun seido, soshiki, jinji* (The personnel, organization, and institutions of the Japanese army and navy) (Tokyo: Daigaku shuppankai, 1971), 1–81. Hereafter cited as NRKSSJ。

② Taniguchi Naomi, "Kaigunkyo Hakushaku Kawamura Sumiyoshi no ko-gyo" (The achievements of Navy Minister Count Kawamura Sumiyoshi), in Hirose Hikota, ed., *Dai kaigun hatten hishi* (The secret history of the great navy's development) (Tokyo: Ko do kan tosho, 1944): 27.

③ 人们通常认为 1868 年明治维新后的日本立刻成为一个高度中央集权的国家。而政治军事和经济的集权在 1870 年之后才开始。

速统一收编所有的海军部队,即不管是皇家还是地方的部队都要纳入同一个政府机构的管辖。① 但是,需要有足够大的军事及政治实力才能实施这一旨在对军队进行加强管控的举措,而这是当时的明治新政府力所不能及的。因此,从 1869 年一直到 19 世纪 70 年代,年轻的明治政府一直维持着这种权力分散的组织结构②。

虽然除胜海舟之外的其他明治政府领导还一无所知,但是一个权力分散的军事及政治机构所具有的缺陷在 1869 年已经开始显现。从那年早春开始一直到初夏的大部分时间,前德川海军领袖榎本武扬率领一支以海军为主、规模庞大的武装力量发起了反对天皇政府的叛乱。执政的新联合政府带着幕府时代最好的战舰逃离东京湾的时候,面临着令人尴尬的政治及棘手的军事局面。新政府几乎没有足够的海军力量来平定叛乱。面对这种困境,明治政府请求一些最具实力的藩国,如萨摩、土佐及长州,提供强大的海军来帮助镇压叛乱。不出所料,由于联合政府及其军队招来的各种战舰分别来自不同地区,他们在战斗中非常缺乏团队协作,导致其作战能力大打折扣。虽然榎本最终投降,但是政府针对叛乱所做出的缓慢反应让其颜面尽失,这充分体现了建立一支强大、集权化海军的必要性。

尽管 1869 年发生了榎本叛乱,联合政府领导人大久保利通和木户孝允还是在这一年里成功说服了他们的很多"维新同仁",有必要在政治、军事及经济上实行更大程度集权化。他们指出,要维持新政府稳定,且不说实现繁荣,需要建立一个强大的、拥有中央控制权的民族国家。为了实现此目标,实际上在榎本叛乱爆发前,长州藩、萨摩藩、肥前藩和土佐藩都原则上同意主动放弃他们的土地和人口登记权,或者将该权利"归还"给天皇。6 周内,276 个藩国中的 118 个也随即效仿。到 1869 年 8 月为止,除了 17 个藩国外,所有其他藩国都将土地所有权转交给了中央政府。对于那些未主动归还土地所有权的少数藩主,政府对他们实行了强制措施。在首次实行了军队统一以后,政府拥有

---

① Taniguchi Naomi,"Kaigunkyo Hakushaku Kawamura Sumiyoshi no ko-gyo"35-37.

② 关于明治早期海军的讨论,见于 Ikeda Kiyoshi, *Nihon no kaigun*(The Japanese navy),2 vols.(Tokyo:Isseido,1967)。

了足够的政治及军事实力,在 1869 年 8 月后没收了其他没有归还的所有土地,随后便开始了现代中央集权国家的建设。虽然这个良好开端非常重要,但是它仅仅是个开始。在此后的两年里,政府继续强化政治及经济领域的集权,终于在 1871 年的夏天彻底取消了藩国这种政治实体。

尽管维新运动领袖们在 1869—1870 年间建立了名为"日本"这样的政治实体,但是这个新建立的国家仍然没有一支强大、集权化的海上武装力量。这种情况在 1870 年发生了改变。与国家层面的政治集权化相呼应的是(当然也因为受到榎本叛乱的刺激),政府于 1870 年开始了军队集权化建设。与政治集权化过程如出一辙,在新政府中享有最大权力的藩国,如萨摩、长州、肥前,都将他们的海军部队交给了新政府,并以此来支持国家建设。虽然有些藩国极不情愿,但最终它们都效仿了拥有最强大海军的那些藩国的做法。到 1871 年,新政府终于拥有了一支集权化的海军部队,日本海军也从此成为一个独立的机构①。

第一个统一管辖日本新海军部队的机构是军部(Hyobusho),它原本是明治政府为收编俘获的德川幕府部队于 1869 年 7 月 8 日建立的。军部是一个管辖陆、海两大军种的庞大机构,其中陆军享有比海军更高的地位。这一点并不令人惊讶,因为被视为日本陆军之父的长州藩大名山县有朋时任军部部长,但这并不意味着海军事务完全被忽略。在萨摩军事首领川村纯义和前幕府海军领袖胜的敦促下,维新运动的领导人之一大久保利通大肆游说,认为有必要在新成立的军部内建立两个不同的行政机构:一个负责陆军事务,另一个负责海军事务。大久保利通指出,绝对不允许不懂海洋科学的陆军人员管理海军。1870 年 2 月 9 日,太政官(1885 年之前类似于当今内阁)建立了一个隶属于军部部长山县有朋的半独立海军管理机构,川村纯义担任海军处处长,西乡隆盛担任陆军处处长,他们都位居军部部长山县有朋之下②。因此,虽然海军仍隶

---

① Kaigun rekishi hozonkai(Navy historical preservation association), eds., *Nihon kaigunshi*(A history of the Japanese navy), 10 vols.(Tokyo: Hatsubai Dai' ichi Ho ki shuppan kabushiki kaisha, 1996):1:59-60.

② Taniguchi, "Kaigunkyo Hakushaku Kawamura Sumiyoshi no ko gyo,"27-28.

属一个由陆军主宰的机构,但是与以前相比,其部门独立性有了一定程度的提高,它的首任领袖川村将会成为明治早期海军中最重要的人物。

  1870 年初,军部开始在其内部将海军行政事务从陆军剥离出来,虽然此举是朝着建设国家级海军迈出的第一步,但是 1871 年结束的对各藩国海军部队的整合对于海军未来长期健康发展有着更为重要的意义。1871 年 2 月,政府重新掌控了 10 艘藩国军舰和 2 艘运输船,还包括这些舰船上所有官兵及现役的工作人员,这使军部里海军的规模翻了一番,从而产生了重大的政治及军事影响。正是在这次扩充之后,川村立即向政府提出了给予海军彻底行政独立的请求①。对此,川村进行了合理的论证。首先,川村宣称海军规模的扩大带来了行政工作量的大幅增加,有必要成立一个独立的军队机关。考虑到这个理由有可能说服不了明治政府的领导层,川村还提出了建立独立海军部的其他两个理由:国际标准及未来机构的健康发展。② 在递交给大久保利通的一份文件里,川村明确指出,欧洲和北美所有强大海军都是独立于陆军的,包括在 1870 年按日本帝国标准被视为楷模的英国海军。川村断言,日本绝不能例外。更为重要的是,川村有力地论证了以下观点:在一个最高领导人为陆军军官的官僚机构里,海军事务永远都不会得到优先考虑③。这一观点不仅是对之前胜曾提出的同样观点的回应,也是完全符合逻辑的。数月后,经过认真权衡,大久保利通同意了川村的建议。1871 年 6 月,这位来自于萨摩藩的政治家敦促右大臣岩仓具视支持解散军部并成立两个互为独立的机构,即陆军部和海军部。尽管陆军领导一开始极力反对,但是政府还是将军部一分为二,即海军部(the Kaigunsho)和陆军部(the Rikugunsho),两部部长直接对时任相当于内阁成立后首相一职的太政大臣三条实美负责④。1872 年,来自萨摩的宫廷大臣大久保利通和伊地知正治都推荐川村为海军部的代理部长,这并不

---

  ① Taniguchi,"Kaigunkyo Hakushaku Kawamura Sumiyoshi no ko gyo,"29.

  ② 川村为建立独立的海军参谋总部提出了类似的理由。参见 Taniguchi," Kaigunkyo Hakushaku Kawamura Sumiyosh no ko gyo,"78-80。

  ③ Kaigunsho,Kaigun daijin kanbo,*Kaigun seido enkaku*,2(2):33-35.

  ④ Kaigun rekishi hozonkai,*Nihon kaigunshi*,1:59-61.

令人意外。原因之一是川村有着丰富的军部工作经历,但是更重要的原因是他与萨摩藩的亲密关系。因此,日本海军的机构编制必须追溯到1872年。后来在1904年和1905年,日本海军分别摧毁了俄国远东及波罗的海舰队,从而在国际上声名大噪。

虽然海军部的成立迎来了日本海军史上重要的一页,但是仅有政治及行政上的独立并不能彻底改变海军的海上实力。尽管天皇曾明示:"建立强大海陆军乃当务之急",但在1868—1872年间,日本政府并没有实施任何海军扩军计划①。从军事层面看,新海军只是由各种陈旧舰船拼凑而成,缺乏重要装备、装甲护卫,也不具备相应的规模。日本早期海军最显著的特点是在规模和战斗力方面参差不齐。这种棘手的现象主要是由前德川幕府在幕末时代(1853—1868年)所实施的政策造成的。从19世纪50年代中期至晚期,德川政府首先默许然后又命令一些财力雄厚、战略位置显要的藩国,其中最为重要的是萨摩、长州、肥前和土佐,联合起来实施一些海军发展计划,但是他们不仅彼此间,同时也未与幕府进行整体的协调。在荷兰和法国政府的帮助下,幕府打造了一支由8艘军舰和36艘辅助舰船组成的海军部队,而川村在英国政府帮助和指导下,也组建了一支由9艘外国建造的蒸汽船组成的海军,其他藩国也都如法炮制。长州藩从外国购买了5艘蒸汽船并建造了一些小型辅助船只,加贺藩打造了10艘舰船,肥前8艘,饰东郡6艘②。虽然1868年的那些海上舰船表面看起来比较显赫,但考虑到日本之前的闭关锁国,以及19世纪50年代之前德川时代禁止进行海军建设等因素,这些舰船无法帮助日本在当年打造一支统一管辖、实力强大的国家级海军,更不必说四年后的1872年了。实际上,很多舰船只是仅能运输地面部队的驳船而已,这其实正是维新战争时期海军发挥的主要作用。也许美国造船商约瑟夫·H.朗福德对1868年日本海军做出了最好的总结,他把日本描述成"一致公认的处理各种商用及军用

---

① Kaigunsho,Kaigun daijin kanbo,*Kaigun seido enkaku*,2(2):8.

② Saito Makoto,"The Navy,"in Alfred Stead, ed., *Japan by the Japanese*:2 vols.(Washington, D.C.:University Publications of America,1979):1:121-141.

的老旧和过时船舶的市场"。① 雪上加霜的是,许多幕府时代最好的舰船在维新战争或榎本叛乱之后已不复存在。因此,1872 年第一次成立的真正的国家级海军仅拥有 14 艘军舰,排水量总计 12,353 吨,包括 171 名军官在内的海军人员共 1,539 名②。虽然获得了机构上的独立,并且其领导人理念正确、钟爱海军且充满热情,但是借用后来的海军领袖山本权兵卫的话来说,1872 年的日本海军只不过是由来自萨摩、长州、土佐及其他藩国和幕府的士兵组成的**乌合之众**③。1872 年的明治海军绝非一支军事实力强大的威武之师。

明治新海军的梦想与现实

日本早期的海军领袖川村和新海军部里许多位居其下的官员们人人都胸怀建立一支强大海军部队的梦想,对这些梦想的追求并没有因为当时海军的弱小而受影响。实际上正是海军的这种弱小催生了有关 1872 年后扩建海军的各种蓝图,其中有些切合实际而另一些则近乎异想天开。在川村担任海军部代理部长所采取的第一批行动中,有一个就让他的梦想多少有些受挫。川村刚刚履职不久,就提出了购买 2 艘排水量为 1,300 吨的战舰,分别为英国和荷兰所造。尽管这个计划并不宏大,但还是遭到了宫廷大臣们的否决,理由是哪怕只购买 2 艘战舰却还是超出了新政府的财力。川村并未受到这次挫折的影响。1872 年 8 月,他再次提出这一计划,但在 10 月同样遭到政府的否决。

---

① Joseph H.Langford,"The Growth of the Japanese Navy," *The Nineteenth Century and After*, 54:319(Sept. 1903):474. Also quoted in Peter Cornwall, "The Meiji Navy:Training in an Age of Change,"Ph.D.dissertation,University of Michigan,1970:42.

② 数据采集于 Kaigunsho, Kaigun daijin kanbo(Navy Ministry.Navy Minister's Secretariat), *Yamamoto Gonnohyoe to kaigun*(Yamamoto Gonnohyoe and the navy)(Tokyo:Hara shobo, 1966), 400-401;Ogawa Gotaro, *Conscription System in Japan*(Oxford:Oxford University Press,1922):16-17; and Statistics Bureau, *Historical Statistics of Japan*,5 vols.(Tokyo:Japan Statistical Association,1989): 5:527。

③ 1893 年山本向一位 *Chuo shinbun* 记者做了此描述。参见 *Chuo shinbun*,3 June 1893.重印于 Ko Hakushaku Yamamoto kaigun taisho denki hensankai, *Yamamoto Gonnohyoe den*,1:345.斜体为本人所注。

国家有限的财力再次让川村的努力受挫,扩建海军的计划也因此受阻。

虽然刚开始就遭遇如此多的失败是海军扩军受阻的原因之一,但川村缺乏处理海军事务的经验却是更为重要的原因,毕竟他担任海军代理部长的时间并不长。由于政府坚信需要一位海军专家来管理该机关,遂于 1873 年任命前幕府海军军官胜海舟为部长,而川村则担任副部长,在此新岗位上他干得非常出色①。上任海军部长后,胜就争分夺秒地着手设计和递交旨在将日本海军打造成远东最强海军的扩军计划,现实没有让他的梦想遭受挫折。1873 年1 月 19 日,在政府要求海军部递交一份详细扩军计划不到 48 小时后,胜就提交了一份 18 年的扩军计划,要求建造 104 艘军舰,包括 26 艘钢质外壳的战舰,14 艘大型综合舰,32 艘中型综合舰以及各种各样后勤船和运输船②。胜指出,这一切将让日本拥有东亚最强的海军力量。仔细审读这份计划就知道,它酷似胜在德川幕府任职期间所制定的那份计划。这些计划表明,胜对海军扩军的憧憬和日本财政及产业地位的期待都是不切实际的。例如,在 1857年,胜提出建立一支接受统一管辖的拥有 180 艘舰船的海军部队。尽管德川官员们没经过多少讨论就否决了该计划,但是胜并未气馁。在 5 年后的 1862年,海军支持者们建议建立一支接受统一管辖、可分为 6 个海上防区、拥有370 艘舰船的海军部队。每个防区都将有一个海军训练中心、数个船坞以及一些必要的后勤设施。胜坦承,这样一支庞大的舰队需要配备大约 6 万工作人员,而且遴选这些人员不能考虑其出身及社会等级③。8 年后,在辅佐军部部长时,胜提出建立一支虽然规模有所缩小但仍然不切实际的海军计划,该计划要求拥有舰船 200 艘,人员共 25,000 名,建造时间为 20 年。胜估计,这份

---

① 川村的官僚技巧将在下一章重点讲述。川村将于 1878 年重新担任海军部长,并随后在明治早期将海军转变为萨摩军队的一个重要堡垒的过程中扮演了颇受争议的重要角色。

② Kaigun rekishi hozonkai, *Nihon kaigunshi*, 1:237-242.

③ 报告见于 Katsu Kaishu, *Katsu Kaishu zenshu*(The collected works of Katsu Kaishu), 24 vols., reprinted edition(Tokyo:Hara shobo, 1967):8:253-272.也可见于 Kurihara Ryu ichi, *Bakumatsu Nihon no gunsei*(The military system in bakumatsu Japan)(Tokyo:Jinbutsu o raisha, 1972), 141-142; and David C.Evans, "The Satsuma Faction and Professionalism in the Japanese Naval Officer Corps of the Meiji Period, 1868-1912," Ph.D.dissertation, Stanford University, 1978:15.

计划的实施会花费日本大约 1/8 的财政收入①。与这位过于乐观的海军领袖早期提出的计划一样,1873 年的这份计划也遭到了政府的否决。次年,作为副部长的川村再次提出之前曾遭否决的扩军计划,并断言中日关系恶化让日本非常有必要扩建海军②。在一封写给右大臣三条实美、措辞尖锐的信函里,川村宣称一支弱小的海军力量不仅威胁日本的军事地位也影响它的外交地位,而一支强大海军不但能提升日本在东亚的地位,也能提升其相对于欧洲列强及美国的地位③。1874 年 10 月 19 日,经过激烈的讨论,太正官同意提供从英国购买 3 艘军舰的资金④。到 1878 年,政府提供了购买和建造共计 6 艘战舰的资金,虽然这与原计划中提出的 104 艘相比可谓沧海一粟,却是川村在1872 年所要求建造战舰数量的 3 倍。

除了所继承的幕府军队十分弱小以及一直缺乏海军传统这两个因素之外,还有很多其他因素制约了日本明治早期海军的快速发展,更不用说实现胜所幻想的那种飞跃式发展了。明治新政府的战略重点决定了它在陆军与海军的发展上会优先考虑前者。虽然政府官员一开始很关注西方在东亚及太平洋地区的海军扩张活动,但是对于明治新政府来说,国内叛乱的威胁要大得多。在 1868—1872 年间,日本共爆发了 160 多次国内动乱或者农民起义,它们都需要政府动用武力来平息。在 1874 年和 1877 年,出现了对新政府更大的威胁。1874 年,政府被迫出动 2,000 士兵去佐贺平定以江藤新平为首的叛乱分子。3年后,政府要求国家大部分的正规军去镇压由西乡隆盛率领的萨摩叛乱。在每次冲突中,海军对于总体的结局影响甚小,能派上用场的时候不多,主要是参加运输陆军部队这样的工作。陆军在每次镇压叛乱中都出尽了风头。在1877 年长达 8 个月的萨摩叛乱期间,日本政府为平定叛乱共拨款 3,500 万日

---

① Kaigunsho, Kaigun daijin kanbo, *Kaigun seido enkaku*, 2(2):37-41. 该计划提供了外国海军力量详细的数据作为发展日本海军的理由,该项内容非常重要却常常被人忽视,后续几乎所有扩军计划中都包含此项内容。

② Taniguchi, "Kaigunkyo Hakushaku Kawamura Sumiyoshi no ko gyo," 29-37.

③ Taniguchi, "Kaigunkyo Hakushaku Kawamura Sumiyoshi no ko gyo," 29-31.

④ Kaigunsho, Kaigun daijin kanbo, *Yamamoto Gonnohyoe to kaigun*, 277-280; Taniguchi, "Kaigunkyo Hakushaku Kawamura Sumiyoshi no ko gyo," 35-37.

元,其中陆军获得了 3464. 1055 万日元,占总拨款数的 98. 2%,而海军只获得
了 65. 4526 万日元,占 1. 8%①。甚至在 1874 年远征海外台湾地区的战役中,
陆军也起到了巨大的作用。这次远征的目的是为了惩罚曾在 1871 年杀害 45
名日本人,并在 1874 年造成 4 名日本人受伤的那些当地人。实际上,在这次
行动中海军的唯一贡献仍然是运送部队②。因此,在整个 19 世纪 70 年代,国
内问题相比于国外事务拥有更多的优先权,这样,陆军获得的拨款数额及其实
力水平远远超过海军并不令人意外。

除了战略重点方面的原因之外,发展现代海军的复杂性也妨碍了日本海
军力量的快速发展。在 19 世纪晚期发展一支强大海军需要一套庞大的海军
基础设施,不仅要有造船厂还要有海军军港。当年日本国内海军造船厂的糟
糕现状最能体现其海军的弱小③。在造船业方面,无论是幕府还是独立藩国
都没有给新政府留下任何有价值的基业,到了 19 世纪 70 年代这种情况仍然
没有多少改变。长崎和东京造船厂里的所有设备都是规模太小、技术太粗糙,
舰船的大小及数量均无法达到类似于胜这样海军领袖的要求。虽然东京的石
川岛造船厂于 1873 年开始建造迅鲸号(1,450 吨)和精机号(897 吨)战舰,并
分别于 1875 年和 1876 年竣工,但是在 1876—1881 年间,日本造船厂总共只
建造了其他 5 艘大型海军舰船,它们都是木制的而且排水量均未超过 1600
吨。实际上,由日本本国建造的首艘非全木制的战舰到 1887 年才下水。尽管
自 19 世纪 70 年代海军就开始在横须贺建造新装备,但是与那些更加老旧的
兵工厂一样,直到 19 世纪 80 年代晚期,横须贺才开始生产更加像样的战舰。
幕府时代对购买外国战舰的依赖一直延续到明治早期。

尽管在 19 世纪 70 年代早期,日本不能通过自身建设来打造一支庞大海

---

① Ono Gi'ichi, *War and Armament Expenditures of Japan*(London:Oxford University Press,
1922),32-34.

② 1874 年 5 月,以 Saigo Tsugumichi 为首的 3658 名日本士兵被派遣到了台湾岛。见于
Watanabe Ikujiro,"Seiban jiken to kindai Nihon no kensetsu"(The Formosan expedition and the build-
ing of modern Japan),*O kuma kenkyu* 5 (1954):1-95。

③ 有数量相当可观的材料可见于明治时代的日本海军的训练和社会地理原版书籍上。英
文材料可见于 Evans,"The Satsuma Faction";and Cornwall,"The Meiji Navy."

军力量,但是仍然有其他机会来提升海军军力。胜和川村都建议从国外购买战舰,但大都遭到政府领导们的否决。虽然在 1875 年政府从英国购买了 1 艘装甲舰和 2 艘钢制框架战舰,但到 1878 年它们才得以交付(排水量为 3,717吨的扶桑号,排水量均为 2,248 吨的金刚号和比睿号)。在一个海军技术快速发展的时代,即使拥有足够的资金,但完全依赖从国外购买来打造一支海军舰队也是非常冒险的。没人能保证 1875 年订购的舰船在 3 到 5 年后交付时仍拥有最为先进的技术。鉴于此,明治政府领导层相信,不可能购买到一支交付时仍保持先进的海军舰队。他们还断言,这种做法过于奢侈,非日本财力所能及。

　　19 世纪 70 年代早期,妨碍海军实现大规模发展的最重要因素是财政状况。明治早期的日本算不上一个富裕国家。在 1873 年开始实施 3.5% 的土地税之前,日本政府仍在继续沿用古老的基于庄稼收成、以实物支付的方式收税。这样,政府便没有一个可靠的收入来源来落实延续多年的预算增长规划,而这正是海军所需要的。意识到此问题之后,川村在土地税实施前就建议从横滨及其他通商口岸的税收中拿出一定比例的资金用于部队扩军,并且要求海军必须获得其中的最大份额①。但是,明治政府领导们不仅否决了此项建议,同时也让川村进行适度扩军的希望灰飞烟灭。1872 年 5 月,年轻的明治政府拒绝了川村当年提出的建造 3 艘战舰的建议,实际上这也是出于财力方面的考虑,同年 10 月,当川村再次提出此建议时又一次遭到否决。毫无疑问,这些宫廷大臣也同样否决了胜 1873 年 1 月提出的建造 104 艘战船的扩军计划。他们断言,对于日本的财力来说,这是不可能完成的任务②。

　　缺乏资金对于新海军来说已然十分糟糕,而宗族政治在一定程度上也妨碍了明治早期的海军扩军。来自于一些前藩国的人士,如萨摩、长州以及某种程度上的肥前,控制了新政府。萨摩及长州人在新陆军里担任了很多重要的职务,前幕府官员在海军中占去了很多最有影响力的政治职位,其中最有名的

---

① Kaigun rekishi hozonkai, *Nihon kaigunshi*, 1:100-108.

② Kaigun rekishi hozonkai, *Nihon kaigunshi*, 1:237-242.

是胜海舟。作为德川海军的一名将领,胜早在 19 世纪 50 年代就开始学习西方海军知识,在获得的诸多海事资历证书方面,日本很少有人能与之齐肩。尽管如此,他却没有很多来自长州及萨摩的竞争对手——如山县和西乡,所拥有的显要的政治地位和影响力。胜将大部分海军管理事务交给了他的下属萨摩人川村,尽管此举对于 19 世纪 80 年代海军的发展极为重要,但是这位前幕府海军部长才是政府里代表海军部门的最高行政长官。在维新战争中,无论胜的意图和目的是什么,他都是在为失败方效力,他相信这影响了早期政府与海军间的关系。而且,除了榎本和胜,很多前德川人士在新海军机构里只是担任不太重要的职位①。因此,虽然萨摩人获得了各种军队指挥官的职位,但是至少在 1878 年前,他们在新海军机构里所担任的高级职位并不多。在萨摩人掌控海军并将其视为他们在政府里的一个权力堡垒之前,海军所获得的精英阶层的支持比陆军少得多,自然他们能够获得的预算拨款也少得多。

19 世纪 80 年代,除了在战略考量上更重视陆军而非海军扩军之外,还有其他重要因素妨碍了海军的快速发展,如海军高级官员缺乏应有的政治影响力,财力上捉襟见肘以及为现代海军进行人员配备的难度甚高等。正如胜和川村在他们各自的海军扩军计划中所预计的那样,优良的战舰要求指挥员及所有其他工作人员具备高效的操作技能,这一点在 1894—1895 年间爆发的中日战争中得到了证实②。明治早期,日本缺乏训练有素的海军官兵,其部分原因是日本没有海军传统。早在日本获得第一次海战胜利之前,胜和川村就已经意识到,在为本国新海军征召军官和人员时有必要进行认真的筛选。早些时候当胜在川村所领导的海军中任职时,他曾对一位军官说:"如果我们不能摒弃地位高低、出身贵贱方面的门户之见,从而未能选拔出真正有才能和潜力的人员,那么加强国防能力的目标将难以实现。"③几年后,当胜在明治时期成

---

① Matsushita Yoshio, *Nihon gumbatsu no kobo*(The rise and fall of Japan's military cliques),3 vols.(Tokyo:Jinbutsu o raisha,1967):1:53-57;and NRKSSJ,81-121.

② Taniguchi,"Kaigunkyo Hakushaku Kawamura Sumiyoshi no ko gyo,"62-64.

③ 引用于 Evans,"The Satsuma Faction,"16.

为一名海军军官时,他再次重申了同样的观点:"军官堪比战舰的心脏。"①

最初,新海军中的官兵配备折射了政府官僚体制的架构。出身于成功的西部藩国联盟的武士阶层主宰了规模不大的海军军官群体。由于明治时代之前的海军是由反德川政府的各种藩国势力组成,萨摩、长州、土佐和肥前对军官阶层的控制,很大程度上是这种架构的必然产物和真实体现。1870年,拥有独立海军的一些强大藩国将他们的海军部队交给了国家,但是这样做的前提条件是:他们的海军官兵在国家新海军中必须拥有职位和头衔②。因此,为新政府提供了3艘最大战舰的萨摩藩也比其他藩国向政府输送了更多的海军官兵。日本重要的西部藩国,特别是萨摩,在1869年10月开学的新海军学院里也拥有最多的学员③。最初,军部在为这所被称为海军全日制学院招收新军官学员时,主要借鉴了幕末时代的做法。与1855年和1857年由荷兰援助开办的两个幕府海军训练中心招收新军官学员做法相似的是,作战处在东京招收新军官学员时同样采用了"奖励制度"④。简而言之,军部命令拥有海军力量的原反幕府联盟中的17个藩国按照它们各自实力规模的大小来给海军学院提供相应数量的军官学员。根据此规定,每个较大的藩国提供5位学员,较小的藩国则提供3位⑤。由于长州、萨摩和肥前是三个拥有最强海军实力的藩国,它们提供了最多的学员。而且,萨摩官员还将他们藩国14位完全自

① Ikeda, *Nihon no kaigun*, 1:58.

② Evans, "The Satsuma Faction," 48.

③ 这所通常被称为"日本海军学院"的学校,于1869年由新明治政府建立,其前身为东京筑地的Tokugawa bakufu海军训练中心。此校最终搬迁到了濑户内海上的一个小岛江田岛,离1888年的吴市海军船坞很近。

④ 虽然理论教学非常基础,荷兰人还是给了幕府一艘名为Soembing的舰船,这艘舰船曾以Kanko-maru的名字作为训练舰服役。幕府在开放自己的训练中心不久后,呼吁每个领区选派有前途的学生前来和幕府的学生一起学习,到了1856年,其实际上已经招收了150名学生。一年之后,由于长崎海军训练中心的成功,幕府在江户开办了长崎训练学校的一所分校。

⑤ Conrad Totman, *The Collapse of the Tokugawa Bakufu*, 1862-1868(Honolulu: University of Hawaii Press, 1980):180-186,254-256.有关荷兰海军在幕末时代所提供帮助的更多内容可参见Katsu Kaishu, *Katsu Kaishuzenshu*, vols.8-10, Kaigun rekishi(A history of the navy), reprinted(Tokyo: Hara shobo, 1967)。

费的"非寄宿学生"和 5 位"奖励学员"一起送入了学院,从而使他们的藩国在海军学院里拥有最大代表性①。

但是,数量和质量是两码事。奖励制度下招收的第一批学员的在校表现并未给学院领导和作战处官员留下深刻印象。在 1870 年入学的 114 名学员中,只有两名坚持完成了所有课程学习并于 1873 年毕业②。这种糟糕的表现让胜和川村决定进行变革。由于他们都意识到军官的培养不能一蹴而就,因而开始着手对日本海军学院进行重建。他们不仅认为此举非常必要,而且都意识到,它是一种能为未来海军建设奠定良好基础的高效方式。在第一年所有课程结束之后,学院为了提高新招学员质量对原有招生计划进行了修改。首先,胜建议政府摒弃那些沿袭下来的封建式招生方案。作为前幕府官员,他指出,这种封建体制不但不能控制官兵学员的质量,而且还会强化这些学员的地域感,这对于创造国家级海军氛围毫无作用。在胜的建议下,政府于 1871 年实施了招收海军军官学员新政。对于整个明治及大正时代的海军来说,新政的实施具有更广泛的政治、地理及社会意义③。首先,海军将学员的招收与他们的考试成绩相挂钩。其次,为了吸引具有较高智力才能的人才以及努力实现海军的国家化,海军向所有希望从事该职业的人士敞开了大门,不再考虑他们的社会出身及地区背景④。尽管在明治早期出身武士阶层的人士在军官学员中占绝大多数,如 1874 年占学员总数的 90%,但是由于实行了将入学考试作为招生标准这一新政,具有普通背景的军官学员数量有了明显的上升,尽管这些人之前并没有接受过或很少接受军事训练⑤。实际上,到了 1891 年,

① Evans,"The Satsuma Faction," 52-53.更细致的讨论可见于 Kaigunsho, *Kaigun kyo iku honbu*(Navy Ministry, Chief of naval education), *Tei-koku kaigun kyoiku shi*(A history of education in the Imperial Navy), 7 vols. (Tokyo: Kaigun kyo iku honbu, 1911): 1: 109-112。

② Kaigunsho, Kaigun kyo iku honbu, *Teikoku kaigun kyoiku shi* 1: 200.

③ 关于此话题更细致的讨论,可见于 David. Evans, "The Recruitment of Japanese Navy Officers in the Meiji Period," in Robert W.Love, Jr., ed., Changing Interpretations and New Sources in Naval History(New York: Garland, 1980): 231-239。

④ Kaigunsho, Kaigun kyo iku honbu, *Teikoku kaigun kyoiku shi* 1: 154. Also quoted in Evans, "The Satsuma Faction," 53.

⑤ Ikeda, *Nihon no kaigun*, 1: 66-68.

普通背景的人或平民百姓出身的人占了海军学院毕业生的21%以上,甚至在1901年增加到了34%。

最后,海军新考试制度的实施不仅改变了海军人员的社会背景,也影响了其军官们所来自的地理区域。随着时间的推移,这种体制逐渐培育出了一个主要来自城市地区、以国家为导向的军官阶层。由于1889年前政府举行的入学考试均为一年一次且只在东京举行,所以东京开始为海军学院提供越来越多的军官学员。尽管在明治早期,萨摩官员占据了军官中各种席位,但是到了1890年,来自东京市区的官兵学员数量超过了来自曾为新海军提供最强实力的萨摩藩学员。虽然萨摩人继续在舰队司令这样的军官层次上处于近乎垄断的地位,但是在海军中级军官职位上,萨摩人并不拥有类似的垄断地位。而且,在19世纪90年代海军开始在17个其他城市开设入学考试中心之后,萨摩人所占的军官比例持续下降,而来自城市的军官比例却提高了。到1894—1895年的中日战争爆发时,海军学院每年仅提供40个招生名额,但申请者平均超过500人,最后招收的军官学员来自除3个郡之外的日本各个不同地区①。1906年,有2981人递交申请竞争海军学院仅有的181个招生名额②。

既雄心勃勃又接受过良好教育的日本年轻人渴望挤入海军军官阶层,主要有以下几个原因:首先,包含8个月海上训练在内的3年学制为拥有巨大潜力的日本学员提供了出国学习的机会。尽管他们可以在最后学年专攻一系列选修课,但是英语、化学和工程学是所有学员的核心课程③。其次,海军学院学员无论是一开始驻扎在筑地还是后来1888年搬至江田岛,都有机会在学习上与外国人进行直接交流。在整个19世纪70年代及后来80年代部分时期,学院都由英国教员任教,这对于吸引学员入学以及促进实用性学习和动手能力的培养都具有重要意义。最后,学院给最优秀军官学员提供出国学习机会。在

---

① Evans, "The Satsuma Faction," 61–66.

② Kaigunsho, Kaigun kyo iku honbu, Teikoku kaigun kyoiku shi 7:4–5. Also discussed in Cornwall, "The Meiji Navy," 115.

③ Evans, "The Satsuma Faction," 85–89.

1870—1884 年间,27 名学员中的每个人都在国外学习了至少一年时间,所有学员在最后一年都作为军官学员接受了国外的海上训练。海军给日本年轻人提供了一个海外学习和体验外面世界的平台,兑现了其招生宣传里的承诺。

在 19 世纪 70 年代初,除了努力建立一支训练有素的军官队伍外,日本政府为了打造一支强大的海军现役人员及士官队伍也付出了同样的努力。海军部在邀请一些有军官潜质的人参加海军学院选拔考试的一个月后,又号召年龄在 18 岁至 25 岁之间的志愿兵到海军服役。

征兵名额一开始是由军部的海军主管制定的,1872 年后则由海军部长制定。该决定一旦做出,日本两大海军中心(1888 年增加到 4 个中心)的招生代表就需要认真完成既定名额的招生任务①。类似于海员、信号员、司炉、木工、技工、诊所服务人员、厨师和乐师这样的义务兵需要服役 8 年并接受广泛的训练。② 尽管现役人员的中心任务是掌握实用技术而不是进行理论知识学习,但是他们与军官学员一样,需要不断接受训练,因为海军技术的飞速发展迫使他们不得不坚持训练。虽然从理论上来说,在 1873 年征兵法实施之后,海军可以通过征兵来扩充人员,但是这只是他们不得已才采用的最后手段。首先,很多海军人士都认为,征兵法中规定的 3 年服役期太短,无法培养出未来的海员。而且,海军军官们相信,控制着征兵过程的陆军军官会把最好的兵源留给自己,所以他们经常抱怨海军招收的兵源不是体质太弱就是智商太低,不适合在海军服役。虽然 1889 年制定的一项征兵法修正案要求新招海军人员必须服役 4 年,但是一直到大正时期,海军接纳的义务兵数量远远超过征兵数量,其主要原因是优秀的军官及现役人员都喜欢到海军服役。1904 年,在总计多达 18,470 位现役人员的申请者中,海军只招聘了 1,997 名。③ 正如征兵手册所宣传的那样,海军不仅能给义务兵提供学习西方和了解世界的机会,还会给

---

① 1901 年,整个日本被分为四个海军防区,每个防区都要完成由海军部设立的招生配额任务。位于吴市、佐世保、横须贺和舞鹤的海军军营成为明治和大正时代海军招募新兵的四大总部。

② Cornwall, "The Meiji Navy," 208-211.

③ Cornwall, "The Meiji Navy," 212.

他们提供比陆军更好的食物及更高的薪水。明治早期,①虽然海军缺乏大型战舰及强大舰队,也不享有陆军那么高的威望,但是面对资金缺乏以及客观需求和政治影响力远不及陆军的国内环境,海军领袖已经竭尽全力开始了其艰难的扩军过程。对于后来成为日本国强大象征及民心所系的海军来说,这种开始扩军的方式可谓相当卑微和简陋。

小　结

在日本新明治时代的头十年,海军的扩军和发展是一个喜忧参半的过程。虽然海军在"人力资源方面"逐渐取得了很大进步,但是对于任何政治、军事及社会观察家来说,19世纪70年代的日本海军还是一个比较落后的军种。尽管海军领袖们提出了不少宏伟的规划,但是在新明治时代的头十年,只添置了其提出的极少一部分硬件,只以300万日元的成本购置了3艘钢质外壳的战舰,即英国制造的扶桑号、金刚号和比睿号。虽然1878年的海军不再是山本权兵卫1872年所描述的那样只是"士兵临时拼凑在一起的",但是它仍然算不上一支具有强大军事实力或影响力的部队。

19世纪70年代,很多因素妨碍着海军的扩军。这些挫折给海军高级领导留下了重要和永久的遗产。首先,扩军需要金钱,为了获得必要的资金,海军机关需要积极参与政治或者拿出明确且令人信服的理由。在19世纪70年代的大部分时期,海军既没有相关的政治影响力也没有合理的战略及战术理由要建造一支接近于胜或川村所建议的那种规模的舰队。获得足够的资金是海军领袖们所面临的最急迫的挑战。政治实力和支持及战略需要决定着军事政策和拨款,日本早期的海军领袖们对此均了如指掌。19世纪70年代,海军

① 更多细节可见于 *Ogawa, Conscription System in Japan*, 188-189. Ogawa 的数据表明,在1910年海军士官的平均工资为224日元,与此同时其在陆军的同行只能拿到114日元。而且,海军所有在编的各级人士每年的平均薪水是64日元,而陆军则是平均20日元。还可参见 Matsushita Yoshio, *Chohei seiteishi*(A history of the establishment of the conscription system)(Tokyo: Gogatsu shobo, 1981)[1943 年重印版]。

在以上两个方面都遭遇了失败，但是国内政治发展、国外海军的壮大以及 19 世纪 80 年代日本南洋帝国梦想的不断膨胀，都将成为要求扩军海军的更重要、更强大的动力。随着训练有素的军官及海员队伍的不断壮大，加上萨摩政治精英们之间越来越高效的协作，在随后的 13 年间，海军完全有条件充分利用有限资金来对其相关硬件设施进行进一步的升级。

二、地方观念与帝国:萨摩、南洋与海军发展(1878—1889年)

我所见到的是一支萨摩海军……任何一个来自萨摩的人,哪怕他是个外行,都可能成为(海军)大臣①。

——议员尾崎行雄

海军是我们国防的中坚力量……也要通过推动在南洋的贸易和定居来扩大商业船队②。

——经济学家田口卯吉

明治维新领袖岩仓具视怀着非常忐忑不安的心情参加了 1882 年 8 月 19 日的太正官会议。他计划在大臣会议上提出海军扩军问题,该议题在日本领导人中一直颇具争议。在会议开始时,岩仓就敦促其同僚及他大臣支持已提交的、由海军大臣川村纯义撰写的扩军计划。由于岩仓早已料到该计划会引发争议,因此与会时他已做好充分准备。会上他提交了一份由川村起草的名为"关于海军扩军的看法"的文章。在此过程中,岩仓指出,一支强大海军对

---

① Ozaki Yukio, *The Autobiography of Ozaki Yukio: The Struggle for Constitutional Government in Japan*, transl. Hara Fujiko (Princeton: Princeton University Press, 2001): 124.

② Taguchi Ukichi, "Nan' yo keiryaku ron", *Tokyo keizai zasshi*, no.513 (1890): 353. In Taguchi Ukichi, *Teikan Taguchi Ukichi zenshū* (Collected works of Teiken Taguchi Ukichi), 8 vols. (Tokyo: Teikan Taguchi hakkokai, 1927–1929).

于维护日本国及其国民和财产安全来说是十分必要的。由于这位支持萨摩族的大臣还料到很多官员会马上质问有关川村计划中的预算及军事需求问题,因此他坚定地指出,在海、陆军之间,应该优先考虑前者的关切。在阐述这一观点时,岩仓强调,由于国内叛乱不再是日本的重大军事关切,为了保卫日本国,拥有一支强大的海军比陆军更重要。他还指出,一支庞大的现代海军还可能带来另一个好处,即让日本拥有更高的国际威望和认可度,因为海军是国际公认的国家实力及地位的象征。至于预料中的将成为争议焦点的海军扩军的资金问题,岩仓指出,政府可以通过增加烟草、米酒及大豆税来支持海军发展。在与财政大臣、萨摩人松方正义及三条实吉进行长时间商谈后,岩仓最终说服了联合政府支持日本历史上首个多年海军扩军计划,三条实吉当时在政府担任的职位相当于今天的首相一职。如果一个国家的预算是由大臣及议员通过闭门磋商来决定的,那么能否进入决策圈、是否拥有相应的地位及影响力将决定着一切。幸运的是,海军可以通过新建立的萨摩关系网得到这一切。1883年 5 月,政府批准了一项海军扩军计划。根据该计划,海军将在 8 年内花费2,600 万日元增加 32 艘战舰①。这是个不小的数额,它实际上相当于海军1873—1882 年间所有预算拨款的总和。对于日本海军来说,1883 年是一个史无前例、不平凡的一年,该年的成功很大程度上要归因于宗族政治。

　　海军不是在每一次的预算讨论中都有所收获。实际上,在 19 世纪 80 年代的大部分时期,海军扩军对于政府及其自身来说都是一个非常富有争议的话题。国外海军技术的发展增加了购买一支现代海军舰队所需硬件的成本,到 1885 年,这种增加幅度之大甚至危及 1883 年提出的整个扩军计划。更重要的是,在日本,国外成本的增加以及国内税收的减少进一步加深了人们对有关扩建海军舰队所需资金的担忧及由此引发的政治矛盾。这些新变化要求海军领袖要以比 19 世纪 70 年代更积极的姿态投身于政治。对于海军来说比较幸运的是,萨摩族的支持和帝国梦想帮助它提高了自身的独立性和能力。在

---

① 关于岩仓具视(Iwakura)于 1882 年提出的该项计划的具体内容及其相关问题的论述参见 Kaigun rekishi hozonkai,*Nihon kaigunshi*,1:237-242。

整个 19 世纪 80 年代,海军成了萨摩族展现其影响力和势力的前沿阵地,形成了与在陆军中拥有越来越大影响力的长州族分庭抗礼的局面。在海军的支持下,萨摩官员们不断寻求提升自己在政府中的代表性和权力。萨摩首领们相信,通过打造出一支强大独立、高级职位由萨摩人控制的海军机构,他们就能确保在新政府中保持强大的宗族影响力。在大久、松方、岩仓、西乡和川村看来,一支由萨摩人掌控的海军可以有效制衡长州官员在政府中日益强大的势力,这种强大势力是通过发展其宗族势力的堡垒——陆军来获得的。

虽然萨摩关系网对于将海军打造成一个高级政治机构至关重要,但是它并不是海军提高自身地位的唯一手段。海军积极联合记者、经济学家和学者们,共同努力培养日本人的南洋意识并借此实现其部门目标。具体说来,海军努力激发并不断加强人们对南洋的兴趣,并藉此创造一个既与陆军完全不同又契合其不断增长的地区野心的战略基础或依据。早在 19 世纪 70 年代晚期,一些海军领袖们就意识到,如果日本获得了南洋周边领土,或成功地在理论及实践中从经济上将日本与拥有"热带天堂"之美誉的南洋密切联系起来,那么它们就能成为海军追求其政治、拨款及其他目标的一个重要理由。虽然 19 世纪 80 年代的海军发展不能与其后几十年的发展相提并论,但是精英阶层的支持、政治参与度的提高以及日本及其他外国列强在南洋地区所拥有的更明确的战略和经济利益等,都为海军发展赢得了更多的支持,使海军从 1878 年的一支仅拥有 12 艘小型战船的武装部队发展成 1890 年的一支拥有 21 艘优良战舰和多艘鱼雷巡洋舰的部队。

萨摩人的控制与领导层的政治支持

虽然明治政权是一个国家级政府,但是它的政府机关及其设置却深受前萨摩藩及长州藩势力的影响。这些不同藩国的人曾在明治维新中发挥过重要作用,他们在随后的岁月里采取积极措施以延续其在国家事务中的强大控制力。很多政治寡头都错误地认为,军事机关总是能免于平民政治的影响。但是,萨摩政客认为,与军事机关建立密切联系是一条富有诱惑力的行动路线。

日本早期民权运动领袖，如板垣退助（来自土佐）、大隈重信（来自肥前）、后藤象二郎（来自土佐）以及尾崎行雄（来自神奈川），断言"萨摩—长州"（简称"萨长"）影响力强大到几乎能控制国家政治。这种观点是很有道理的。"萨长"官员，如大久保利通、木户孝允、伊藤博文、山县有朋、黑田清隆、岩仓具视、伊地知正治、岛津久光、尾山岩尾以及松方正义等，都在政府内拥有重要的、无与伦比的权力和影响力。"萨长"的支配地位确实让那些支持民权和希望迅速建立代议制政府的人备受挫折，但是毫无疑问它让日本海军受益匪浅。萨摩人主宰着海军部门的领导岗位，并且有效地利用了他们在政府官员中的人脉推动海军实现其在政府中的政治及预算目标。

第一章已经阐明，萨摩官员在幕末时代的海军发展过程中发挥了重要的作用。因此，萨摩藩在新海军中拥有相当大的影响力不足为奇。1870—1871年军队集权化改革，在一定程度上使这种影响力在作战指挥官层面得以制度化。当明治政府将各藩国的海军力量组建成国家海军时，萨摩提供的军官和工作人员比其他任何藩国都多，从而进一步巩固了他们在新政府海军中的特殊地位。在早期的明治海军中，萨摩人占总军官人数的近 23%，该比例在1883 年上升到了 28%。总之，萨摩人在海军指挥官中占有最大比例。

这并不意味着 1872 年集权化制度形成以后，萨摩立即就形成了对新海军部高级官员的控制。它需要经历一个缓慢和稳定的发展过程，此过程是围绕川村纯义这位重要人物展开的。川村并不是人们预料中的最可能出任海军领袖的人选，因为他成名于维新运动时代的陆军部队。但是，萨摩人强大的关系网足以弥补此不足。虽然川村在 19 世纪 60 年代曾涉猎过海军科学的学习，但是他最显赫的优势是他以前的战绩和家族背景。重要的是，川村出生在鹿儿岛，其他一些有权势的萨摩人，如大久保利通和西乡兄弟即隆盛和从道也出生于同一个地区。而且，在维新战争期间，川村作为萨摩部队的陆军指挥官已经声名显赫了。虽然川村曾担任过海军学院的院长和军部海军处处长，但是实际上他只属于陆军，只是萨摩的关系网才让他跻身于海军领袖的行列①。

---

① Evans，"The Satsuma Faction，"129–130.

明治政府早期,要想在一个受制于寡头政治的政府里出人头地,宗族背景和人脉远比头衔更重要。

但是,川村只是在两个特殊的时期才逐渐让萨摩人形成了对海军的影响力,这进而又最终提高了海军的政治地位和影响力,也使其获得了政府内萨摩文职官员们更多的支持。1873—1877年间为第一个阶段,川村时任海军副大臣。在此期间,虽然川村是胜的下属,但胜这位海军大臣与其他官员相比,既不横行霸道又不独断专行,这使得川村能够对海军事务及军官任命施加更大的影响①。而且,川村拥有萨摩关系网及一定的圈内影响力,这一优势是胜绝对没有的。因此,川村在1875年日本第一次大规模采购外国军舰及合同谈判中起到了举足轻重的作用,包括扶桑号、比睿号及金刚号的成功购买。鉴于当时新政府有限的财力,这是一个不小的成就②。另外,在选择吴和佐世保作为日本未来海军基地的问题上,川村同样发挥了重要作用③。但是,川村留下的最重要遗产是他所做的一系列海军人事安排。川村在自己周围建立萨摩关系网并对部门内的文、武官员给予特殊关照。在海上的舰艇指挥官伊藤佑摩、伊藤裕子、井上良馨和鲛岛员规等都得到了川村的鼎力相助。在陆上的萨摩人同样获得了川村的很多支持。后来分别出任海军大臣的仁礼景范和松村顺三在海军机构内的晋升都得益于川村的提携④。

川村早期所做的人事任命为不断提高萨摩在海军中的影响力打下了良好的基础,但萨摩人在1877年的动乱事件发生后才主宰了海军高级领导层。1873年,西乡隆盛因为与同僚们的纷争从政府中愤然辞职。1877年,这位积怨难平的萨摩维新运动领袖发起了长达6个月、反对明治政府的军事叛乱。由于该叛乱在规模、强度及持续时间上都相当令人震撼,它经常被视为反对明

---

① 关于川村及其在日本明治早期海军中的角色,详见 Taniguchi Naomi, "Kaigunkyō Hakushaku Kawamura Sumiyoshi no kōgyō," 23-123。

② Taniguchi, "Kaigunkyō Hakushaku Kawamura Sumiyoshi no kōgyō," 47-52.

③ Ko Hakushaku Yamamoto kaigun taisho denki hensankai, *Yamamoto Gonnohyōe den*, 1: 62-65.

④ Evans, "The Satsuma Faction," 136-137.

治政府的最后一次重大叛乱。对于海军来说,这次叛乱的重大影响远远超越国家政治层面。1877 年前,萨摩人通过提携和直接任命等方式,竭尽全力提高本族人在海、陆军中的影响力和势力,而且他们在两大不同的军种中投入了几乎均等的精力。西乡领导的叛乱让萨摩人试图提高自己在陆军中——如果不能说是"控制力"至少可以说是"影响力"的野心破灭了。在 1876 年的大部分时间里,不少中级军官在西乡建立了一个准军事私人训练中心后就离开了陆军前去投奔。这些士兵有些属于理想主义乐观派,他们希望通过武力来实现政府改革;另一些则仅仅只是对现代化进程所造成的负面影响胸怀不满而已。很多士兵都在这次叛乱中丧生。但是,由于没有海军军官离职前去投奔西乡,萨摩人在海军中的影响力丝毫无损①。因此,在政府军平定了叛乱之后,大久、岩仓、黑田和伊地正确地认识到,相比于依仗川村在海军部门业已打下的良好基础来提升自己的地位,通过人事任命来重建他们宗族在陆军中的地位要困难得多。因此,很多萨摩官员一致认为,未来最好的行动方案是竭尽全力扩大萨摩人在海军中的影响力和权力。这种方案得到了川村的大力支持,此时的川村发现,叛乱之后的时局更有利于他进一步实现萨摩人的利益。

实际上,叛乱在多个层面明显改善了萨摩人在海军中的地位和命运。首先,镇压叛乱使川村获得了作为海军军官的第一次作战经历②。在公开对抗开始之前,川村作为萨摩人在 1877 年初被政府派遣到鹿儿岛以说服西乡投降。在这次劝降失败之后,政府任命川村为国家海军的指挥官。在长崎,川村不但负责这次镇压运动的海上运输及物资补给工作,还数次指挥高雄号战舰对叛乱分子的据点进行炮击。这次军事指挥经历让他博得了很多的赞誉,也让日本执政联盟内产生了用川村替代胜作为海军大臣的呼声。1878 年 5 月,政府中的寡头执政者在对川村作为海军副大臣任期内的工作及最近的军事战绩进行正式评估之后,授予了他国家参事头衔并任命他为海军大臣。除了1880 年 2 月至 1881 年 4 月这段时间外,川村在这个职位上一直任职到

---

① Evans,"The Satsuma Faction,"137;Matsushita Yoshio,*Nihon gunsei to seiji*,151.

② 关于川村参与镇压此次萨摩人发起的叛乱的论述参见 Kaigun rekishi hozonkai,*Nihon kaigunshi*,1:228-237。

1885 年。

作为海军大臣,川村更加毫无忌惮地在海军内继续重用萨摩人并随心所欲地提拔他们。更重要的是,川村在任命本族人时根本不考虑他们之前是否具有海军经历,这毫无疑问暴露了他想要进一步加强萨摩人在海军中势力的愿望。提拔桦山资纪是川村做出的最重要的任命之一,桦山实际上是一位比川村这位海军大臣更具陆军背景的人士①。与川村一样,桦山于 1836 年也出生于鹿儿岛。1871 年,当川村开始在军部任职的时候,桦山是鹿儿岛基地九州守备区的指挥官。此后,桦山在陆军中开始平步青云,并在 1874 年台湾远征战役及 1877 年平息萨摩叛乱中获得了宝贵的作战经验。由于在后者中的表现,1878 年他被提拔为帝国防卫军的参谋长。3 年后,他离开了这个异常活跃的部门开始担任声名显赫但要求更苛刻的东京警长一职②。虽然桦山在陆军中已获得了少将头衔,但是 1883 年在川村及另一位萨摩籍领导人西乡从道的催促下,他被调入海军担任海军少将。桦山也担任过海军副大臣一职,这使他本已辉煌的政治生涯更加锦上添花。对于一个从未在战舰上服过役(更不必说指挥战舰了),甚至从未以任何形式在海军中服役的人来说,这算是个骄人的成就了。因此,萨摩人的家族背景能轻易弥补其实践或职业上的任何不足。

川村联合其他萨摩籍官员,一起诚邀其他一些身处高位的萨摩人加入到海军队伍中来,目的不仅仅是为了加强海军的政治权力,也是为了提高萨摩人在政府高级领导人中的比例。西乡从道进入海军部门的过程与桦山极为相似,对他的任命也是一个典型的例子。与桦山一样,西乡也拥有丰富和辉煌的陆军从业经历。西乡是 1874 年台湾远征军的指挥官,并在当年就获得了中将军衔。后来他担任过陆军大臣,也曾在陆军总参谋部任过职,还做过帝国防卫军的司令官。但是,西乡与桦山进入海军的路径还是有些不同之处,因为西乡

①　关于桦山 1883 年参加日本海军之前的职业生涯的英文简介参见 Evans,"The Satsuma Faction,"145—146。

②　东京警视厅的绝大多数成员都是担任过陆军中将的萨摩族人。因而委任一名"强大的"萨摩人来担任警视总监一职自然就成了一项传统。

1881 年成为政府参事，并在此后至 1884 年一直担任农业和商业大臣。一年后，鉴于西乡在担任文职大臣时所获得的地位和影响力，在桦山和岩仓的要求下，他被调入海军并出任海军大臣。与桦山一样，西乡从未在军舰上服过役，更不必说指挥战舰了。而且，实际上，西乡曾经拒绝放弃陆军中将军衔去海军担任相同级别的职务，这一点与列奥·冯·卡普里维非常相似，后者于 1884 年成为德国帝国海军上将①。那些反对海军中萨摩人裙带主义作风的人士对此细节也了如指掌②。

很多因素导致了这种明目张胆的裙带主义和滥用职权的出现。一开始，作为海军副大臣，川村可能只是出于友情、合作或同乡关系的考虑提拔与他同乡的萨摩人。提拔仁礼景范就是一个典型的例子。川村从 1871 年起就与仁礼有私交，那时他们都在军部任职。虽然仁礼没有任何作战经历，但是他所接受的会计训练及其之前曾担任军部会计处处长的经历，都成为他宝贵的财富。他的萨摩出身也增加了他的吸引力。松村顺三也是一个很好的例子。与仁礼相同的是，松村是川村在 19 世纪 70 年代初提拔到海军部任职的另一位萨摩人。他是仁礼的好朋友，实际上他们俩与另一位萨摩官员森有礼都曾在宗教秩序新生活兄弟会一起度过一段时间③。尽管没有任何历史档案解释或证明松村为什么得到了提拔，但是他的萨摩出身、与仁礼的友情以及与川村的关系无疑都发挥了重要的作用。

不久，特别是 1878 年后，萨摩人所做的人事任命越来越具有政治动机，这一点已经变得一目了然。在诸如岩仓、伊地、黑田、松村以及后来惨遭暗杀的大久等其他萨摩人的建议下，川村加强了萨摩人在海军中的影响力和权力。

---

① Lawrence Sondhaus, *Preparing for Weltpolitik*: *German Sea Power before the Tirpitz Era* (Annapolis: Naval Institute Press, 1997) : 150–153.

② 实际上西乡后来于 1894 年放弃了他的陆军中将军衔，接受提拔成为日本海军大将。日本海军大将是日本帝国海军的最高军衔。议员尾崎行雄对日本海军公然偏袒萨摩族人的做法进行讨非常猛烈的抨击。他曾多次在私下场合甚至后来在日本国会对此进行批驳。本章开篇所引用的第一段话就是行雄批判内容中的其中一段。

③ 此处在 Evans, "The Satsuma Faction," 149 中亦有引用；具体细节参见 Ivan Hall, *Mori Arinori* (Cambridge, Mass.: Harvard University Press, 1973) : 106, 125。

这样做有两个原因。其中主要原因是,萨摩人欲确保海军成为其在政府中的权力大本营,尤其是在1881年之后。1886年,政府宣布将于1890年最终成立议会制政府,很多人都相信它会削弱"萨长"对政治的控制。因此,相比于对其他国家机关的控制,对军事部门的控制更能让萨摩人在很多方面避开议会的干预(这一观点与明治时期政治寡头们所持有的错误观点完全一致),这样该军事部门就可以充当保护萨摩利益的堡垒。在1881年很多肥前及土佐人从政府里被清洗出来以后(其中以大隈重信最为典型),与之前相比,精英政治更加明显地呈现出长州与萨摩这两大前藩国势力之间相互竞争的局面①。由于长州人占据多数陆军高级领导职位,萨摩人试图通过占据多数海军高级领导职位来实现高级领导层"萨长"比例的平衡。他们确实做到了这一点。在1881—1906年间,海军部无一例外地都由萨摩人掌管。而且,凭借个人能力,川村最终先后将上文提及的四人中的三人提拔为海军大臣,他们分别是桦山、仁礼和西乡。正如一名在日本海军学院短期交流的英国皇家海军军官所说,1881年的海军是"一个萨摩族人经营的工具"。② 从很大程度上来说,事实确实如此,而川村的异军突起以及他早期所做的人事任命都证明了这一点。但是,萨摩人的这种主宰地位对海军意味着什么呢?

川村为实现萨摩人主宰海军高层尽心尽力,它所带来的财政改善及随之而来的军事回报不久在1882年的预算拨款谈判中得以显现。尽管川村是萨摩强大势力的幕后推手和力量源泉,但是与他的前任胜一样,他在政府内说服和推动海军扩军的能力却并不是那么强大。1881年川村向政府递交了一份计划书,要求用4,000万日元在20年内建造60艘军舰,但是遭到了否决。这与他1873年的那份海军扩军计划书的命运如出一辙③。在他萨摩同僚们的

① 有关政府内部逐渐分为长州和萨摩两派势力的问题,尾崎行雄这样写道:"1881年的那场'清洗事件'还表明,在那之后明治政府彻底地摆脱了土佐和肥前两藩人的影响。现在政府是两个强大宗族势力的天下——萨摩和长州。"参见 Ozaki, *The Autobiography of Ozaki Yukio*, 55。

② John C. Perry, "Great Britain and the Emergence of Japan as a Naval Power," Ph.D. dissertation, Harvard University, 1961:130。

③ 历史学家 Matsushita Yoshio 认为,川村此次计划的失败主要归因于他没能说动那些与他共事的大臣们来支持他向政府提出的请求。详见 Matsushita, *Nihon gunbatsuno kōbō*, 1:92-93。

建议下，第二年川村采取了不同的策略，即利用萨摩关系网及高层领导们的影响力。川村找到了两个萨摩的上层人物，请求他们帮忙争取其他太正官支持他的以下计划：每年花费 600 万日元购置和建造 6 艘军舰或者共花费大约 4,800 万日元建造 48 艘军舰。这些军费并不计入海军每年运营费用，1882 年海军每年运营费用只有 300 多万日元。实际上，这项计划与他一年前的计划并无区别。一份关于 1882 年的这份"新"计划的书面说明指出，在 8 年规划结束之后的第二个 8 年内再追加建造 12 艘军舰。这样，新造军舰总数还是与原计划中的 60 艘完全一致①。

　　但是，与 1881 年的海军计划相比，1882 年的计划却有着截然不同的命运，这主要得益于萨摩宗族享有的权力、影响力及给予的支持。1882 年 8 月 19 日至 11 月 23 日期间，在岩仓的领导下，萨摩势力不知疲倦地努力争取高层领导人支持川村的海军扩军计划②。在联合了萨摩其他太正官之后，岩仓拜见了天皇，有力地证明了海军扩军对于日本安全的重要性。在明治天皇面前，岩仓指出，4 万人的正规军对于维护本土安全足够了，因此，政府应该将国防预算拨款的大部分向海军建设进行倾斜。岩仓还指出，一支强大的海军对于保卫国家及其公民和财产免遭外国列强的侵犯是非常必要的，为此而提高税率也是合情合法的。岩仓逻辑严密的慷慨陈词终于得到了积极的回应。11 月 24 日，天皇召集太正官里的重要大臣及军官并向他们宣布，为了获得扩军所需要的资金必须提高税率。随后一份新的帝国扩军法令出台了。12 月太政大臣三条实吉批准对米酒、大豆和烟草每年多征税 750 万日元，并希望这些增加的税收能每年为建造军舰提供 350 万日元、为陆军扩军提供 150 万日元以及为战舰保养维修提供 250 万日元的资金③。1883 年 2 月，三条又从其他部门抽调税收用以支付海军因建造和购买军舰而超出预算外的费用。因此，到 1883 年 3 月为止，为实施川村的 8 年扩军计划，海军每年获得了 650 万日

① Kaigun rekishi hozonkai, *Nihon kaigunshi*, 1：237–242.
② 关于 1882 年计划的详细内容以及政府高层领导人作出何种努力促使该计划通过，详见 Matsushita Yoshio, *Meiji gunsei shiron*, 2：33–42。
③ Kaigun rekishi hozonkai, *Nihon kaigunshi*, 1：240–242.

元,这是海军自成立以来所获得的最大预算拨款额①。海军的此次成功主要归因于萨摩官员的努力、他们在高级领导层的人脉以及这些高级领导人所施加的巨大影响力。

政府高层的萨摩派成员对海军的支持绝非仅此一次。萨摩派的影响力同样帮助海军获得了政府对川村在随后一年递交的另一个扩军计划的批准,即8年内建造总价值近2,700万日元的32艘战舰②。更重要的是,由于萨摩人出面协调,海军获得了日本皇室的赞助因而成功解决了一次严重的财政危机,这次危机在1885年险些让海军的1882—1883年计划破产。该年,由于1882年规划的费用超支,加之海军扩军产生了新的需求以及税收的整体下降,海军提交的年度开支计划远远超出了其部门正常的预算标准。1882年的规划要求在吴和佐世保两地建立海军基地,而且每个基地都要建立海军陆战队和鱼雷艇中队。然而,将吴和佐世保改建成一流海军基地的实际成本远远超出了原来规划的预期③。尽管其中的超支部分可以通过从海军日常运营费用中抽取一定资金进行支付——如果其他一切正常的话;但是,考虑到在建舰船或已被承包的欲造战舰的成本已经超支以及税收的减少,官员们感觉到,如果要在原计划基础上追加建造更多军舰,并找到一个最终各方都能接受的解决方案是一个莫大的挑战。

简而言之,政府和海军面临着两大困境:一是应该寻求什么样的海军扩军;另一个更重要的问题是,如何为双方认可的扩军计划提供资金。一方面,海军领袖们指出,他们可以继续执行原计划,用1882年规划中的拨款购买所有舰船,即所有舰船的排水量仍保持在2,000吨至3,000吨之间,不再对它们进行任何质量上的升级。这样做其实不让人满意,因为如果到1885年仍然使

---

① 新的计划实行之后,日本海军配备了下列几艘军舰:Naniwa(排水量3,708吨),Takachiko(排水量3,708吨),Uneme(排水量3,615吨),Takao(排水量1,778吨),Yamato(排水量1,500吨),Katsuragi(排水量1,500吨),Musashi(排水量1,500吨),Tsukushi(排水量1,371吨),Atago,Chōkai,and Maya(总排水量621吨)。注:其中Uneme号军舰在其造好之后从法国驶往日本的途中失踪。

② Kaigun rekishi hozonkai, *Nihon kaigunshi*,1:241.

③ Kaigun rekishi hozonkai, *Nihon kaigunshi*,1:242.

用 3 年前订购的军舰作为一支大型舰队的核心战舰的话，那么无疑它们会被设计最新、技术最先进的战舰所超越①。正如川村和西乡所言，从军事角度看，为那些送达日本时技术已经过时的战舰继续拨款是没有意义的。第二种选择是购买技术先进、排水量是原订购舰艇两倍但仍未交付的战舰。但是，如果海军想要维持 1882 年拨款计划中所订购战舰的数量，那么政府则需追加更多的拨款来建造和使用这些舰艇。最后，第三种选择是，海军依照法国海军研究界的新学派——"少壮派"的海军发展理念来扩建海军，该学派提倡优先考虑建造巡洋舰和鱼雷艇而不是重装甲战舰②。日本最终选择了最后一种策略来作为其未来海军发展方案，即不断购置配备轻型装甲但火力强大的中型巡洋舰，同时增加快速鱼雷艇中队的数量。因此，海军领袖要求另外再购置 28 艘鱼雷艇，1 艘一流装甲舰，6 艘一流和二流快艇，8 艘一流和二流炮艇以及若干艘后勤补给船，总计共 54 艘舰船，合计排水量 66, 300 吨③。海军官兵们指出，该策略能让日本在不需要购买大量价格高昂的重型装甲舰的前提下拥有一支强大的海军。

但是，与购买最新式、火力强大的重型装甲巡洋舰一样，增加快速鱼雷艇的数量也需要追加资金，而追加资金则有赖于政治上的扶持。在 1885 年，虽然鱼雷艇和武装巡洋舰在吨位及成本上无法与当年正在建造的最大型的军舰相

---

① 与英国皇家海军的"英弗莱息白"号战列舰相比，无论是从舰船体积还是火力装备上，日本于 1882 年订购的这批在当时堪称顶级的军舰就显得逊色多了。"英弗莱息白"号的排水量多达 11, 800 吨，而日本于 1882 年订购的核心舰队的排水量平均不过 3, 800 吨。随着科技创新发展，旧舰船不得不被逐渐淘汰，关于这点 Larid Clowes 这样写道："大英帝国 1867 年的一艘最好军舰的威力胜于 1857 年整个英国舰队……然而到了 1877 年，最好的舰船就算不说能打败，起码也能与十年前的整个舰队匹敌。到了 1890 年，1877 年的舰船应该废弃使用；然而到了 1900 年，这时就算是 1890 年所造的最好的军舰也该被淘汰了。"详见 William Laird Clowes, *The Royal Navy: A History from the Earliest Times to the Present*, 7 vols. (London: Sampson Low, Marston, 1897-1903): 7: 68; John Curtis Perry, "Great Britain and the Emergence of Japan as a Naval Power," *Monumenta Nipponica*, 21: 3-4(1966): 310 中亦有引用。

② 有关 Jean Ecole 学派的海军思想理论对于德国海军的影响的论述参见 Sondhaus, *Preparing for Weltpolitik: German Sea Powerbefore the Tirpitz Era*, 15。

③ Kaigun rekishi hozonkai, *Nihon kaigunshi*, 1: 301-302.

比,但海军新任大臣西乡从道及他的副手、海军副大臣桦山资纪要求添置的
54 艘吨位不大的舰船,仍然需要一笔额外的资金。为此,在 1885 年内阁制替
代了太正官制之后,西乡和桦山就立即开始游说新任内阁成员。他们再次利
用了萨摩人的影响力。首先,他们接触了萨摩籍内阁成员,包括松方正义、尾
山岩尾、森有礼,以及非萨摩籍但亲海军的交通大臣榎本武扬,并获得了他们
的支持。随后,桦山、西乡及松方又获得了首相伊藤博文对于海军进一步扩军
的支持①。但是,支持并不完全等同于资金。由于 1882 年的增税计划没能实
现既定目标从而无法兑现扩军所需资金,松方、伊藤和桦山想到了另一种支持
舰队扩建的方法②。三位大臣经过长时间的论证,提出了发行公共债券来给
海军提供 1886 年扩军所需资金的建议。在天皇的支持下,政府通过认购公共
债券的方式给海军提供贷款,这是明治政府首次发行债券专门用于扩军。分
三年发行的债券金额总计 1,600.7 万日元,这样每年需要认购 500 万日元左
右的债券。但是,在第一期债券发行时,日本国民认购的数量是原计划的 3
倍。具体来说,仅在 1886 年政府就从公众的认购中获得了 16,642,300 日元
的资金③。

　　但是,认购债券并不是国民们支持海军扩军的唯一方式。由于债券非常
受青睐,天皇要求首相再建立一个能帮助其他国民支持海军扩军的融资渠道。
1887 年 3 月 14 日,天皇率先垂范,他通知首相伊藤博文,作为首批捐款,皇室
将捐献 30 万日元用于帮助海军建设军港和购置军舰④。1887 年 3 月 23 日至

---

　　① 桦山资纪作为西乡从道手下的日本海军副大臣,在代表海军进行扩军游说的活动中发
挥了重要作用。日本军事历史学家 Matsushita Yoshio 认为西乡时任海军大臣的时期应该被称作
"副大臣桦山时代"。参见 Matsushita,*Nihon gunbatsu no kōbō*,1:161.有关此次扩军计划以及组阁
谈判内容的论述,参见同一出处的 1:163;Evans,"The Satsuma Faction," 144-147;以及 Kaigun
rekishihozonkai,*Nihon kaigunshi*,1:301-305。

　　② 1882 年,日本政府加大了对大豆、烟草和日本米酒的征税力度。当时的太正大臣认为
从 1883 年到 1885 年底 3 年内政府可以通过税收募集到 1,640 万资金。然而实际税收只有
1,010 万,因而不足以为海军扩军提供资金。参见 *Tokyo Nichi nichi shinbun*,20-22 July 1886。

　　③ Kobayashi Ushisaburo,*The Armament Loans of Japan*(London:OxfordUniv.Press,1922):
34-36;and Kaigun rekishi hozonkai,*Nihon kaigunshi*,1:303-5。

　　④ Kaigun rekishi hozonkai,*Nihon kaigunshi*,1:301-303。

9 月,海军的募资活动共募集了 200 多万日元的资金。毫不意外的是,与萨摩关系密切、腰缠万贯的实业家和贵族捐献最多:前萨摩大名岛津王子和前长州大名森喜郎王子各捐了 10 万日元;三菱造船厂的岩崎弥太郎和他的长子久家各捐了 5 万日元;川崎银行和造船厂的川崎八郎右卫门捐献了 5 万日元;横滨正金银行行长波良六郎也捐赠了 5 万日元①。这些捐赠款项为建造吴和佐世保两地的基地及超支的成本提供了资金。到 1888 年,海军正成为日本一个日益强大的军事机构以及一股迅速崛起、受萨摩人主宰的政治势力。到 19 世纪 80 年代中期,萨摩海军高层不仅已深谙国内政治之道,还在此过程中帮助海军为打造一支强大的海军部队打下了更加坚实的财政基础。萨摩关系网及影响力在 1914 年山本内阁倒台之前一直非常强大,但在 1890 年后,海军领袖们再也不能仅靠这种关系网来获得实现他们扩军梦想所需的财政支持。

南洋:关于南洋意识的早期舆论

虽然萨摩关系网及皇室的垂青对于海军获取精英高层的政治支持作用重大,但是为了寻求一个独特的战略依据及令人信服的理由来支撑舰队扩建,海军也付出了其他努力,一个围绕培养日本人南洋意识的重要计划已经开始实施②。在 19 世纪 70 年代及整个 80 年代,一些海军领袖与他们志同道合的人士及机构密切合作,他们希望将海军扩军、国家防卫、移民及未来经济繁荣与日本进军南洋紧密联系在一起。在海军的帮助下,日本人不仅将南洋视为一个地域,还将进军南洋视为一种开放、多元化的理念,犹如本着不同的兴趣和

---

① 《东京日日新闻》上刊登了主要捐款人的名单(The *Tokyo Nichi nichi shinbun*)。详见 *Tokyo Nichi nichi shinbun* ,14 April 1887.《日本每周邮报》(The *Japan Weekly Mail*)还登出了专门为海军捐款的工业团体。

② 在明治时代早期:"南洋"一词指的是位于日本东南部的中太平洋上的岛屿,尤其是指马里亚纳群岛、加罗林岛、马绍尔群岛和吉尔伯特群岛。到了明治后期至第二次世界大战年间:"南洋"一词的概念则扩大为包括太平洋上赤道以南的岛屿以及新几内亚、澳大利亚、新西兰、夏威夷群岛、荷属东印度群岛以及东南亚殖民地在内的广阔领土。

动机关注南洋的那些人士一样。① 对于那些失去特权的前陆军将校们（disen-franchised ex-samurai）来说，南洋变成了一个温暖的热带天堂，在那里不仅可以干出一番业绩，还可以满足自己的冒险欲望。政治家、记者以及希望为了国家荣耀将日本国旗插上南洋地区的爱国者们则错误地认为，南洋是一个西方帝国主义者从未涉足的地方，因此是新日本国获取殖民地最理想、最顺理成章的地方。企业家及富有冒险精神的投机商们开始将南洋视为一个资源丰富的丰饶角，一块经济潜力巨大、可以通过贸易和开发来进行充分利用的宝藏。深受马尔萨斯理论影响的经济学家们则把南洋视为一个相对空旷的地区，适合日本人进行移民。尽管很多诸如榎本武扬、西乡从道以及更早时期的胜海舟这样的海军领袖都认同以上各种观点，但是他们的兴趣所在还包括最符合海军利益的海军扩军。虽然在 19 世纪末，海军只是努力提高日本人南洋意识并积极游说日本向南扩张的众多行为体中的一个，但是它却是最重要的行为体，也是从日本向南扩张中受益最大的机构。高级海军官员及经济学家，如田口卯吉，都相信随着南洋意识及兴趣的不断提高直到最终涉足南洋，日本官员都将会感到有必要（如果不是被迫的话）扩建海军以支持和保护本国的海外公民及国家利益。

但是在 19 世纪 70 年代，很少有日本人了解或关心那些一直延伸到日本东南方向、散布于海洋中的太平洋诸岛。虽然在 17 世纪初，大约有 7,000 至 10,000 日本人居住在日本以南的国外日本人居住区，但是在 1639 年后，德川

---

① 关于日本"南进运动"的思想体系以及日本在南洋地区的活动情况，最好的英文研究专著有：Mark R.Peattie, *Nan'yō*（Honolulu：University of Hawaii Press, 1988）：5-20；Henry P.Frei, *Japan's Southward Advance and Australia*（Honolulu：University of Hawaii Press, 1991）：31-47；Shimizu Hajime,"*Nanshinron*：Its Turning Point in World War I,"*Developing Economies* 25：4（Dec.1987）：386-402；J.Charles Schencking,"The Imperial Japanese Navy and the Constructed Consciousness of a South Seas Destiny, 1872-1921,"*Modern Asian Studies* 33：4（Nov.1999）：769-796；and Akira Iriye, *Pacific Estrangement：Japanese and American Expansion*, 1897-1911（Cambridge, Mass.：Harvard University Press, 1972）。最佳的日文研究专著有：Yano Torū, *Nanshin no keifu*（A genealogy of southern advance）（Tokyo：Chūō shinsho, 1993）：9-47；and Yano Torū, *Nihon no Nan'yo shikan*（日本的南洋史观）（Tokyo：Chūō shinsho, 1979）。

幕府开始限制与外界进行定期或长期交往①。因此，早期的南洋定居者和海军领袖为了提高日本人的南洋意识，先行付出了努力。为了实现这一目标并丰富日本海军官兵航海实践经验，海军组织其年轻军官及水兵在南洋开展了多次航行训练。从 1875 年开始一直到 20 世纪 20 年代，这些训练性航行让很多日本官兵第一次在太平洋广袤的海面上，体验了海军装备的实际操作流程。他们的航行范围包括从夏威夷群岛和北美洲的西海岸到新西兰和澳大利亚，其间还分别造访了新几内亚、新喀里多尼亚、斐济、萨摩亚群岛、关岛等地的港口以及今天密克罗尼西亚的众多珊瑚岛。出海之后，海军命令所有随行官兵坚持写训练航行日志，并对他们所参观的港口设施、船坞和海军基地进行观察和记录。至于南洋的诸岛屿，海军要求官兵们特别留意那些能够提供停泊及物资供应的地方以及所到之处的民风民俗。等他们回到日本之后，这些航行日志对所有海军新学员都进行开放，而且常被用作海军学院的教学素材。②

　　一些民间人士反复请求随同进行航行训练的官兵们一起赴南洋，几位富有远见的海军高级领导人随即批准了他们的请求。这次南洋之行激发了很多日本人对陌生热带地区的狂热想象和浓厚兴趣。实际上，正是那些推崇向外扩张、随同日本海军进入南洋的记者、作家、冒险家和知识分子，揭开了 19 世纪 70 年代晚期和 80 年代最重要、最持久的"向南挺进"宣传运动的序幕。

　　他们当中有位旅居者名叫志贺重昂。从年轻时开始，志贺就对海洋事务深感兴趣，这无疑得益于他在 10 岁时，监护人将他送进了一所私立的海军学

---

　　① 有关日本贸易史概况，详见 Robert L.Innes，"The Door Ajar：Japan's Foreign Trade in the Seventeenth Century，"Ph.D.dissertation，University of Michigan，1980：58-62.See also Iwao Sei'ichi，*Nan'yō nihonmachi no kenkyu*（A study of Japanese settlement communities in the South Seas）（Tokyo：Chijin Shokan，1940；reprint：Iwanami shoten，1966）；Henry Frei，"Japan in World Politics and Pacific Expansion，1870s-1919，"in John A.Moses and Christopher Pugsley，eds.，*The German Empire and Britain's Pacific Dominions*，1871-1919（Claremont：Regina Books，2000）：173-196。

　　② Kaigunshō，Kaigun kyōiku honbu，*Teikoku kaigun kyō ikushi*，7，Supplement：13-17.有关那时的航海训练，详见 Cornwall，"The Meiji Navy，"137。

院预备学校①。在近藤真琴大师的指导下,志贺与其他即将进入海军学院的学生一起,于1874年开始学习海洋科学、航海技术、数学、英语及其他科目②。近藤真琴大师曾在海军服过役,后来在筑地海军学院担任官方译员。由于志贺的资助人在萨摩叛乱中去世,造成了资金上的困难,他不得不在1877年离开近藤的私立学校,后来也未能如愿加入日本海军。尽管如此,志贺从未丧失对海事工作的兴趣。虽然他后来在北海道继续求学并先后在长野和东京工作,但是他一直与海军学院预备学校的同学保持着书信联系。志贺得知,他很多同学后来都被录取到了海军学院,并获准将来进入日本海军。利用这些关系,志贺在1885年获准登上了去朝鲜的"筑波号"训练船③。次年,志贺请求海军大臣西乡允许他与执行南洋年度训练航行的"筑波号"上的官兵一起同行。在接到志贺的请求不久,西乡就给予了批准。1886年2月,志贺离开日本,开始了其长达十个月的横跨南太平洋之旅。

志贺在返回日本后出版了一本详尽描述南洋之行、名为《南洋现状》的重要著作,以实现成全了他南洋之行的海军人士曾向他口头表达过的期望。这本游记的撰写几乎达到了每天12页的速度,它在1887年出版后立即成为畅销书。1889年该书再版两次,两年后几经删改和增补的修订版问世。《南洋现状》虽然酷似游记,其撰写和出版却另有深意。其一,志贺希望这本书能给日本人敲响警钟,让日本普通民众和政客们知道,眼下外国在南洋地区的殖民活动正开展得如火如荼。其二,日本对南洋知之甚少,缺乏此类知识会让日本

① 有关志贺早年的生活及著作参见 Shiga Shigetaka zenshu(Collected works of Shiga Shigetaka),ed.Shiga Fujio,8 vols.(Tokyo:Shiga Shigetaka kankokai,1927-1929)。有关志贺在文中这一时期的英文专著,参见 Masako Gavin, *Shiga Shigetaka*, 1863 - 1927: *The Forgotten Enlightener* (Richmond:Curzon Press,2001):48-50。

② 在后来参加中日战争和日俄战争的海军军官中,300人以上都曾在学习塾接受过教育。参见:Miwa Kimitada, "Crossroads of Patriotism in Imperial Japan:Shiga Shigetaka, Uchimura Kanzō, and Nitobe Inazō," Ph.D. dissertation, Princeton University, 1967:14. See also Gavin, *Shiga Shigetaka*,50。

③ Shiga Fujio, ed., *Shiga Shigetaka zenshū*,7:5.在 Gavin, *Shiga Shigetaka*,62.中亦有论述。

永远也成不了一个活跃的海上强国，这也正是许多海军军官们所担忧的。志贺的结论是，缺乏海上实力将会让日本永远无法获得在南洋的商业和经济扩张所带来的巨大利益。"目前，"他悲伤地写道："有关南洋的书籍寥寥无几。"①因此，志贺自称自己是第一个站出来探讨南洋问题的人："什么是南洋？这是一个大家都还未关注的地区……我为自己是第一个提出'南洋'新话题及相关内容的人而感到自豪。"②

除了担心公众对南洋一无所知，志贺还担心很多日本人就算知道了南洋，也认为该地区对于日本毫不重要。对于志贺及很多海军人士来说，南洋是一个事关日本未来扩张至关重要的地区。包括《南洋现状》在内，一个贯穿志贺所有早期著作的重大主题是：太平洋事务对于日本的重要性不亚于亚洲大陆事务，这也是很多日本海军军官向政府最高层反复强调的主题。志贺写道："目前，日本隐居在太平洋里，虽然它与南洋诸岛毗邻……我们应该意识到，当南洋的鲸鱼和鳄鱼摇动尾巴的时候，冲向富士山的巨浪会引起地动山摇。"③这句话及全书的很多地方都暗含了同一个警示：由于欧洲和北美列强占领及开发太平洋诸岛的速度如此之快、活动范围如此之广，日本将有可能被排除在南洋地区之外。另外，志贺还及时表达了以下担忧：不管外国列强对南洋的控制被比喻为鳄鱼还是鲸鱼，它最终都会导致日本陷入危险的境地。志贺之所以决定在《南洋现状》中引用前海军大臣胜海舟的以下诗句，也许说明他想更明确地提出同样的警示：

> 南洋上空的海鸥
> 看见一颗子弹飞向天空。
> 海水和天空如此蔚蓝，

---

① Shiga Shigetaka, *Nan' yo jiji* (Current conditions in the South Seas) (Tokyo: Maruzen, 1887) :4.

② 内容节选自 Shiga Fujio, ed., *Shiga Shigetaka zenshū*, 3 : 105。

③ Shiga, *Nan' yō jiji*, 2-3.

鸟儿却飞去了何方？①

也许志贺是新一代主张"南进"的作家中首位得到海军直接支持的人士，但他肯定不是最后一位。彻服部也参加了一些海军训练航行，他于1888年撰写的《日本的南洋》和1891年出版的《南洋政策》有着与志贺很多早期著作相同的主题。同样，菅沼贞风1888年的著作《新日本的南方领土扩张梦》，田口卯吉、杉浦重刚、福本日南以及三宅雪岭所撰写的文章及册子，都呼吁海军向南洋地区进行扩张和渗透。通过完成海军资助的南洋之旅以及反映此次旅程的相关著作的出版，这些作家在帮助日本掀起被很多历史学家称为"南洋热"的过程中起到了关键作用。作为南星作家和记者的三宅雪岭后来回忆道："那时，殖民欲望，特别是去南洋地区殖民的欲望非常强烈……我们感觉日本必须抢占领土。"②志贺重昂在1890年的一个出版物里也表达了对该观点的赞同，但他的表达方式更加直白和坚决，如果不能说是更夸张的话。他写道③：

"每年的神武天皇登基纪念日——2月11日以及他的逝世纪念日——4月3日……我们都必须以扩大日本帝国领土的方式来举行纪念，哪怕只是扩大了一点点。在这两天里，我们的海军都必须开拔到一个主权仍然没有归属的岛屿，占领它并升起日本国旗……此举不仅对丰富我们海军的实践经验有着立竿见影的效果，还可以激发士气低落的日本民族的远征精神。"

---

① 此诗引用于 Miwa, "Crossroads of Patriotism," 156; and Gavin, *Shiga Shigetaka*, 75。Shiga Shigetaka 的作者 Gavin 认为本首诗中的有关手枪和子弹的意象代表文明，同时这也是对日本这个国家的一种警告：如果日本再不变成一个现代化的文明社会，那么它将像一只海鸥一样毫无抵御敌人的能力。我倒认为鉴于胜海舟在早期日本海军中所扮演的角色，这首诗想传达的信息与日本海军联系更密切一些，即强调了增强海军力量的关键性作用。

② Miyake Setsurei, *Daigaku konjaku tan*(University reminiscence)(Tokyo: Gakansha, 1946): 142-143. 在此我想感谢 Henry P. Frei 教授，是他让我注意到这段引文。此段在其 *Japan's Southern Advance and Australia*, 45 中亦引用。

③ Shiga Shigetaka, *Nihonjin*(日本人), 3 April 1890: 12. 在 Frei, *Japan's Southern Advance and Australia*, 45; 和 Peattie, *Nan'yō*, 9 中亦有引用。

除了志贺之外，其他海军军官也支持日本使用武力在世界获得一席之地。在支持这种军事冒险主义方面，没有人比前幕府海军军官、1896 年海军叛乱失败后进入新明治政府任职的榎本武扬更加积极了。在随后的 25 年中，榎本在各种政府部门都曾任职过，包括担任海军大臣、副外相、教育大臣、交通大臣和农业及商业部大臣。虽然榎本仍然以不讲情面、脾气暴躁、对下属及其他官员极其苛刻而著称，但是他的工作成绩无可挑剔，在明治政府里他是有名的工作狂人。榎本在整个政治生涯中一直胸怀南洋扩张梦。虽然 1876 年榎本还驻扎在圣彼得堡，但是当他听说政府计划镇压一群造反的陆军将校时，就建议日本政府购买当时由西班牙占领的一些南洋岛屿，并将它们用作流放造反分子的地方①。榎本的结论是，在多个太平洋岛屿上的前陆军将校们并不能对政府形成任何威胁，而且还能将他们的精力转移到在太平洋为日本建立永久性海外居住区上来。

上述 1876 年的事件并不是榎本努力帮助日本侵占太平洋岛屿的唯一事例。在 1881—1882 年任海军大臣时，他就在未经授权的情况下擅自询问西班牙政府是否愿意出卖马里亚纳群岛和伯劳群岛。后来在 1887 年担任交通大臣时，榎本曾将一艘本应执行灯塔维护任务的交通部测量船调配给一群业余勘探者，其中包括东京都知事。经过几周的勘探，这群人在小笠原群岛的西南部发现了一个贫瘠的岛屿，并推动占领该岛的提案进入了国会议案程序，致使该岛屿即现在的硫磺岛两年后被日本兼并②。

除了利用航行训练来激发人们对南洋的兴趣以及通过秘密行动来获得有关该地区信息情报之外，海军军官们还帮助成立和发展了各种社团，来推动日本对南洋地区的勘探和扩张。对于与这些社团保持密切往来的海军或民间人士来说，与民众展开合作并协调所有各方努力以实现一个共同目标并不是件难事，因为很多海军军官在许多积极推动南洋扩张的重要社团里都担任着重

---

① 参见 Enomoto Takeaki, *Shiberianikki*（Siberia diary），3 vols.（Tokyo：Kaigun yūshūkai，1935）中标有 1876 年 9 月 12 日和 1877 年 1 月 1 日这两天的关于向政府官员提出购岛要求的信件。

② 关于榎本对该岛的占领利用问题参见 Peattie，*Nan'yō*，6-9。

要职务。1893 年 2 月成立的"殖民社团"就是一个很好的例子。虽然这个社团是由经济学家、记者、知识分子和政客们组成,但是成立后,海军军官却担任了组织和领导者的角色①。前海军大臣榎本武扬在该社团建立过程中扮演了重要组织者的角色,之后又担任了首任会长。其他海军军官,如桦山资纪和西乡从道都在该社团担任过关键的领导职务。许多支持海军的思想,包括其最精华的部分,如最重要的海军扩军问题,都出现在由"殖民社团"出版的很多小册子及杂志里。从下文可以窥见一斑②:

> 如果日本希望控制海洋,它必须拓展贸易航线……(并且)加强海军实力;海事部门必须为日本的海外移民业务保驾护航。海军不但在战争时期而且在和平年代都能提供巨大帮助……因为海军能给移民和船只提供帮助和保护。因此,随着移民和海上航行活动的日益增多,日本将会认识到扩建海军的必要性。

"殖民社团"还邀请有南洋经历的海军军官、退伍官兵以及民间探险人士定期就南洋环境做演讲并为海军扩军和向南扩张这两项相辅相成的事业进行游说。其他社团,如 1879 年成立的"东京地理社团",1890 年成立的"东方社团"以及由推崇自由贸易的经济学家田口卯吉领导的"东京经济研究协会"等,都同样支持海军扩军,因为一支强大的海军有助于实现日本的各种帝国目标,无论它们是业已明确提出的还是尚未界定的。③

19 世纪晚期,日本"殖民社团"与海军间的关系在很多方面同德国"殖民社团"与海军几乎在同时期的关系如出一辙。成立于 1882 年的德国"殖民社

---

① 该社团的完整成员名单刊登在其 1893 年的一本社刊上。参见 *Shokumin kyōkai hōkoku*(殖民社团业务记录):1:1(Feb.1893)。

② "Shokumin kyōkai setsuritsu shuisho"(殖民社团情况简介),*Shokumin kyōkai hōkoku*,1:1(Feb.1893):109-111。

③ Taguchi Ukichi, "Nan' yō keiryaku ron"(On South Seas expansion 论南洋扩张),*Tokyo keizai zasshi*(Tokyo Economic Journal 东阳经济周刊),513(1890):353。

团"在为德国海军扩军、海外移民及殖民掠夺进行宣传的过程中起到了重要作用①。在德国,上述两个机构之间产生了一种更加密切的共生关系,历史学家伍德拉夫·史密斯曾经得出类似的结论:"海军问题给'殖民社团'提供了一个颇受欢迎的话题,它可以利用此话题来提高公众对殖民事务的兴趣",而且"早在公众愿意慷慨解囊之前,'殖民社团'就在帮助海军获取宣传运动所需资金。"②与日本"殖民社团"一样,德国"殖民社团"也邀请海军军官为宣传海军扩军做演讲。

与日本形成鲜明对比的是,德国"殖民社团"获得了其他一些组织的支持,包括传教士协会、各政治党派以及在 1882 年就拥有近 25,000 名雇员的造船商们,它们也在为海军扩军进行游说。一直到 19 世纪 90 年代早期,这些组织一直都在为增加海军军费而进行鼓动和宣传。它们赋予了德国海军及殖民社团那些日本"殖民社团"所缺乏的政治力量。虽然人们对于海军可能扮演海洋水道和移民的保护者这一角色的意识及兴趣越来越强,但是那些非常热忱的"南进论"支持者的领土扩张梦想只不过是一种一厢情愿而已。到 1890 年,等待支持海军的探险者前去发现的那些边疆或无人岛已经不复存在。因而,这些领土扩张的梦想无异于一种痴心妄想。尽管直到第二次世界大战时:"南进"思维还一直主宰着海军,南洋扩张还一直是海军的核心任务,但是在明治初期及中期或随后的海军扩军中,所有付出的努力都没能实现任何领土的增加。实际上,我们没有发现任何证据能够证明,在 19 世纪 80 年代,政府领导曾经为了推进南洋扩张或保护日本探险者、劳工或侨民而支持过海军扩军。政治,特别是精英政治,主宰着帝国的舆论,只有政治才能最终决定日本的海军扩军和发展。对于海军来说幸运的是,在 19 世纪 80 年代晚期及 19 世纪 90 年代初,相比于明治时代的"南进"舆论来说,其他一些更紧迫的战略关切以及由萨摩关系网所带来的更加强大的内阁成员的政治影响力,使海军扩

---

① Woodruff D.Smith, *The German Colonial Empire* (Chapel Hill: University of North Carolina Press,1978):119–150,169–170;和 Richard V.Pierrard,"The German Colonial Society,1882–1914," Ph.D.dissertation,University of Iowa,1964:178–180.

② Smith,*The German Colonial Empire*,172–173.

军获得了更大的政治推动力及更优先的地位。

国际海军发展、帝国扩张与大陆关切

虽然海军在努力培养日本人的南洋意识方面确实激发了很多市民、探险者、经济学家及记者们的热情,但是它对于政府高层的预算规划或精英政治却影响甚微。对于海军来说幸运的是,其他一些因素最终产生了影响。19 世纪80 年代中期至末期,欧洲殖民列强及美国海军的发展让许多日本海军军官感到惊慌失措,他们的这种感觉不无道理。19 世纪 80 年代,海军扩军决定着很多国家的军事及预算政治。在经历了内战后的几年倒退之后,随后的几任美国海军大臣都极力主张对美国海军进行迅速及彻底的扩建①。鉴于美国海军在 1881 年智利与秘鲁一战中极其低效的表现,海军大臣威廉·亨特下令建立海军顾问委员会来为海军扩军制订计划②。亨特极力建议建立一支由钢质舰体军舰组成的现代海军,淘汰成本昂贵及技术不断过时的木制舰船。1881 年在国会评估海军实力时,亨特向议员们及总统坦承,美国海军实力在世界只能排到第 12 位,甚至处在智利及中国之后。总统切斯特·阿瑟同意这一观点,并号召实现海军的彻底复兴③。美国国会最终做出了响应,同意支持海军内部的现代化运动并授权拨款建造 6 艘新型战舰。在海军现代化进程中,建设经费从 1885 年的仅 160 万美元增加到 1891 年的近 900 万美元④。阿尔弗雷德·T.马汉认为,美国在世界上必须担当起它应有的商业、军事及工业强国的地位。到 1891 年,美国正在逐步实现这一目标,至少在对于日本十分重要的太平洋地区,该目标正在得以实现⑤。

---

① Paolo E.Coletta,*A Survey of U.S.Naval Affairs*,1865-1917(New York:University Press of America,1987):32-36.

② Pedisich,"Congress Provides a Navy,"15-16.

③ Pedisich,"Congress Provides a Navy,"16.

④ Coletta,*A Survey of U.S.Naval Affairs*,238.

⑤ 马汉 1890 年发表于《大西洋月刊》上的文章选段亦被引用于 Coletta,42-43。

19 世纪 80 年代，美国并不是唯一一个致力于海军扩军的强国。在 19 世纪 80 年代末期，英国皇家海军同样实现了长足的发展。1888 年，海军军官及议会议员查尔斯·贝雷斯福德勋爵极力提倡增加海军拨款①。还有其他一些支持海军的人也加入到贝雷斯福德的行列为海军进行宣传造势，如 W.莱尔德克洛斯、杰弗里菲普斯·霍恩比、查尔斯·C.彭罗斯菲兹杰拉德和艾伦·H.伯戈因，他们无论是在议会辩论这样的上层精英参与的场合，还是透过报纸和海军时事评论文章、新战舰下水仪式及撰写海军战争史这样的地方平台，都宣称帝国海军正在失去其优势地位②。尽管事实并没有这些宣传造势者们所描述的那样糟糕，但是这些小题大做式的描绘并非毫无真实可言，因为德国、法国及意大利在 19 世纪 80 年代的后 5 年时间里已经开始了他们的扩军计划③。在英国，亲海军人士成功地激发了人们对于海军的激情。1889 年索尔兹伯里政府提出了一个庞大扩建计划，包括建造 8 艘一流战舰，2 艘二流战舰，9 艘大型和 29 艘小型巡洋舰，4 艘炮艇和 18 艘鱼雷艇，总造价近 2,200 万英镑④。更重要的是，该法案还为英国海军实力制定了"两强标准"原则：英国海军的实力必须相当于仅次于它的两个强国海军实力之和。

到 1887 年，日本海军界的上层人士都已将国际海军发展作为自己明确的关注点。1886 年夏天，海军大臣西乡从道对美国和欧洲进行了长达一年的访问，其间他们参观了海军船厂和基地，观摩了海军演习，还会见了各级海军领

---

①　Beeler，*British Naval Policy in the Gladstone-Disraeli Era*，1866-1880，268-270.

②　W.Mark Hamilton，*The Nation and the Navy：Methods and Organization of the British Navalist Propaganda*，1889-1914（New York：Garland，1986）：81-90；Arthur J.Marder，"The Origin of Popular Interest in the Royal Navy，"*Royal UnitedService Institution Journal* 82（1937）：763-771；和 Steven R. B.Smith，"Public Opinion，the Navy and the City of London：The Drive for British Naval Expansion in the Late Nineteenth Century，"*War and Society* 9：1（May 1991）：36-38.

③　1888 年最令英国感到不安，并且也使日本海军上将担忧的就是这一年德国凯撒·威廉二世的即位。参见：See Ivo Nikolai Lambi，*The Navy and German Power Politics*，1862-1914（Boston：Allen andUnwin，1984）：31-49。

④　Hamilton，*The Nation and the Navy*，143；and Marder，"The Origin of Popular Interest in the Royal Navy，"766.

袖①。西乡的所见所闻给他和其他与这位海军第一行政长官随行的海军军官留下的深刻印象是:日本必须对海军进行扩建并加速其现代化进程。德国、法国及美国海军的不断壮大,以及这些国家在海军主宰下不断加强在太平洋地区的帝国及商业扩张,使西乡为实现海军扩军不得不倾尽全力寻求各方支持。在1888年2月内阁会议上的讲话中,西乡为实现对海军进行彻底性扩建这一目标而慷慨陈词。他指出,这种扩建对于实现国家防卫及经济繁荣是十分必要的。具体来说,西乡提出的建设计划包括建造和购买139艘船只,其中有16艘钢质战舰和48艘巡洋舰。西乡的计划在10年内分3个阶段,其成本十分高昂:仅第一阶段的预算就超过了6,500万日元。虽然内阁成员们同意有必要扩建日本海军,但大臣们还是很快否决了西乡庞大的预算计划,取而代之的是为海军扩军追加拨款700万日元,用于从法国购买3艘金刚级巡洋舰,在本国船厂建造1艘金刚级巡洋舰、3艘鱼雷艇和1艘炮艇。明治的财政状况再次削弱了海军的雄心。

　　19世纪80年代晚期及90年代早期,对亚洲大陆的关切为呼吁进行海军扩军提供了一个新的理由,这一点对于海军及其将领们来说具有一定的讽刺性,因为他们试图打造一个以太平洋为导向的战略基础。虽然国外的帝国列强挺进南洋地区让很多日本人深感忧郁,他们在海军的支持下赞成日本南进的思想,但是中国海军和军力的发展,以及朝鲜半岛不断加剧的政治动乱和军事时局的不稳定都对那些有权势的日本人士产生了影响。1884年当中国被法国击败之后,中国19世纪80年代积极支持军事自强的两位官员——李鸿章和左宗棠提倡以更快的速度发展中国海军②。更重要的是,他们提倡海军部队的集权化。虽然他们试图打造一支集权化国家海军的努力失败了,但是1888年李鸿章参照德国模式将北洋舰队打造成一支中国最强大、最集权化的部队③。

---

① Kaigun rekishi hozonkai, *Nihon kaigunshi*, 1:302-303.

② John L.Rawlinson, *China's Struggle for Naval Development*(Cambridge, Mass.: Harvard University Press, 1967), 129-153.

③ Chia-Chien Wang, "Li Hung-chang and the Peiyang Navy," *Chinese Studies in History*, 25:1(1991):59-60.

在硬件方面,1885 年后,中国的海军武器威力大增,增加了 2 艘德制战舰,每艘排水量达 7,430 吨,分别为"定远号"和"镇远号"。它们比日本海军的任何舰船的排水量都更大、装甲更坚固、武器威力更强大。然而在 1889 年,让日本军界最为不安的是,拥有 30 艘军舰的中国北方舰队比整个日本海军的规模还要庞大。中国陆军的发展从另一个层面折射了其海军的扩建计划。陆军支出占整个中国军队支出的比例从 1880 年的 19%增加到 1890 年的 31%①。19 世纪 90 年代,日本陆军上将,如山县有朋和川上操六,敦促在增加陆军拨款的同时也要进行相应的海军扩军。作为对此的回应,海军大臣桦山资纪要求他最得力的下属之一斋藤实上尉,在 1891 年制定一个海军扩军计划以抗衡中国海军的发展。尽管该项计划得到了全体内阁成员的支持,但是作为预算部门一名新成员的国会并没有马上支持它。在之后的 30 年时间里,日本国会虽然让日本海军倍感烦恼,然而说到底它还是让日本海军受益最大的合作伙伴。

表 1 1873—1889 年日本陆军、海军及国家财政支出和军事人员

(支出单位为日元)

年　份	陆军支出	海军支出	国家财政支出	陆军人员	海军人员
1873	8,733,176	1,685,237	83,169,237	25,440	2,290
1874	7,262,599	3,552,229	66,134,772	25,440	4,025
1875	6,959,736	2,828,843	69,203,000	25,224	3,750
1876	6,904,829	3,424,988	59,309,000	39,315	4,489
1877	6,087,934	3,167,512	48,482,000	40,859	3,989
1878	7,660,191	2,820,515	60,914,000	41,448	5,023
1879	9,384,320	2,853,614	60,318,000	43,156	8,807
1880	9,061,701	3,415,872	63,141,000	42,315	9,055
1881	8,996,864	3,260,719	71,460,000	43,382	9,056
1882	9,600,000	3,409,554	73,481,000	45,815	8,994

---

① Peter Duus, *The Abacus and the Sword : The Japanese Penetration of Korea* , 1895–1910(Berkeley and Los Angeles : University of California Press , 1995) : 62.

续表

年　份	陆军支出	海军支出	国家财政支出	陆军人员	海军人员
1883	10,849,827	6,160,559	81,031,000	47,065	10,153
1884	11,502,528	6,260,865	76,663,000	151,953	9,847
1885	12,758,674	9,845,592	61,115,000	179,475	11,748
1886	11,956,905	8,908,649	83,224,000	197,363	12,862
1887	12,758,674	9,845,592	794,456,000	64,306	14,224
1888	12,785,101	9,845,592	81,504,000	65,322	13,776
1889	14,339,100	9,363,708	79,714,000	81,178	13,210

资料来源:For national expenditures and army and navy personnel,see Statistics Bureau,*Historical Statistics of Japan*,5 vols.(Tokyo:Japan Statistical Association,1987):5:524,527.Navy figures also in Kaigunsho.Kaigun daijin kanbo(Navy Ministry.Navy Minister's Secretariat),*Yamamoto Gonnohyoe to kaigun*(Yamamoto Gonnohyoe and the navy)(Tokyo:Hara shobo,1966):401.Army and navy expenditure figures are taken from Ono Gi'ichi,*War and Armaments Expenditures of Japan*(Oxford:Oxford University Press,1922):18-24,41-46.

注:1879 年后的统计数字中包括了日本海军雇用的平民数量。

小　结

从川村 1878 年出任海军大臣到 1889 年扩建计划的出台是日本海军发展的关键时期。与海军 19 世纪 70 年代的经历相比,该时期见证了海军长足的进步。但是,最为重要的是,日本海军成为一个独立机关,并拥有基于宗族关系之上的重要的政治支持。在明治时期由寡头政治集团控制的日本国内,宗族关系网具有非凡意义。借助于萨摩关系网及后来皇室的资助,日本海军先后获得了政治及财政上的支持,使它在历史上第一次得以实施多年海军扩军计划。除此之外,与支持南进的民众进行合作提高了海军的知名度,使经济学家、知识分子、记者及普通民众进一步了解了"南进"的重要作用。虽然"南进"舆论没能直接推动日本获取南洋地区领土或增加政府的预算支出,但是利用舆论,海军为自己获得了一个不再隶属于陆军的独立战略地位,而陆军在整个 19 世纪 80 年代将关注的重点越来越多地放在亚洲大陆。虽然海军从未获得一些政党（19 世纪 80 年代德国海军却在国会获得了政党的支持）或实业家们的支持（因为大部分战舰都是在国外建造的），但是寻求政党及实业家们的支持在随后几十年将成为那些机敏的海军领袖们所追求的目标，他们之间建立的亲密关系最终会发挥十分重要和关键的作用。

19 世纪 90 年代，尽管来自海外的威胁以及对国外海军发展的担忧并未消失，但是日本国内出现的重要结构性政治变革意味着，要想获取扩建海军舰队的资金，需要拥有比以前更大的政治支持。海军官员们现在不仅需要说服内阁成员、宗族领袖或天皇（其中的两者或三者），还必须说服那些民选的政客们。这些政客们试图通过联合各自势力，一起寻求建立一个代议制政府并实现其选民们在该政府中的利益。19 世纪 80 年代，萨摩人开始主宰海军高级领导层并极大地提高了海军的政治及财政地位，这一现象受到了很多来自不同党派政客们的抨击，他们自 19 世纪 70 年代中期以来一直反对"萨长"对政府的控制。在 1890 年日本议会制政府成立后，他们中的很多人第一次获得了挑战藩阀政府的机会，要求进行政治改革并实行更大程度的政治多元化。在此过程中，被很多自由人士视为"萨摩海军"的日本海军，以及海军为扩建舰队而提出的各种预算要求，都不可避免地会成为部分议员的攻击对象，这些议员希望改变政府因受少数派系控制而滥用职权的现象。为此，在 1890 年之后，海军扩军成为国内不同政治势力之间相互争斗的牺牲品，海军领袖们将面临迄今为止最为迫切的政治挑战。

三、严峻政治考验：海军与早期国会会议（1890—1894 年）

关于两艘军舰和钢厂的建造……你有什么正当理由拒绝批准它们吗？①

——海军大臣桦山资纪

（日本海军）像一条因患了消化不良症而浮肿的鲸鱼，在它恢复健康之前，不能给予它一点资金拨款。②

——议员荣安山内

实施海军改革需要一个强大的杠杆，这个杠杆就是海军拨款。③
——议员及自由党党首板垣退助

日本国会的召开是一个重要历史时刻和政治里程碑，它极大地改变了日本的上层政治。1890 年 11 月 29 日，新当选的议员们聚集在会议大厅里，认真地聆听着明治天皇宣布议会的召开，它是东亚首个民选的议会。在出席的

---

① 桦山的整篇演说词可以在 Nihon teikoku gikai（日本帝国议会），*Nihon teikoku gikaishi*（《日本帝国议会史》），18 卷中找到。（Tokyo：Nihon teikoku gikaishi kankokai，1926-1930）：1：1491。本书此后都简称为 *DNTG*。

② Suyehiro12 月 23 日的演说全文请详见 *DNTG*，1：1495-1497。

③ Kokkai，12 月 24 日 1892：1。

300 名代表中,171 名效忠于日本的"自由民权运动",这项政治运动在 19
世纪 70 年代爆发时并不起眼,但在整个 80 年代却发展迅速。一个将很多
支持民权的人团结在一起的核心原则是加强政治多元化和代表性政府,这
项原则在明治天皇于 1868 年发布的《五条誓文》里得到了简洁、明确的表
述。在他们看来,创立一个权力得到明确界定的国会是实现这一目标的重
要步骤之一。议会及民权支持者们也希望通过加强政治多元化来削弱"萨长
族"对政府的控制。虽然"自由民权运动"的代表们在早期国会的下院拥有多
数席位,但是并不是所有人都接受他们的政治改革思路以及削弱藩族对政府
控制的愿望。相反,使日本寡头统治阶层中的保守人士和很多 1890 年当选的
亲政府议员们担心的是,一个由激进分子所领导的没有约束的国会可能会让
日本受制于代议制政府的鲁莽和冲动,从而妨碍之前制定的相关政策的顺利
实施,而这些政策旨在将日本打造成一个国力强大、权力相对集中的民族
国家。

　　在前几次国会会议召开之后,所有参会或了解会议议程的人都清楚地意
识到,保守派的担忧和激进派的期盼在 1890 年后都没有立即得以实现。尽管
这两个对立的政治派别对于对方在代议制政府这个新体制内所获得的或保有
的各种权力感到失望,但他们对于日本所取得的体制建设成就都深感自豪,并
将国会的召开视为开启了日本政治、经济和军事崛起史上的新篇章。事实确
实如此,而且它对日本海军产生的影响比对任何机关都要大。随着代议制政
府的成立,国会议员对政府的财权拥有相当大的控制力,而金钱决定了日本海
军发展的速度和广度。因此,在早期日本国会召开的十分喧闹的会议期间,海
军和国会之间的重要政治关系开始得以逐步建立和发展。与此同时,具有讽
刺意义的是,国会也开始间接地对海军施加相当大的影响力,而在此之前海军
却是国会在法律、政治及宪法上无法加以控制的极少数国家机关之一。国
会议员几乎完全是通过拨款来对海军施加影响力的,而获得拨款不仅当时
是,也永远是海军的生命线。尽管代议制政府的创立对于海军来说意味着
一场严峻的考验,因为很多海军领袖起初都认为,军事事务超越纯粹的政党
政治,但是到 1893 年,一些富有远见的海军领袖开始对国会另眼相看。现

在,在他们眼中,国会是一个越来越重要的机构,它的议员们应该受到追捧和尊敬,更重要的是要经常向他们咨询。到 1893 年,海军领袖西乡从道和山本权兵卫都已获得了一条重要的政治经验,即议会政治要求海军在上层社会采用实用主义策略,该经验将会左右他们本人以及整个海军未来的政治命运。19 世纪 90 年代,尽管政治实用主义策略从未帮助海军打造出与任何政党间的全面合作关系(在后来明治的大正时期及昭和早期却建立了这种合作关系),但是,1893 年海军领袖开始展现出的实用主义作风,为缓解议会与政府间因海军扩军问题而出现的紧张关系发挥了重要作用。而且,它为海军与政党间在随后的 30 年建立更加强大和正式的同盟关系打下了坚实基础。

冲突前奏:理论与实践中的内阁、议会与预算

从措辞及结构上看,《明治宪法》是保守的。《明治宪法》以普鲁士宪法为模板,规定天皇是国家形式和事实上的元首。具体说来,宪法赋予天皇陆海军最高指挥权、任命内阁成员以及宣布国会休会和解散国会的权力。但是,天皇并未垄断所有这些权力。虽然宪法赋予民选议会的主动权(如果有的话)只是屈指可数,但是对于预算过程,国会在审议时却拥有相当大的影响力。实际上,宪法将日本预算决策从一个小范围的内阁级行为转变成了一个公开及透明的全国性大辩论。尽管由天皇任命并向他负责的内阁大臣们起草并提出国家预算方案,但是预算的通过却需要国会的同意。在国会不能就预算达成一致的情况下,宪法的起草者们以第 71 条的形式提供了一个补救方案(至少他们是这样认为的)。该条宪法条款规定:如果国会拒绝接受或通过一项新预算,那么将会沿用上一年的预算。虽然从理论上说,该规定削弱或至少约束了国会的预算权,但是对于一个不愿意考虑国会议员意见的政府来说,在实践中援引宪法第 71 条却无法解决实际问题。例如,如果政府希望为多年扩军计划所需资金增加军事或工业预算拨款,仅依赖宪法第 71 条赋予政府的权力是无法如愿以偿的。作为一位重要的宪法起草者及 1890—1893 年间的枢密院秘

书,井上毅在告知松方正义时非常清晰且有预见性地表达了这一观点:①

> 　　对于藩阀政府来说,如果军事及海军扩军是完全必要的,那么它有两个选择:要么(在解散下院后)通过干涉选举迫使国会进行强制性改选;要么努力跟国会协商以达成某种妥协。

　　妥协对于政府和海军来说至关重要,但是只是第一次国会会议的召开才让执拗的萨摩海军领袖们意识到这一点,因为他们之前一直坚信,军事事务超越党派政治。

　　1890 年 11 月至 1891 年 3 月间举行的日本第一次国会会议清楚地表明,不可避免的冲突和最终达成妥协将会成为国会议程的常态。② 正如人们预想的那样,在国会中占有多数的自由党和进步党的领袖们强烈反对政府预算计划,因为它超过了上一年的预算额。虽然政党领袖们在理论上并不完全反对增加预算,但是他们要利用在国会的影响力来减少政府强加给土地所有者的税务负担,原因是这些土地所有者是各政党的主要选民。因此,各党派都希望减少国家总支出,以抵消降低土地税法案的通过所造成的国家岁入的减少。

　　无论减税对于国会议员多么重要,首相山县有朋领导的内阁却全然不顾各党派成员对减税问题的高度关切。结果,山县拒绝了任何支持减税的提议——至少最初是这样,而下院议员们有组织地反对开支增长计划则造成了预算僵局。要解决此争端,山县实际上面临两个不同的选择:一是解散国会下院并重新选举,以期新当选的国会成员更愿意接受开支的增长。一些内阁成员怀疑,重新选举是否会从根本上改变国会成员的构成。而且,他们还担心,

---

① 引自 Banno Junji, *The Establishment of the Japanese Constitutional System*, transl. J. A. A. Stockwin. (London: Routledge, 1992): 50。

② 参阅 Uchida Kenzō, Kanahara Samon 和 Furuya Tetsuo 版本的 *Nihon gikai shiroku*(《日本议会制政府史》),6 卷,(Tokyo: Dai'ichi hoki shuppan, 1990): 1: 87 – 93。有两项杰出的英语研究全面深入地探讨了在第一次国会会议中引发政府与政党分歧的原因,参阅 *The Establishment of the Japanese Constitutional System*, 9 – 80; and George Akita, *Foundations of Constitutional Government in Modern Japan*, 1868–1900 (Cambridge, Mass.: Harvard University Press, 1967): 76 – 89。

解散第一个国会是否会开创一个危险的先例,从而将破坏日本立宪政府的基础。内阁拥有的第二个选择是与各党派就预算僵局进行谈判,实际上这也是山县所做出的选择。经过几个星期的谈判,内阁大臣与各党派领袖都接受了一个折中方案。其中,政府同意将支出减少650万日元。在该项折中方案中,没有一方赢得了绝对胜利。

海军与国会间有关预算问题的冲突:第二次国会会议

尽管海军与国会在第一次国会会议间达成了妥协,但是他们在有关国家支出与税收的理念上仍然存在差异。正是在这种变幻莫测的政治环境下,海军扩军一举成为政治大辩论的中心议题,这对于海军来说极其重要,但它同时却让运行顺畅有序的日本立宪政府在第二次及第三次国会期间面临进一步的威胁。实用主义、妥协及和解绝对不是1891年11月29日至12月25日间举行的第二次国会会议的主要特征。实际上,从开幕的那天起,这次会议自始至终充满了对抗,海军扩军成为希望减少或至少限制政府支出的议员们抨击的主要对象。虽然有些议员对政府决定不将土地税从3%降至2.5%心存芥蒂,况且降低土地税也是议员们在第一次国会会议上追求的目标,但是造成第二次国会会议几乎每次审议过程中都出现紧张气氛的主要因素却是海军扩军问题。

正如人们所料,海军扩军背后的主要推手是海军大臣桦山资纪。桦山的性格咄咄逼人,他潜心追求的不仅是要扩充海军军力,还要进一步拓展萨摩族的海军关系网。先且不说萨摩关系网,桦山的朋友和对手都认为他作为一名行政官员"过分诚实""强悍且直截了当""言而有信"。① 在国会建立之前的明治时代,桦山在很多方面都是一名优秀的行政官员,他在内阁层面坚决支持海军利益。实际上,在19世纪80年代的大部分时间里,作为海军副大臣,桦

---

① 这些碑文是国会议员 Ozaki Yūkio 所写的,他是桦山最直言不讳的批评者之一,这一点具有一定的讽刺性。参阅 Ozaki, *The Autobiography of Ozaki Yūkio*, 124, 162。

山就充分利用了自身坚强的意志、不屈不挠的韧性、诚实坦率的品质在内阁层面推进海军的政治及财政利益。尽管桦山在行政级别上处于次席,但是他的政府同僚们将他在海军部任职那段时期称为"桦山副大臣时代",这很恰当地描述了他的政治影响力。① 1890 年 5 月,桦山因能力强而被提拔为海军大臣,他随即开始争分夺秒、全力以赴地推进海军扩军工作。任职后的头几个月里,在斋藤实的协助下,桦山设计并于 1890 年 9 月向内阁提交了一份翔实的海军扩军计划。桦山的这项计划十分庞大,它要求在 7 年内将海军规模从 5 万吨排水量增加到 12 万吨,并要求对佐世保港的新海军基地进行升级改造。② 毫无疑问,桦山的宏伟计划需要非常庞大的资金,即 7 年总计需要约 7,000 万日元。尽管这项计划耗资巨大,但桦山还是敦促内阁批准,他宣称排水量只有区区 5 万吨的海军是"不足以保卫帝国的"。③ 而且,桦山还指出,不支持这项预算计划会让日本遭受来自中国日益强大的海军的不断军事威胁。由于首相山县有朋预计大幅度地增加支出在第一次国会上会遭到强烈的反对,因此就拒绝了桦山的提议,让国会议员们只支持海军之前提出的约 540 万日元的预算,用以建造 2 艘巡洋舰(吉野号和须磨号)及 1 艘鱼雷艇(立田号)。尽管山县在理论上支持海军扩军,但是他正确地预计到,这样宏大的计划将会在第一次国会会议上激起当选议员们的愤怒。

山县不愿支持桦山的计划并没有阻止这位争强好胜的萨摩籍海军大臣的进一步努力。1891 年 5 月,萨摩族政界元老松方接替山县出任首相之后,桦山开始更加努力地为海军扩军计划寻求更多支持。在之前那份注重建造鱼雷艇另加少数战舰的计划获得批准后,6 月桦山又制定了一份在 6 年内建造和购买 11 艘战列舰和 60 艘鱼雷艇的计划。虽然该计划在 6 月份就已起草完毕,但是桦山还在等待合适时机,以便说服他的内阁同僚支持该计划。不久,

---

① 军事历史学家 Matsushita Yoshio 写道,桦山是明治早期海军中最有才华的官员。参阅 Matsushita, *Nihon gunbatsu no kō bō*, 1:161–165。要了解桦山在海军中对萨摩族的偏袒,参阅 Evans, "The Satsuma Faction," 121–162。

② 此项计划的细节见于 Kaigun rekishi hozonkai, *Nihon kaigunshi*, 1:303–306。

③ Kaigun rekishi hozonkai, *Nihon kaigunshi*, 1:306.

中国海军正好为他提供了一个绝佳时机。

1891 年 7 月 5 日,中国北海舰队造访横滨使整个日本震惊。这次被中国海军军官称为"礼节性的访问"是由中国最富有视觉冲击力、实力最强大的新战舰所承担的,包括由德国建造的大型战列舰镇远号(排水量 7, 400 吨)。东京报纸对这次访问进行了一系列报道,其中包括对中国海军在 1885 年中法战争结束后发展状况的详细介绍。在这些战船于日本短暂停留期间,为了一睹中国战舰,成千上万好奇的日本民众纷纷涌向横滨码头,政治气氛及民众热情异常热烈和高涨。由于担心此后在拨款上海军将会获得比陆军更优先的地位,一位不知名的陆军军官于 9 月向《每日新闻》递交了一篇很长的文章。在这篇文章里,该军官斥责道:"中国海军造访日本时,民众为之亢奋是愚昧无知、毫无理由的",他还坚称,日本应该"强化近岸防卫"并在整个日本沿岸增加陆军驻防区,而不是靠建造战舰来抗衡中国不断壮大的海军舰队。①

在政府高级官员中,一些大臣也表达了对中国海军军力显著增长的担忧。7 月初,政府官员们参见了山县并询问他有关中国海军的真实实力,特别是有关日本抵御中国海军的能力。桦山将本次中国海军的造访及其后人们对有关日本实力的探询视为提出海军扩军计划的最佳时机,他当然要充分利用这个难得的机会。在中国军舰到达日本海域三天后的 7 月 8 日的临时内阁会议上,这位海军大臣谈起了海军扩军问题。桦山相信,中国海军实力所带来的视觉冲击远比有关各国海军实力的客观描述、数字和图表更有说服力,因为后者是看不见、摸不着、乏味无趣的。之前,桦山正是利用类似的描述、数字及图表来证明其扩军请求的合理性。在这次会议上,桦山再次请求政府实施类似的扩军计划。这位海军大臣的开场白与以前不同,不再首先忠告所有人,日本正在日益落后于其他海军强国,而是以一个简单常见的短语取而代之。"毫无疑问,"桦山开始说道:"建造战列舰是一项紧迫的任务。尽管成本巨大,但是一支拥有 12 万吨排水量的海军部队对于维持我们的国家实力来说非常必

① *Mainichi shinbun*, 17 Sept.1891; *Japan Weekly Mail*, 19 Sept.1891, 330.

要。"①在结束了这个简短的开场白之后,桦山介绍了他的"新"六年海军计划,并敦促首相在下个财年开始启动这项计划。在那天下午余下的时间及之后两个月大部分时间里,桦山四处游说他的大臣同僚并最终获得了他们同意实施六年扩军计划的承诺。假设两年前内阁已就此达成一致,那么就不存在任何问题了,而桦山也可能会集中精力来设计下一个扩军计划。但是事实上,以上假设并未实现,因此,桦山不得不亲身体验一下代议制政府的成立给预算拨款过程所带来的新变化。

松方坚守了自己的诺言和内阁 9 月达成的一致意见,将桦山扩军计划的第一部分纳入他于 1891 年 11 月向国会通报的年度预算之中。总而言之,这项预算建议将总支出增加仅 1,000 万日元。② 首相向国会议员提出了如下具体请求:向海军拨款 500 万日元建造两艘军舰和一个能为军舰制造装甲的钢铁铸造厂。在总预算为 8,200 万日元的前提下,这么大的扩充幅度对于国会中的大部分代表来说肯定是不合适的,因为他们希望大幅度降低国家支出和税收。③ 当国会议员们得知,首相倾向于将第一次国会会议上的 650 万预算盈余作为政府提出的 1892 年扩军计划所需的大部分资金时,他们对松方提出的包括所有海军预算增加在内的政府开支增长计划的公开反对顿时转变成了公然对抗。④

对于很多国会议员来说,松方的财政计划无疑扇了他们一个很大的耳光,也是对第一次国会会议上达成妥协的一种羞辱。在那次国会会议上,议员们接受了将财政支出削减 650 万日元而不是他们原本追求的 1,000 万日元,之所以做出这种妥协是因为他们相信,削减的 650 万日元可以用来抵消他们提出的将土地税率从 3% 降低到 2.5% 后可能造成的财政收入上的缺口。但是,

---

① Kaigun rekishi hozonkai, *Nihon kaigunshi*, 1:308.

② Banno, *The Establishment of the Japanese Constitutional System*, 45–46.

③ 早在 1891 年 5 月,自由党的领袖板垣退助就警告政府,他的政党在第二次国会会议中会采取一种负面的政策——减少开支和税收。参阅于 5 月初撰写的自由党宣言,该宣言从 1891 年 5 月 9 日至 17 日分为三个部分在报纸 *Jiyū shinbun* 上出版。

④ Ko Hakushaku Yamamoto kaigun taishō denki hensankai, *Yamamoto Gonnohyō e den*, 1: 320–322.

松方在第二次国会会议上的所作所为清楚地表明了降低土地税将不可能实现。更让他们差异的是,他的所作所为表明,之前的预算盈余将被用于军事及工业扩建。如同第一次国会会议,在 11 月末,政府与各党派成员间再次出现了明显的分歧,前者支持增加支出,后者赞成减税及减少政府开支。但是,海军扩军问题使这次分歧变得更为复杂。

12 月 18 日,当下院预算委员会的 30 位成员开会讨论增支计划时,记者、议员及政府官员们预计,会场一定会非常喧闹,事实的确如此。① 辩论的一方,亲政府政治联盟"大星会"的领袖井上角五郎敦促其成员们支持急需的海军扩军,以履行他们的爱国义务。他们的观点遭到了持异见政党们的强烈抵制。例如,杉田佑宣称,现役或正在建造中的舰船成本对于日本来说已经过于高昂。这位议员还指出,如果海军能削减舰船建造及运行费用,可以重新讨论海军扩军问题,也许在下一次国会会议上就可以展开讨论。一些其他议员对海军扩军提出了更为有力的反对意见。荣安山内要求削减包括海军及工业拨款在内的所有支出,使日本民众可以享受更低的税率。他宣称,这种做法是与前一次国会会议达成的协议相一致的,它拥有日本纳税者——或改用更政治化的语言来表述,日本选民的强烈支持。山内还宣称,正如它的对手陆军一样,海军也需要进行行政机关的缩编和重组以便降低海军的总运行成本。在经过两个小时的讨论之后,预算委员会结束了辩论并对海军提出的扩建计划进行投票,投票结果为 22∶8,下院预算委员会在预算中剔除了海军提出的所有增加的支出。

可想而知,内阁大臣们在得知预算委员会的决定之后会作出如何反应。性格刚烈的萨摩人桦山对此勃然大怒。他迅速获得了松方的批准,在国会计划讨论预算委员会关于减少预算的建议的前一天,就在下院发表演讲。12 月 22 日下午,刚刚过了一点半,桦山就开始了其在议会下院的演说,该演说成为日本代议制政府早期最为臭名昭著的演说之一。② 身着极为正式的海军制

① 大量第二次国会会议中有关海军拨款的辩论见于 *DNTG*,1:1441–1492 中的国会记录。
② 桦山的整个演说和代表们的回应被收录在 *DNTG*,1:1491–1494。下一段所有的引用都取自该书。

服,桦山走上演讲台后便马上驳斥预算委员会不仅"减少开支,还彻底否决海军的预算增长"这种"出人意料"和"极端"的行为。他在国会议员面前演说时的语气和神态俨然是另一个拿破仑,至少对于议员杉田佑来说如此。他最后断言,预算委员会成员的所作所为没有任何合理性可言。面对议员无数次的讥笑和大声叫喊:"海军太腐败不能接受任何预算增长",桦山立即予以驳斥。他否定了议员们对于海军腐败的指责,宣称这种指责只是基于一系列错误的观点之上。这位海军大臣还反问道:"难道所有 8,000 万双注视着我们的眼睛都发现了我们如此多的问题吗?"在很多"噢,是的,有很多缺陷"的叫喊和讥笑声中,他竟然指出,深受议员们诟病的"萨长"政府"在没有依赖 4,000 万日本人民的前提下,完成了保卫国家安宁及和平的重大使命"。此番言论抑或是桦山一种无意中的真情流露,抑或是拥有强大的萨摩关系网致使他有意为之。接着桦山还以同样盛气凌人的方式争辩道,政府知道什么是军事扩军及工业发展的最佳行动方案,而且这些相关政策都是基于合理的国防需求而制定的。"如果我们国家失败或遭受灭亡,"桦山警告说:"我们会无颜面对先辈们。因此,因为一些微不足道的理由而拒绝我们的预算拨款计划根本无法让人释然。"在进行最后一次质问"你们理解我所说的一切吗"之后,桦山拒绝服从下院议长让他离开国会大厅的要求。只是在荒井正吾带领的一群愤怒的议员冲向演讲台,意欲强行赶走这位衣冠楚楚的海军上将之后,他才慢腾腾地离开了演讲台。

桦山 12 月 22 日的所作所为充分展现了他本人的个性及海军部的战略理念。不幸的是,这些言行让海军试图恢复被削减的扩军经费的努力化为徒劳。尽管从 7 月至 9 月桦山一直都在千方百计地试图说服内阁大臣们进行海军扩军是十分必要的,但这位萨摩族的"兴风作浪者"却没有为重新赢回国会里的支持者而付出丝毫的努力。① 如同日本明治时期他的很多军事同僚们一样,桦山认为军事政策超越政党政治。他的这种观点是完全错误的。更重要的

---

① 参阅 ōtsu Jun'ichirō, *Dai Nihon kenseishi*(日本宪法史),12 卷。(Tokyo:Hobunakn,1927–1928):3;630。

是,桦山提及"萨长"或"藩阀"政府的优点无异于在旧伤疤上撒了一把盐,是错上加错,它使海军遭到了比铺张浪费更严厉的批评:萨摩人任人唯亲;藩阀政府滥用职权。这些批评虽更具争议性,但有着更大的杀伤力。在随后的 14 个月里,一些人士不断指责,在海军内部,萨摩族人到处任人唯亲,藩阀腐败随处可见。这些问题进一步困扰着海军,却将那些寻求制约日本"萨长"政府权力的自由派政治家紧密地团结在一起。对于海军来说最为不幸的是,反对派领袖们宣称,在海军及政府纠正这种滥用职权现象及进行海军改革之前,他们不会支持对其拨款。

实际上,在桦山演说的次日,海军问题再次成为议会政治的焦点。① 12 月 23 日,下院全体议员开会对预算委员会的预算修改方案进行投票表决。正如 12 月 18 日的辩论一样,井上角五郎带头抨击那些支持减少海军开支的议员们。白井恩佩也加入到井上的行列,指责反对派的行为"鲁莽"并重申海军实力对于日本这样一个海岛国家的重要性。作为对此的回应,反对派议员们就海军管理不善及暗箱操作等主题进行了大肆发挥,并用了很长时间揭露由桦山在内的萨摩族军官控制的海军机关滥用职权及腐败问题。被很多人认为将成为日本 1945 年前自由主义代表性人物的尾崎行雄宣称,在腐败如此泛滥的部门里:"只要他碰巧是个萨摩人,即使他是个外行也(有可能)成为(海军)大臣"②。在谈及腐败如何影响财政时,岛田三郎指出,日本海军是世界上最昂贵的部队,平均每吨排水量的花费为 500 日元,而对于英国海军同样的船只来说,每吨成本大约仅为 300 日元。岛田质问为什么会出现这 200 日元的差异,他实际是在暗指回扣之类的暗箱操作。荣安山内也借题发挥,宣称"海军像一条因患了消化不良症而浮肿的鲸鱼,在它恢复健康之前,不能给予它一点资金拨款"。之后高木正年指出,海军最近购买的千代田号船既有成本透支又有机械故障问题,而且由于日本煤所制造的动力只能提供每小时一海里的速度,这种舰船对于日本来说简直就是"毫无价值"。虽然海军副大臣伊藤裕子

---

① 1891 年 12 月 23 日的审议收录在 DNTG,1:1492-1497 中。下一段所有的引言都来自这一出处。

② Ozaki,*The Autobiography of Ozaki Yūkio*,124.

对高木的指责做出了回应,声称当千代田号配备英国煤作为燃料时能提供合适的航速,但是还是无法平息反对派议员们的愤怒或疑惑。在这次辩论结束时,下院同意了预算委员会的建议,将海军所提出的所有增长计划都从 1892年的预算中剔除出去。最终出现这样的结果并不出人意料。

12 月 23 日,政府官员对议员们的所作所为迅速做出了回应。次日,首相松方宣布他和内阁不会接受预算委员会提出的减少拨款建议,不管它是否得到了下院多数议员的支持。① 作为回应,杉田佑起草了一份意在呈交给天皇的备忘录,通过阐述海军内部财政管理不善问题来为议员们的决议进行辩解。但是,在杉田呈交这份备忘录之前,首相就得到了天皇旨在解散国会下院的敕令。由于没有通过妥协或和解的方式就海军扩军问题达成一致,日本的代议制再次受到了破坏,海军也未能成功提升它的实力和规模。

持续混乱:海军扩军问题与政治
(1892 年 1—6 月)

日本国会史上出现的第一次解散议会对于进一步解决持续发酵的海军扩军问题收效甚微。相反,此举进一步触动了反动派议员并坚定了他们的决心。甚至在政府宣布 2 月 15 日为选举日之前,反动派领袖就发动了反对政府的运动,矛头直指海军扩军问题。12 月 27 日,自由党领袖板垣退助指出,不管大部分政府官员的观点是什么:“独裁政体已经被宪政政府所取代……在国会实现对海军行政管理中滥用职权现象进行成功改革之前,不会给海军提供任何拨款”②。在 1 月的前两个星期,自由党领袖还为即将来临的竞选设计和出版了竞选宣言。并未出乎人们意料的是,其中海军问题受到了极大的关注。在这个篇幅颇长的(被认为具有政治性的)文件里,出现了三个重要的涉及海

① 参见 Tokyo Nichi nichi shinbun,25 Dec.1891。

② 演讲于 1891 年 12 月 27 日被记录在自由党政治机关的 Jiyū shinbun 中,要了解更加全面的有关板垣退助在第二次国会会议及之后的立场的讨论,参阅 Shinba Eiji, Itagaki Taiuke:Jiyū minken no yūme to haiboku(民权运动的抱负和挫折)(Tokyo:Shinchō sha,1988):227。

军的主题。第一,自由党在理论上支持海军扩军,但如果海军仍然是"任凭萨摩人腐败成性的贼窝",那么它就会反对给海军拨款。第二,自 1868 年以来,天皇、各政党以及日本人民一直都在竭尽所能保卫日本,桦山对"萨长"政府的支持是对以上人士的羞辱;因此,他需要对天皇及日本的民选议员们致歉。第三,如果政府遵照国会意愿改革海军,自由党将在下一次议会会议上支持海军扩军。① 另一个重要的反对党——进步党出版了一个言辞相似的竞选宣言。不同的是,它只同意在海军改革令国会满意之后才支持其进行"渐进式扩军"。

虽然各党派就海军改革的重要性提出了明确的忠告,但是海军领袖及内阁官员们拒绝做出妥协。但这并不意味着在第二次国会会议后政府及海军没有对当时的时局做出任何回应。相反,政府利用一些支持它的报纸发起了反击,它谴责议员们的行为对于日本的国家安全来说是草率和危险的。内阁官员在亲政府的《东京每日新闻报》上宣称,如果政党真的代表人民的利益,他们应该为建立一支更大规模的海军拨款。② 在中俄明确表现出正在加紧进行军事自强建设的前提下,在夏威夷、安南及缅甸等地区的领土不断被外国控制的情况下,一支强大的海军对于保持日本持续繁荣极其关键,它比降低土地税重要得多。政府官员最后断言,正是各政党不愿超越狭隘的派系利益才使发展一支能确保未来十几年国家安全的海军扩军计划搁置起来。除了批评议员们的所作所为之外,政府还采取了一些更富有争议的措施,他们希望这些措施能确保一揽子海军预算增长计划在下一次国会会议上获得通过。在 1892 年 1 月中旬至 2 月期间,在极端保守派内务大臣品川弥二郎的指使下,政府在很多选区公然干涉议会选举活动,违反选举法的行为总计达 2,652 次,这种干涉在范围及程度上都是史无前例的。在政府资助下,扰乱分子在整个选举过程中都在骚扰反动派候选人,并在选举日当天包围甚至占领投票站。内务部官员以同样富有争议的方式悄悄地截留了反动派的重要文件,而发放这些文件

---

① 自由党的竞选宣言分为两部分,于一月的上半月发表在 *Jiyū shinbun and Kokkai* 上。参阅 1892 年 1 月 6、7 日的报纸。

② 参阅 *Tokyo shinpō*,1 月 16 日.1892:7。

本应是候选人当时用来宣传其选举活动方案的最有效、最安全的方式。① 简而言之,1892 年 2 月 15 日的选举投票是整个明治时期最为腐败的一次。

但是,实际上,在很多时候,借助这种不光彩甚至是犯罪的行为来达到目的纯属徒劳。尽管内务部进行了大规模的反民主活动,但是这种干涉行为最终并未获得成功。虽然在新一届议会里新议员占去了一半以上的席位,即 300 个席位中的 154 席,但是支持政府的候选人并不占明显多数。实际上,打着自由旗帜的议员在新议会中拥有 135 个席位,亲政府党派成员只占 108 席,还有 57 名议员自称为独立人士。可以预料的是,当 5 月第三次议会会议召开时,仍然不能形成一个合作性的氛围。② 对于海军来说,另一个更为棘手的问题出现了,议员们选举法师彻作为他们的议长。在前两次议会会议期间,法师彻一直公开反对海军扩军。而且,他不仅不信任海军部,也讨厌当时在他看来完全受制于宗派势力的政府及其在选举活动中所采取的强硬策略。国会想要实现运转顺畅及各方和解,这绝非好兆头。

像前一次国会会议一样,在第三次会议上,海军扩军问题再次成为最重要、最能引起争议的议题之一。松方希望充分利用第一次国会会议上的预算结余,再次寻求对以下计划的支持:7 年内用 275 万日元建造两艘军舰,6 年内用 225 万日元建造一座钢铁铸造厂,两者均将于 1892 年启动。与以前一样,这次松方为获得上述拨款而做出的努力也并未成功,这种结果是除了那些反应最迟钝的所有日本政治观察家都能预料到的。

在国会即将召开的前几个星期,反对派政党和政府都公开了他们各自在即将召开的议会会议上的目标,但是两者相差甚远。进步党的大隈重信和自由党的板垣退助发表正式声明宣称,如果海军不着手进行财政、行政和人事方

---

① Peter Duus, *Party Rivalry and Political Change in Taishō Japan* (Cambridge, Mass.: Harvard University Press, 1968):9.确切地说,与 1890 年第一次议会选举呈报的仅仅 153 起违反选举法的案件相反,总共报道了 2,652 起违法案件。除此以外,内务省报道有 25 人死于竞选中的暴力,超过 375 人因此受伤。要了解政府所使用的手段的第一手描述,参阅 Ozaki, *The Autobiography of Ozaki Yūkio*,125-129。

② Uchida et al., eds., *Nihon gikai shiroku*, 1:117-122.

面的大幅改革,他们的政党将会拒绝同意增加任何海军预算拨款。① 作为回应,政府发表了一些对抗性的文章,旨在提醒纳税人和民众实现海军扩军的必要性。5月3日及4日,《东京每日新闻报》刊登了几篇文章,列举了日本军舰的服役年限,声称如果反对派议员继续阻止增加海军预算:"将来有一天,日本会发现自己没有战船可用"②。前首相、萨摩政治家黑田清隆也加入到这次辩论中。他指出,政府提出的建造钢铁铸造厂的建议将会最终降低日本的造船成本。③ 这些辩解似乎都是对牛弹琴。现实仍然没有改变,针对对方提出的海军改革或减税的诉求,政府及海军都没有采取任何具体措施来做出切实回应。这种做法只能招致对抗,如果不是招致灾难的话。

　　1892年5月底,政府不得不面对它的不作为所带来的后果。5月30日及31日,国会下院讨论了松方提出的追加预算计划,该预算再次要求提供建造军舰及钢铁铸造厂所需资金。尽管大部分由亲政府及独立议员组成的下院预算委员会建议下院批准松方的计划,但是下院议员们感觉并无义务来考虑预算委员会的建议。④ 在第三次国会会议上,除了在松方的建议下海军大臣桦山未出席之外,率领对立双方进行辩论的国会人士与上次几乎完全相同。⑤ 1892年5月30日,杉田佑再次抨击海军未能就消除萨摩宗族的任人唯亲问题进行任何改革,而且政府在不愿意就其他重要政治问题,特别是减税问题,进行妥协的情况下就再次提出海军扩军方案。⑥ 佐木京命突然插话说,海军需要改革其海外军舰采购政策,并列举了最近购买的千代田号及千岛号拙

---

① 要了解进步党的提议,参阅 *Mainichi shinbun*,30 March 1892;要了解自由党的提议,参阅 *Jiyū shinbun*,3 May 1892。

② *Tokyo Asahi shinbun*,3 and 4 May 1892.

③ Kuroda 在一个有一些报社记者和新闻工作者参加的聚会上说了这一点以及其他支持海军的言论。Kuroda 的言论甚至出现在日本的外国报纸上。参阅 *Japan Weekly Mail*,14 May 1892,644。

④ Mainichi shinbun 对预算委员会有如下报道:自由党,10 人;进步党,5 人;无党派人士,12 人;亲政府人士,18 人.参阅 *Mainichi shinbun*,7 May 1892。

⑤ 海军副大臣伊藤裕子回答了反对党议员的问题。

⑥ 要了解杉田佑的言论及议员和政府官员的所有其他声明,参阅 DNTG,1:1999-2011。下一段所有的引用都出自这个出处。

劣的表现及高昂成本作为实例。为了使议会下院通过扩军请求,井上角五郎和大冈吉几三以国家安全为由费尽了口舌,但是议员们仍然以 141 对 132 票否决了预算委员会的建议,并且很快以 141 对 123 票取消了海军扩军所需要的所有预算资金。次日,议员们以类似投票结果否决了建造钢铁铸造厂所需资金拨款。在海军扩军问题上,议员们再次挑战了政府并取得了胜利。

为什么松方在充满敌意的议会上再次提出增加海军支出方案?都市报纸广为报道的一种猜测是,松方本想沿用之前的策略,即将国会的不妥协作为借口将其解散,并期待新当选的议员们更易控制。虽然此策略有成功的可能性,但松方在反思之前的所作所为之后,选择了一条截然不同、同样具有政治不确定性的道路。6 月初,这位首相成功促使上院将之前被下院剔除的预算支出作为追加预算草案修正案再次提出来进行审议。① 上院的这种做法从另一层面为增加海军预算问题增添了政治复杂性。下院议员们立即指责其违规,宣称上院的这种行为违宪,因为只有下院才有权提出预算修正案。而上院则反驳说,议会的上、下院都拥有这项权力,从而导致了明治时期日本的第一次宪法危机。为了解决此问题,天皇召开了枢密院全体成员会议并听取了他们对上院行为的讨论。6 月 13 日,天皇决定,两院都拥有提出预算修正案的权力。包含海军扩军所需资金的追加预算提案被返回到下院进行重新审议。

上述行为并不能确保政府的最终胜利。虽然它是一个具有很高政治象征意义的举措,但是下院议员们对此并不乐于看见。他们大多数认为,即使天皇裁定上院的决议具有合法性,但是下院没有必要为了屈从它而修改之前的决议。因此,下院在重新审议追加预算时,以 157 对 123 票这样更大的差幅否决了追加海军预算的修正案。对抗及暗箱操作等政治策略未能帮助政府取得任何积极成果,而且海军拒绝改革也让议会的稳定遭到了威胁。

① 在以下文章中有简要的论述:Andrew Fraiser,"The House of Peers,"in Andrew Fraiser,R. H.P.Mason,and Philip Mitchell,eds., *Japan's Early Parliaments*(London:Routledge,1994):20-22。

走向妥协与改革：至第四次国会会议
结束时的海军、国会及政府间关系

政府在国会会议上再次失败之后，开始采取一系列建设性措施，内阁阁僚们希望这些措施能增加在未来国会会议上获胜的几率。首先，松方计划在国会现任议员中建立一个强大的亲政府政党或协会，以便将所有亲政府议员团结起来，并由此打造一个实力强大的联盟来吸引议员中一些独立人士加入。松方相信，如果此计划进展顺利，政府就能够凭借议员中的多数在有关海军扩军的纷争中获得胜利。为了实现这一目标，松方需要寻找一名经验丰富的组织者和富有魅力的人士来作为政党的领袖，他想到了西乡从道。在6月底芝的海洋救灾协会举行的一次会议上，西乡和品川弥二郎分别成为国民协会的理事长和副理事长。尽管这是个不小的事件，但它只是政府所发起的诸多政治活动中的首项活动而已。

在任命西乡之后，政府开始启动一些象征性的内阁改革，并希望这些行为至少能缓解松方造成的与日本民选议员们之间的政治紧张关系。首先，在西乡的建议下，首相鼓励并接受了海军大臣桦山的辞职，海军上将仁礼景范接替了他开始执掌海军。① 像桦山一样，仁礼是萨摩人。从桦山19世纪70年代初任职以来，仁礼就开始在军部和海军部服役。相比于桦山的性急口快、傲岸不屈、对于政党干预军事事务恨之入骨，仁礼态度谦逊、言辞温和，西乡希望他不会像前任那样引起国会的敌对情绪。② 在顺利完成了这一切之后，松方本人也辞职了。当政界元老8月开会选举新首相时，他们希望物色到一个能在海军扩军及土地税问题上促成各党派与政府达成一致的人选。他们选择了在建立立宪政府过程中起过关键作用的伊藤博文。很多希望既能实现扩军和工业发展又能保存代议制的政府官员们认为，伊藤是能够与反对派政党达成妥

---

① Uchida et al. , eds. , *Nihon gikai shiroku* , 1：125.

② Matsushita , *Nihon gunbatsu no kō bō* , 1：187–189.

协的最佳人选。

当然,实现妥协需要双方进行相互协调。对于政府来说幸运的是,板垣也有同样的目标。正如历史学家坂野顺治所佐证的那样,板垣率领自由党慢慢摒弃完全反对政府的政策取向,转而采用与政府进行建设性接触的新政策,而另一个主要反对党——进步党仍然沿用完全反对政府提案的老政策。① 作为一名近乎完美的政治家,板垣意识到,自由党有机会通过与伊藤的藩阀势力结成纵向联盟来增强自己的势力及影响力,这正是政友会在日俄战争之后处理与"萨摩海军帮"关系所采用的策略。板垣在党员会议上发表的演说以及在《自由新闻报》上刊登的官方政策宣言都表明了自由党的政治转向。在减税问题上,板垣更倾向于采用渐进的方式。除此之外,自由党领袖还多次以口头或书面形式就海军扩军的必要性问题进行了详细论述,并一度支持海军以下主张:建立一支排水量为 12 万吨的海军部队对于日本安全非常必要。②

但是,自由党领袖们在海军改革问题上从未作出过让步。板垣在最近转而支持大规模海军扩军之后,便以一种从未有过的热情关注海军改革问题。这位自由党领导人指出,大规模的海军扩军,对于国防十分关键,因此没有人相信一支腐败、管理不善的海军能够胜任如此重要的任务。在 1892 年 11 月 15 日的自由党会议上,也就是国会召开的两个星期前,板垣宣称:"尽管国防是当今最为重要和紧迫的问题,但是必须首先启动海军改革,"然后再进行海军扩军。③ 而且,板垣还明确指出,自由党对此问题已经进行了广泛调查,并会在即将召开的国会会议上公开调查结果和相关建议。一周后,板垣重申了此观点并声称,海军的"大规模扩军在原则上得到了自由党的支持",但只有在一支"经过改革和重组的海军"获得了议员们的信任之后,才能将这种扩军付诸行动。④

尽管有了上述明确忠告,但海军还是没有对此做出回应,甚至对自由党的

---

① Banno,*The Establishment of the Japanese Constitutional System*,59-64.
② Shinba,*Itagaki Taisuke*,239-242.
③ *Jiyū shinbun*,16 Nov.1892:1.
④ *Jiyū shinbun*,23 Nov.1892:1.

要求没有表达任何程度的认同。正如他的前任一样，新任海军部大臣仁礼要么根本曲解了国会在军事拨款上能起到的重要作用，要么真正低估了议员们坚定的决心。虽然仁礼对当选的议员们从未心怀敌意，但他未能与下院议员们进行过认真的对话和沟通。在最适合达成妥协的8、9月的大部分时间里，仁礼却将自己的主要精力集中在海军扩军的技术层面上。由于在朝鲜问题上中日关系渐行渐远，仁礼提出了一个比一年多前桦山设计的更加雄心勃勃的16年扩军计划。① 但是，仁礼对待政治的态度没有桦山那样的勤勉和认真，这是个很大的失策。如果海军领袖们对自由党的忠告做出了回应，他们有机会与其达成妥协并通过海军预算方案，但由萨摩族人所主宰的海军机构又一次没能启动海军改革这项艰巨的任务，这也是海军领袖们最后一次重蹈覆辙。

具有讽刺意味的是，11月底发生的两件毫不相干的事件预示了第四次国会会议上将要发生的一切。② 首先，在一次马车事故中，首相伊藤受了重伤，致使这位政治家、藩阀政府里最有谈判经验的官员不能出席12月大部分国会会议。另一事件是一次海难，它对海军扩军方案造成了更大的打击。在国会召开一天后的11月30日清晨，千岛号战舰与英国 P.&O.轮船公司的蒸汽船拉韦纳号在爱媛县沿岸的内海相撞。在相撞后不到十分钟的时间内，大约凌晨3点40分，千岛号沉没，舰上共计184名工作人员中有168人遇难。与之相比，虽然拉韦纳号蒸汽船也遭到严重毁坏，但它仍然继续航行到了神户。在这次事故中，海军除了遭受了人员及名誉上的巨大损失外，它在政治上所遭受的损失更是不可估量。在之前的国会会议上，议员们就曾将千岛号及千代田号作为典型，用以证明这些舰船虽成本超支但性能十分糟糕，并以此作为证据来指责海军的管理不善及腐败。值得赞扬的是，议员们针对千岛号战舰的问题并未做任何夸大，当然他们也没必要这样做。在法国至日本的首航期间，千

① 该计划提议建造19艘总共有87,800吨排水量的军舰，其中包括了日本购买英国最大的战舰（排水量11,400吨的军舰），来制衡中国最大的德国制造的军舰。参阅 Kaigun rekishi ho-zonkai, *Nihon kaigunshi*, 1：310–315。

② 两个事件的细节都出自 *Jiyū shinbun*, *Hō chi shinbun*, *Mainichi shinbun*, 以及 *the Japan Weekly Mail*, 于1892年从11月最后一个星期到12月第二个星期都详尽地报道了这两个事件。

岛号出现了很多次的机械故障,所以不得不进行多次的临时停靠及修理。加上修理及运输费用,千岛号共花费海军 100 多万日元,而原计划的支出仅为 67.5 万日元。它的沉没使反对派的议员们在国会会议召开期间有了更多的理由来抨击海军。因此,在步入第四次国会会议会场时,内阁大臣及海军官员们个个灰面土脸、垂头丧气。到这次会议结束时,他们的政治境况将更加糟糕。

在 12 月 1 日议会辩论开始时,政府希望创造一个有利于达成预算妥协的氛围以确保伊藤内阁提出的海军扩军方案的顺利通过,板垣就曾暗示过这种妥协的重要性。那天,财政大臣渡边国武及内务大臣井上馨(代替受伤的首相出席)宣布,如果议员们接受海军 7 年内 1,600 万日元的一揽子预算增长计划,那么政府会将土地税减少 375 万日元。① 为了应对税收减少所造成的预算缺口及支出增长,政府建议提高烟草和米酒的消费税。征收"奢侈"税是可以接受的,这种观点板垣以前就曾经提出过。很多东京的报纸,包括一些密切关注日本政治的外国报纸,都将政府的这一声明视为一种务实的姿态。其中《日本邮报》编辑宣称,政府已经建造了一座"'金桥',它能让激进主义者们撤出他们永不妥协的'堡垒'"。尽管如此,政府对于海军改革仍然只字未提,② 这是一个很严重的疏忽。

但是,甚至在议员们讨论海军扩军问题之前,伊藤极其渴望达成的双方妥协似乎很难实现。12 月 16 日,议员们在接受了政府减少土地税的提案之后,却拒绝了提高烟草及米酒的消费税。他们还宣称,应对预算上的任何缺口首先要从减少政府行政开支开始(即行政支出的缩减)。财政大臣渡边国武对此深感愤怒,他建议上院议员们在下院通过海军扩军及增税议案之前,不要考虑减少土地税问题。面对以上政治威胁,自由党仍然拒绝向政府屈服,也拒绝同意他们的要求,而且拒绝的方式非常巧妙、极富政治天赋。

12 月的下半月,板垣和自由党巧妙地利用海军扩军问题来算计海军和政

---

① DNTG,2:360-367.
② "金桥"的引用出自 *Japan Weekly Mail* 的政治社评,10 Dec.1892,718.

府。① 板垣和其他党内领袖们指出,正因为海军扩军极其重要,才不能将它交给一个腐败或者管理不善的海军机关。目前,有什么办法能确保国会的拨款不会被浪费或误用呢? 板垣声称,千岛号事件极好地证明了海军管理不善会招致的后果。他还令人信服地指出,国防需要要求海军进行改革。板垣宣称,海军仍然是一个"族系势力泛滥的温床":"需要一个强力的杠杆来有效地促进改革的实施"。面对一群欢呼雀跃的自由党成员们,他说:"这种杠杆就是建造军舰所需拨款。"板垣最后指出,只有海军接受了自由党提出的改革措施,国会才会支持海军扩军这项必要的事业。②

在早期的国会会议上,自由党只是提出了一些不太明确的改革要求,但是在第四次国会会议上,自由党却提出了一份具体、清晰、有理有据的海军改革计划。12月20日,也就是在国会预算委员会将政府的海军扩军请求从预算中剔除出去的第二天,杉田佑提交了一份包含九个部分的改革提案。③ 与此同时,杉田还哀叹道:"政府未能消除海军部门根深蒂固的滥用职权恶习,阻止了期待已久的海军扩军的实现。"为此,他宣称,现在国会议员们所面临的最重要问题是海军改革问题。自由党提案中阐述的九项改革如下(删减版并加上了综合评论):

海军内部指挥权与行政权的剥离。杉田宣称:"指挥权与行政权的集中是滋生很多邪恶的源头",他还指出,如果能建立一个类似于陆军总参这样的机关,它拥有独立指挥权、由天皇进行掌控并由训练有素的军官进行领导,那么将会限制萨摩人任人唯亲的人事任命机制。杉田宣称,多年来,萨摩族海军大臣不断将萨摩人提拔成指挥官的做法更多的是一种政治行为而非出于军事考虑。自由党宣称,这严重破坏了海军的效率。而且,由于管理行政事务不一定需要军事才能,自由党建议海军大臣的职位可以由文官来担任。

停止任命海军军官担任海军部的文职。杉田指出,得益于萨摩关系网,

---

① 该段中对板垣的引用出自 *Jiyū shinbun*,24 Dec.1892:1。
② Kokkai,24 Dec.1892;*Japan Weekly Mail*,31 Dec.1892,811。
③ 要了解整个法案,参阅 DNTG,2:616-619.下一段所有的引用都出自该出处。

一些海军军官被任命担任军部内的大臣级或其他管理职位。尽管这些人被提拔到行政管理岗位,但是他们通常并不具备履行行政职能的必要技能,从而不得不再雇用文职助理。杉田质问道,为什么不直接任命文官从而节省开支呢?

对海军上尉以上的军官数量设限。自由党的发言人声称,海军上层人员太过臃肿。对于萨摩族的官员来说,提拔轻而易举,结果造成财政吃紧。

改革军官教育以吸纳海军科学最新发展成果。这项改革的另一目的是提高海军的作战能力。自由党指出,随着海军科学的发展,所有军官都应该不断接受再培训。正如几乎所有改革一样,这项改革指向的也是在 19 世纪七八十年代升职的那些萨摩族军官。

减少日本海军在国内的基地数量。自由党提出,日本需要两个或者最多3 个大的海军基地或军区,而不是海军领袖们提出的 5 个。改革议案解释说,每个海军基地都为海军整体运营增加了不必要的经费,而这些支出可以更高效地用于购买或建造军舰。

建造一支预备役中队。改革方案指出,通过建造一支战舰数量达日本战舰总数一半的预备役中队,日本能够延长海军的服役时间并在每年运营成本方面节约大量经费。

对军舰所需配套物资的采购进行更严格的监管。为军舰配备各种物资,包括从武器和通信设备到地毯和刀具等,需要一大批费用,这对于采购官员们来说是一个难得的可以获得销售回扣的机会。因此,为了消除腐败及其造成的沉重代价,建立一个更加透明的采购及审计体制至关重要。

撤销海军会计学院及海军医学院。自由党建议,为海军医务官和会计师设立专门学院是一种浪费。可以直接从东京大学医学院招聘医务人员,同样,也可以招聘普通院校培养的会计师。从撤销这些海军学院中所节省出的经费可以用来建造或购买军舰。

减少对海军作战学院的拨款。自由党提案声称,目前海军作战学院存在着师生比严重失衡的现象,因此提案建议将教官调到其他岗位并减少教务人员以节省开支。在对整个方案进行概述之后,杉田向政府保证,如果该方案得到实施,自由党将支持海军扩军。接着杉田又提出了一条明确的忠告,该忠告表明杉田对政府前几次处理海军扩军问题的方式失望。他警告道:①

"因为政府拒绝改革海军,国会已经两次否决了拨款建造军舰的提案……在海军仍然没有进行任何改革的情况下就又带着建造军舰的提案回到国会是对国会意见的一种无视。"

政府不愿实施甚至不愿一起讨论自由党提出的海军改革的好处,这使国会会议起初存在的有可能达成妥协的希望破灭。在自由党提出改革方案不久,进步党议员开始对政府进一步施压。议员凯奇信盛指出,他所在的政党永远不会支持通过增税来为海军扩军买单。他建议,如果政府想获得海军扩军所需资金,可以降低政府官员及工作人员和军官们过高的工资。他指出,这些工资约占国家年支出的12%。如果这些资金划拨给改革后的海军,可以为海军倡导的扩军提供长期的支持。② 在没有得到政府任何实质性的回应之后,国会下院以154对81票否决了预算方案中增加的海军拨款。自那之后,政府让国会休会了5天,当反对派议员发起对内阁不信任投票辩论时,政府在1月23日又故技重演。

由于无望达成妥协,伊藤不得不将自己的注意力转向寻找一个非政治性的解决方案,以避免解散国会。伊藤将目光转向了天皇。天皇在收到伊藤的恳求及下院领袖用以说明自己立场的报告之后,给双方提供了一个解决方案。③ 天皇发布敕令,宣布在6年内为海军扩军捐款近200万日元。而且,他指示所有文职官员及部队军官在6年内向政府返还10%的工资以进一步支持海军扩军。在天皇榜样的感召下,上院带薪议员们也同意在6年内将工资的四分之一捐给海军以建造和购买装备。

虽然天皇的解决方案并不是最理想的,但它实现了两个重大目标。其一,它

---

① 演讲取自 DNTG,2:619-622。

② 要了解1893年1月和2月关于海军拨款的辩论,参阅 DNTG,2:747-758,856-873。

③ 参阅 Ko Hakushaku Yamamoto kaigun taishō denki hensankai, *Yamamoto Gonnohyōe den*,1:323-328;and DNTG,2:879。

提供了海军扩军急需的资金。其二,天皇的敕令加上前三次失败使伊藤相信,因拨款问题而造成的海军与国会间紧张混乱的关系非常需要一个长久性的解决方案。伊藤的结论是,这个长久性的解决方案就是海军改革,这种改革不但能确保海军在体制、预算和军事方面的健康,还能确保议会制民主在日本的稳定和发展。在天皇发布敕令与议会通过伊藤预算方案之间的日子里,伊藤就根据这一解决方案开始行动了。① 这位首相与自由党及进步党进行接触,并向它们的领袖们保证,第四次国会会议一结束,政府就会立即开始监督海军的重组和改革。②

海军—国会达成和解:
海军重建委员会与山本权兵卫的崛起

从那以后,伊藤争分夺秒地寻求对海军进行踏踏实实的改革和重建。他言而有信,在国会结束后马上启动了改革进程。像以前一样,首相的第一个举措就是任命新海军大臣。1893 年 3 月 11 日,伊藤解除了海军行政长官仁礼的职位,取而代之的是一个他认为既能与海军领袖也能与各政治党派进行成功合作的人选。这位精明的政治家看中的是西乡从道,他曾任海军大臣(1885—1886 年,1888—1890 年)及 1893 年 3 月国会中国民协会党的总裁。令当选官员们感到高兴及欣慰的是,西乡在 1893 年 3 月向议员们保证,他将利用履新机会按照国会的意愿对海军进行改革。③

伊藤及反对党眼中的改革当然远远不只是撤换一下海军最高行政长官,不管这位新长官如何受到议员们的欢迎。首相及这位新海军大臣都很清楚,对海军机关的体制、财务制度及人事安排进行踏踏实实的改革,需要成立一个态度鲜明、愿意与各党派领袖进行必要协商的委员会。于是 4 月初,首相建立了"海军重建调查委员会",其成员包括枢密院大臣山县有朋、内务大臣井上

---

① Kaigun rekishi hozonkai, *Nihon kaigunshi*, 1:312-315.

② Ko Hakushaku Yamamoto kaigun taishō denki hensankai, *Yamamoto Gonnohyōe den*, 1: 329-330.

③ Ikeda, *Nihon no kaigun*, 1:113.

馨、海军大臣西乡从道、文部大臣井上毅、财务大臣渡边国武、前海军大臣及现任枢密院顾问仁礼景范以及海军副大臣伊藤裕子。① 虽然政府没能指派任何党派政治家进入该委员会，但是伊藤向议员们保证，在该委员会向枢密院提交正式提案之前，一定会向议员们广泛征求意见及建议并将其并入提案中。对于那些所有参与海军改革及国会政治的人来说，幸运的是，伊藤这次又做到了言而有信。

正如报纸上所披露的，虽然海军改革委员会从 1893 年 5 月至 12 月都在举行听证会和开展调查，但是它很快就建议进行一系列的改革，而这些改革方案恰恰体现了自由党在第四次国会会议上曾经提出的改革议案中的诸多建议。② 委员会首批建议中有一条涉及将军事指挥、军事战略及规划方面的事务从海军部剥离出来，正好与杉田佑之前提出的完全一致。具体来说，委员会要求取消海军指挥部并建议按照陆军模式成立独立的海军总参谋部。委员会及各政党领袖们相信，有了总参负责军事指挥及作战方面的所有问题，海军部就可以全身心地专注于行政管理以及更重要的政治工作。

在完成这次重要的机构重建之后，海军改革委员会对海军部的各方面管理工作进行了审视。在修改《海军财务监管局法案》《海军装备及采购财务管理法》以及《海军基地支出会计法》时，委员会对各党派政治家在国会上反复提出的财务不规范及管理不善问题进行了解决。为了取代这些法案，委员会建议实行更加严格透明的财务监管，并成立海军监察局直接监管财务支出并对日本海军基地进行审计。委员会还设计了一些法律来加大对下列事项的审查力度：订购外国战舰、与海军有业务往来的公司所提供的回扣以及为日本海军补给站和军舰采购相关物资，还建议不能任命海军军官担任军部中的文秘及一般事务的管理职位，这些职位可以由文职人员担任。到 6 月底，海军改革

① Ko Hakushaku Yamamoto kaigun taishō denki hensankai, *Yamamoto Gonnohyōe den*, 1: 330.

② Kaneko Kentarō, *Itō Hirobumi den* (Biography of Itō Hirobumi), 三卷.(Tokyo: Shunpō Ko Tsuishō kai, 1940 - 1941): 2: 904 - 906; Ko Hakushaku Yamamoto kaigun taishō denki hensankai, *Yamamoto Gonnohyōe den*, 1: 329 - 333; and Hayashi Shigeru and Tsugi Kiyoaki, eds., *Nihon naikaku shiroku*, 1: 208 - 209.

委员会迅速提出的改革方案产生的深远战略意义超出了几乎任何一个政治家或记者的想象。正如一篇外报社论中所描述的："在我们看来，每一个坦诚的观察者都必须承认，刚刚实行的改革标志着日本海军史上一个新时代的来临。"①虽然对于海军来说这是一个新时代，但是行政管理及机构方面的改革只是海军政治改革的序幕而已。

除了落实海军改革委员会向枢密院推荐的行政管理及机构改革措施之外，海军也开始了重大的人事改革。为了给这项改革提供一个强有力的领导，西乡起用了一位年轻、精力充沛的海军军官山本权兵卫，1893 年他只有 41 岁。对于明治-大正时期日本海军的政治崛起和军力发展来说，没有人比他更重要了。由于具备非凡的政治手腕、军事知识、管理才能及干劲，山本对于海军就像山县有朋及井上馨对于陆军一样重要。而且，山本具有强大的个人魅力和声望，这一点连海军最强烈的批评者也不得不承认。

对于西乡来说，山本是领导海军人事改革最理想的人选。与海军领袖桦山及西乡出生于同一个地区，山本的萨摩血统让他完全适合在海军中担任一个领导职务。如果他要解除某些同族萨摩人的职位或进行类似的人事改革，这种出身背景尤其重要。但是，与他的一些同乡们不同的是，山本并不仅仅依仗他萨摩出身的花环。事实上，山本在他早期生涯的大部分时间里一直在挑战萨摩特权。1880 年，山本在登上龙骧号进行海上训练之前，向海军部提交了一份提案，建议所有年长海军军官，主要是被任命的萨摩族军官，都要和最近招收的军官学员一起接受训练以便能熟谙海军科学的最新发展，尽管这样做可能会损害他们在年轻学员中的威信。② 19 世纪 80 年代，山本作为各种军舰上的指挥官平步青云，1890 年升至高千惠号舰舰长。山本在他服役的每艘舰船上都赢得了上下属的尊重。而且，他到每一艘舰船上任后，几乎都会为提高船员的工作效率而设计出相关计划。③ 1891 年，山本开始担任海军部秘书

---

① *The Japan Mail*，8 June 1893：276-277.

② Ko Hakushaku Yamamoto kaigun taishō denki hensankai，*Yamamoto Gonnohyōe den*，1：98-104.

③ Evans，"The Satsuma Faction，"181.

长,从那时起一直到西乡任命他为海军大臣,山本都在敦促海军部进行改革。①

山本在被任命负责海军人事改革时胸怀两个目标,且一直都在为实现这两个目标而进行坚持不懈的努力。一方面,作为一名具有敏锐政治本能的海军官员,山本很清楚,取消被很多非海军人士认为是一种基于萨摩族人任人唯亲原则的人事任免及提拔体制是非常重要的。另一方面,作为一名老练的海军军官,山本也希望能辞退那些"出于政治目的而任命的"军官以确保能力最强、接受过最好训练的人士在海军中担任重要的指挥官职务。简言之,山本意欲提高海军的作战能力和政治地位。为了能具体地完成每一项改革,山本希望让一些官员从职位上退下来,如果有必要哪怕以一种强迫的方式,包括很多主要通过人际关系而获得官职的萨摩族人。经过一个月的调查:"能人山本"(《中央新闻》如此描述他)确定了 97 名军官,其中 61 名为指挥官,包括海军中总计 13 名舰队司令中的 8 名,他认为必须让这 97 名军官退役②。后来,山本成功说服这些军官"在收到正式建议后退役"。

尽管报纸及各党派政治家对于山本上尉斗志昂扬地进行人事改革都赞赏有加,但是海军及陆军内部的军人对于他改革的力度感到疑虑。在山本将他的方案提交给海军大臣西乡之后,后者开始担忧山本的改革过头了,因为他考虑到日本与中国在朝鲜的军事紧张局面已经出现。③ 作为回应,山本首先让西乡相信,海军中已经有足够多年轻、专业的人士,足以应对任何军事突发事件。当山本觉察到海军大臣仍有顾虑时,随即建议如果日本陷入长期冲突,可以重新将那些退役的军官召回部队。山本的最后一条建议让西乡彻底接受了他的方案。

---

① Ko Hakushaku Yamamoto kaigun taishō denki hensankai, *Yamamoto Gonnohyōe den*, 1: 330–331.

② *Chūō shinbun* 用"干将"来形容山本。参阅 *Chūō shinbun*, 28 April 1893;以及 Ko Hakushaku Yamamoto kaigun taishō denki, *Yamamoto Gonnohyōe den*, 1:339。

③ Ko Hakushaku Yamamoto kaigun taishō denki hensankai, *Yamamoto Gonnohyōe den*, 1: 333–334.

在成功会见了西乡之后,山本接着会见了日本最重要的军事官员——海军改革委员会主席山县有朋。与西乡一样,这位长州族的将军对山本提出的退役军官数量之多表达了担忧。但是,这不是他会见山本的唯一目的。由于之前从未见过山本,山县希望利用这次会见更多地了解山本的过去以及他作为海军军官对于什么是日本国防的当务之急的个人看法。① 此次会见给山县留下了深刻的印象。次日,山县告诉海军改革委员会山本完全胜任他的工作。在那之后,委员会委员中的两位——井上馨和井上毅也会见了山本,这次会见同样使他们两人印象深刻。事实上,根据《报知新闻》的报道,在与山本讨论之后,井上馨就去见了西乡并询问是否可以将山本提拔为海军副大臣。② 这些都是山本的职业水准及个人魅力所致。

海军改革所具有的高度政治性促使山本积极向民众及各党派政治家通报自己的所作所为。这位海军中冉冉升起的新星主要通过报社记者对他的访谈来实现这一目标。1893 年 6 月 9 日,《中央新闻》刊登了早些时候对山本采访的摘要,这是日本有史以来对海军军官进行的最长一次采访。③ 采访中,山本明确表示,各党派对于海军中存在任人唯亲问题的指责是正确的,他们有理由宣称"除非他出身于萨摩,否则就无法控制桦山时代的海军"。由于山本是一名海军人员,一名来自萨摩的海军人员,对上述相关问题的态度是对他诚实性的一种考验。"但是现在,"山本继续说道:"任何一名受人尊敬、有才干的人都能担任海军的最高职位。"在谈及他所领导的改革时,山本声称,最主要的目的是要用更加年轻、更加训练有素的人士替代那些年长的、其中很多都缺乏最新专业技能的军官。在那之后,他邀请海军的批评者们在第六次国会会议上对海军机关及他本人的改革行为进行彻底的审视,并声称作为海军改革的

---

① Ko Hakushaku Yamamoto kaigun taishō denki hensankai, *Yamamoto Gonnohyōe den*, 1: 334-337.

② *Hō chi shinbun*, 3 June 1893.

③ 这个采访的节选可见于在 Ko Hakushaku Yamamoto kaigun taishō denki hensankai, *Yamamoto Gonnohyōe den*, 1:344-348,而这个采访在 1893 年 6 月 9 日的 Chūō shinbun 中找到。下一段所有的引用都出自这两个出处。

领导者,他愿意为他的所有行为负全部责任。

早在《中央新闻》刊登这篇报道之前,各种报纸对山本的尽职尽责、坦诚以及对海军的真知灼见就已经赞不绝口。报纸和各党派政治家都同样支持山本和海军改革委员会发起的改革。山本,特别是他负责的人事改革,使海军获得了前所未有的、在代议制政府时代至关重要的两大利器:媒体的正面报道以及日本民选精英政客的支持,它们也为海军发展成为一个基于任人唯贤原则而不是宗族出身或者个人喜好来提拔高级指挥官的国家机关奠定了坚实的基础。同样重要的是,通过他所领导的改革,山本获得了丰富的政治经验并扩大了其在海军部的影响力,这些都为他在1898—1906年作为海军大臣期间所获得的成功奠定了坚实的基础。

重要的是,海军改革委员会所建议的行政改革也让海军自身受益匪浅。其一,委员会对建立海军总参谋部的支持使海军试图成立一个独立指挥机构的努力在政治上得到了更多的重视。其二,海军接受改革对各党派领导人来说是一种安慰,因为他们曾发誓除非海军部进行重组,否则他们会阻止任何海军扩军议案的通过。在1893—1902年间,下院与内阁针对海军预算拨款的讨论很少演进为第二、第三及第四次国会会议上爆发的那种喧闹的政治对抗。最后,这些改革及随后国会批准增加的预算都进一步夯实了海军的军事基础。不久,它就让日本海军在1894—1895年与中国海军的中日海战中尝到了甜头。正如他在几乎所有政治形势下的杰出表现一样,山本到目前为止的所作所为产生了轰动性的效应,而且直到第一次世界大战前,他会继续对日本的海军政治产生深远的影响。

小　结

从当今的角度回顾那段历史,日本帝国海军在中日战争前夕经历了严峻的政治考验。起初,海军对于代议制政府的建立所带来的一系列变化反应迟缓,遭到了日本政治党派成员的广泛批评和抨击。正如板垣曾说过的,海军扩军问题成为各党派用来推动变革的一副杠杆,海军最终被迫实行行政及人事改革以避免扩建舰队的梦想破灭。虽然改革过程很痛苦,特别是对于那些类似于桦山这样的人来说,因为他们从未完全同意或尊重各政党应该在国防事务上发挥应有的影响力这一观点,但是最终的结果证明它让海军受益匪浅。在海上,能力更强的指挥官取代了那些依靠个人或宗族关系而被提拔到指挥岗位的人。在陆上,尽管腐败和职权滥用仍然时有发生,但是无处不在的萨摩族人为所欲为的现象在 1893 年后却逐渐减少。

除了用改革海军部的承诺换来了 1893 年预算拨款获得通过这样的回报之外,海军还获得了对于其未来发展非常重要的政治经验。起初,西乡及山本等所采用的和解策略无疑对塑造海军如下形象起到了很大的促进作用:海军拥有一群务实的政治精英,他们愿意与日本其他精英进行合作,包括正在迅速成长中的各个政党。这些崇尚改革的军人最终不仅意识到海军需要保护很多自身利益,而且他们也明确认清了自身目标以及实现这些目标的正确途径,即通过自身在代议制政府体制内的积极努力而不是不断挑战这种政府机制。这是海军军官们在代议制政府这个新时代里所汲取的最重要的教训。实际上,在之后的 20 年,海军在山本权兵卫的领导下终于掌握了立宪政治的真谛,而作为一名改革家的山本在海军早期政治发展最为重要的时刻就已引起公众的广泛关注。

四、丰厚回报与战争对抗(1894—1904 年)

> 这次胜利之后,我们应该看到日本必须大力加强防御手段。①
>
> ——比利时男爵艾伯特·安森

> 战后日本海军的发展不能用"进步"来描述,而要用"旋风"来形容。②
>
> ——费城船舶制造商查尔斯·克兰普

日本在 1894—1895 年中日战争中的胜利是现代史上日本崛起的分水岭。陆战、海战及谈判桌上的成功都对日本国民的物质生活、政治及心理产生了显著的影响。对于日本年长的政治家们来说,击败这个在东亚历史上占有统治地位的文明古国进一步证明,以中央集权以及寡头政治为特征的国家建设以及明治维新之后不久启动的西学运动是非常有效的。对于日本大部分完全支持战争动员及战争投入的民众来说,胜利进一步增强了国民、大臣、天皇及国家间的紧密联系,以及在此前的现代日本从未出现过的民族自豪感。在国际层面,日本的军事胜利及不断获得的殖民地改变了它在西方国家中的地位和形象,并使日本崛起为一个地区军事及政治大国。

---

① George Alexander Lensen, *The d'Anethan Dispatches from Japan*, 1894-1910 (Tokyo: Sophia University Press, 1967): 45.

② 引自美国海军研究所, *Proceedings*, 23:84 (1897): 766. 另引自康沃尔, "The Meiji Navy," 52。

日本现代史上第一次海外战争的胜利对于其海军来说同样意义重大。海军曾无数次在国会试图证明它是一支优秀的作战部队,没有浪费或错用国家资源,但结果都是徒劳,而这次摧毁中国北洋舰队一举帮助海军完成了该项任务。而且,这次胜利也展现了海军实力对于国家安全及保护日本在东亚及太平洋地区利益的重要性。与此同时,通过这次战争,海军所获得的回报不仅仅局限于政治领域,还收获了很可观的经济利益。和平条约让日本从中国获得了近 3.6 亿日元的赔款,它创造的独特政治环境有利于西乡和山本带领海军实现进一步的政治发展和军事扩张,其发展速度被一位国外的船舶制造商描述为"快如飓风"。简而言之,1894—1904 年间的十年对于海军及整个日本来说是一个政治及军事变革的时期。

这些丰厚回报也使海军卷入了国内及国际上的竞争。1895 年后,日本获得的更高国际地位及战后海军的扩军不仅加剧了远东地区的军事紧张局势,也增强了该地区海军间及政治上的竞争。对于海军来说更重要的是,随着海军取得海战胜利及逐渐崛起为一支势力强大、资金充足的精锐部队,其国内最重要的竞争对手陆军对它的嫉妒以及与它之间的竞争也越来越激烈。尽管在此之前部门之间的竞争一直都较为健康,甚至很多前陆军将军如桦山也在海军中担任过领导职位,但是在中日战争后,部门间在政治及机制上的竞争变得越发激烈。在日本,这将会成为影响不同政府部门之间关系的一个持久并最终具有破坏性的特征,它极大影响了国内政治及帝国扩张的本质和取向,并且这种影响将一直持续到第二次世界大战前夕。

战争前的日本及其海军

几乎从明治时代初开始,日本的军界及文职寡头执政者都很关注朝鲜。但是事实上,日本并没有制定过从朝鲜开始其帝国征服的总体规划。虽然很久前大卫·柏概米尼(David Bergammini)曾提出过与之相反的观点,但它是站不住脚的。尽管如此,朝鲜这个半岛国家在日本的外交、地缘政治及战略理念上却占据着重要的地位。彼特·杜斯曾令人信服地做出过这样的论述:由于朝鲜与日本毗邻及其与中国的关系使它在明治时期的日本占有极其重要的政治和军事地位。[1] 当很多日本人将 1869 年朝鲜拒绝接待日本新外交使团视为一种政治侮辱时，两国在新时代混乱不堪的关系局面开始出现。虽然新明治国家政府只是想修改两国之间现存的外交礼节，但是朝鲜还是给予了拒绝。尽管该事件以及不断出现的外交怠慢加速了日本国内有关是否派遣武力去惩罚或征服朝鲜的辩论，但是最终还是头脑冷静的人士占了上风，至少在 19 世纪 70 年代初是这样的。但是，1875 年，日本的领袖们摆出了一种更加咄咄逼人的姿态，他们支持使用武力或至少是威胁使用武力来打开朝鲜的国门并在那里强行实施西方模式的外交惯例。与佩里出访日本的使命非常相似，1876 年 2 月，一个日本使团搭乘 3 艘海军军舰从日本出发，在朝鲜西海岸的江华岛建立了总部。朝鲜在日本威胁要发动侵略的情况下被迫与其谈判，并最终屈服于日本与其签订了不平等条约——《江华条约》，从而结束了日朝间传统的重仁义的外交关系，此前这种关系是依靠对马岛的宋氏家族的斡旋而建立起来的。

虽然将不平等条约强加给朝鲜提振了日本外交及军事自信，也加强了日本与朝鲜两国之间的联系，但是朝鲜的另一个邻国中国对此事件的感觉完全不同。在之前两百年的大部分时间里，朝鲜藩属国与中国一直保持一种朝贡关系。尽管日本在外交及政治上已经侵入朝鲜，但是中国仍旧希望维持与朝鲜藩属国的朝贡关系。从 19 世纪 70 年代末至 1894—1895 年中日战争，在朝鲜问题上的对立一直影响着日本与中国的关系。从中国角度看，日本以上行为及 1874 年吞并琉球群岛都是厚颜无耻的帝国主义行径，其目的是企图让这些朝贡国脱离中国的统治。为了阻止这些行径，中国试图恢复自身在朝鲜的影响，它首先鼓励朝鲜王室建立与其他西方大国的关系——以夷制夷——然后给某个反对加强与日本往来及日本所倡导改革的保守宫廷派提供支持。中

---

[1] Peter Duus 提出了一个关于在日本日益扩大的国内外的政治考量下日本对朝鲜的早期态度的详细分析。参见 Peter Duus, *The Abacus and the Sword：The Japanese Penetration of Korea*, 1895-1910(Berkeley and Los Angeles：University of California Press, 1995)：29-65。我的许多关于中日战争前中国和日本对朝鲜的外交政策的讨论都来源于此。

日在朝鲜分别支持相互对立的派别，积蓄已久、充满敌意的火药桶终于被点燃。1882 年，当一些朝鲜保守派士兵向由日本人训练的敌对派士兵发起进攻时，这个火药桶爆炸了。被称为壬午兵变的这次动乱使三大势力几近开战。中国政府用这次兵变作为理由向首尔派遣部队，以便加强王室中得到闵族支持的亲华派势力。对于日本来说，在一个无法抵御外强侵略的国家所发生的这些事件，不仅会危机日本的地位及其所倡导的朝鲜改革，而且日本领袖们还担心，它们最终会让朝鲜遭到来自西方大国的帝国入侵，而这些大国 1882 年正在瓜分中国领土。

两年后的 1884 年，当一群亲日改革派人士试图推翻亲华的朝鲜王室时，紧张局势再次升级。日本的军政界领袖一致认为，在 1884 年与中国开战并不是最可行或理想的选择，因此他们选择通过外交途径来解决紧张局势。1885 年，伊藤博文与中国的李鸿章签订了著名的《天津条约》，又名《李伊藤协议》。根据该协议，双方同意在派兵去朝鲜半岛之前知会对方。而且，协议进一步规定，如果一方在通报对方后就立即派兵，另一方有权派遣同等数量的士兵前去半岛保护自身利益。虽然外交手段似乎缓和了中日之间的紧张局面，但是它不能确保朝鲜的改革最终能带来一个稳定的政体。实际上，改革收获甚少，到 19 世纪 90 年代初，对于朝鲜能否在中国仍然保持对其强大影响力的情况下发展成为一个强大和独立的国家，很多日本领袖不再抱有希望。上述事实，加上俄国对远东及满洲地区兴趣的不断增加以及进一步渗透，使日本高级指挥官们相信就朝鲜问题与中国一战在所难免。

1893 年的东学党起义加剧了日本对于朝鲜稳定及未来前景的悲观看法。当这场起义从朝鲜南部迅速向北发展到首尔的时候，日本领袖们担心这可能会让中国或某个西方强国相信，他们可以以恢复秩序为借口派部队进入朝鲜半岛。如果说在中国主宰下孱弱的朝鲜实施日本倡导的改革是行不通的话，那么，由一个西方强国，特别是俄国保护或控制下的朝鲜则被日本领袖们视为对日本安全的一个巨大威胁。1894 年 6 月 5 日，为了防止局势朝此方向发展，伊藤政府一致同意调动陆军第五师，即关岛师，为朝鲜战争做准备。日本的担心仅在两天后就得到了部分的印证，因为中国政府通报日本，它已经决定派兵去朝鲜。尽管朝鲜王室要求中国进行军事干预,但是日本人还是以此为由向朝鲜派遣了第五师的 7,000 士兵。从 6 月 12 日日本部队在仁川登陆至 8 月 1 日的日本正式宣战,双方都在为军事冲突做准备。

对日本海军来说,1894 年 8 月并不是开始战争行动的理想时间。由于天皇 1893 年 2 月的干预,日本海军还未拿到订购的舰船,即富士号和矢岛号军舰、明石号巡洋舰以及宫古号情报收集船。尽管海军可以出战的舰船包括 4 艘主战舰艇、1 艘装甲巡洋舰、7 艘防护巡洋舰、12 艘普通巡洋舰和 26 艘鱼雷艇,但是至少在理论层面,中国海军在数量上占有优势。尽管正如马克·皮蒂和大卫·埃文斯所证实的那样,中国海军的优势更多的是一种表面现象,但是诸如佐藤铁太郎和铃木贯太郎这样的日本海军军官对于与中国开战深感忧虑,因为他们相信这样做会让日本海军遭受重创。[①] 这些海军领袖们很清楚,这种重创将会在政治、军事及经济上给海军及整个国家带来严重的灾难。由于海军军官们对于与中国开战可能带来的损失非常担忧,他们敦促内阁在正常预算渠道之外为购买军舰下拨临时应急资金。[②] 1894 年秋,内阁同意分别用 900 多万日元从阿根廷购买 3 艘战舰以及 300 万日元从智利购买 1 艘战舰。在天皇的支持下,国会会议一次性批准了此项紧急拨款。

海军与日本第一次现代战争

虽然日本及其海军在战争中谨小慎微、战战兢兢,但他们的进展非常顺利。在日本宣战 5 天前的 7 月 25 日爆发了一场小规模的海上交战之后,由伊藤裕子上将统一指挥的联合舰队开始为陆军提供后勤支援,这是他们在冲突后一个月里的主要任务。在桦山上将的怂恿下,海军总参谋长伊藤上将开始将精力转向锁定中国的北洋舰队并准备与之交战。9 月 17 日,伊藤成功了。

---

① Kaigun rekishi hozonkai, *Nihon kaigunshi*, 1:314−315.另可参见 Evans and Peattie, *Kaigun*, 37−39;and Toyama Saburo, *Nishin, Nichiro, daItō a kaisen shi*(一本关于中日、日俄和大东亚战争的史料)(Tokyo:Hara shōbō, 1980):74−75。

② Ko Hakushaku Yamamoto kaigun taishō denki hensankai, *Yamamoto Gonnohyōe den*, 1:410.

那天早晨及白天的大部分时间里,伊藤的部队与丁汝昌将军的舰队开始交火,从而开始了自特拉法尔加海战以来的第一次重大海战。从战场消息得知,黄海战役虽然没有彻底摧毁丁将军的舰队,但使其在士气和势力上都遭到了重创。在这次战役结束后,伊藤选择了谨慎的态度而不是机会主义策略。丁将军部队中的剩余兵力撤回到中国在亚瑟港的海军基地,几周之后又离开该港口去了威海卫。

无论伊藤军队所取得的胜利在战术层面的意义是多么的有限,日本国内却为之进行了疯狂的庆祝,而且此次胜利对于整个战争的进程具有重大的意义。在丁将军所率部队离开亚瑟港(旅顺)驶往威海卫之后,伊藤率部下在1894—1895 年冬天对其实施了封锁。由于北洋舰队余部受到包围,日本陆军能够在没有遭到丝毫侵扰的情况下将部队及补给安全投送到朝鲜、辽东及山东半岛。这些投送的成功为此次中日战争的最后阶段也是最具决定性的海战奠定了基础。1895 年 2 月,日本陆军部队开始在威海卫港口沿岸为所欲为,两个鱼雷中队对执行封锁任务的中国舰船发动了攻击,丁将军下令部队余下的适航舰船实行突围。这次,伊藤没有因过分谨慎而延误战机,从而影响日本的全面胜利。威海卫战役后,除了两艘舰船外,其他众多北洋舰队舰船都被日本击沉、抓获或搁浅。这次,日本取得了彻底的胜利。"中国的舰队,"正如比利时男爵艾伯特·安森在给他欧洲同行的一封信中写道:"已经不复存在。"①这次惨败使丁将军因不堪其辱而自杀身亡。

这次成功给人留下的深刻印象不仅仅局限于战场或海上。海战及陆战的胜利还带来了谈判桌上的成功。在马关岛,日本代表团最终获得一份对其非常有利的日中和平协议。于 4 月 17 日签订的《马关条约》不仅使日本获得了2 亿两白银(约 3 亿日元)的战争赔款,还得到了台湾、澎湖列岛和辽东半岛顶部的大片领土以及在中国与西方列强同等的商业和政治权利。这次战争的胜利使日本获得了急需的资金、领土及与西方同等的权利——至少在处理与中国的外交关系上同等的权利。

---

① Lensen, *The d' Anethan Dispatches from Japan*, 1894–1910, 39.

在国内层面,这次战争的胜利和有利于日本的谈判结果使政府及军事部门获得了巨大的政治成功。战胜中国极大地提升了日本的自信心,而且也证明自明治维新以来日本所奉行的建国路线是有效的。① 正如外务大臣陆奥宗光所言,战胜中国军队使日本民众"欣喜若狂"、无比自豪,这种民族情绪随着每一条胜利消息的传来而更加高涨。4 月所公布的《马关条约》内容让这种热情达到了顶峰。② 同样重要的是,这场战争也让大部分自 1890 年国会召开以来与政府持不同政见的议员及民权活动分子销声匿迹。战争期间举行的两次国会会议,即第七次(1894 年 10 月 18—21 日在广岛举行)和第八次(1894 年12 月至 1895 年 3 月)国会会议,都一致同意在财政及政治上给予该战争必要的支持。之前还希望减少政府支出及税收的议员们转而支持大幅度增加军事拨款,仅为这一次战争的拨款就达到了近 1.5 亿日元,其中包括海军用来购买阿根廷及智利战舰的资金。③ 因此,战争极大地促进了民选政治家、民众与政府之间的团结。

但是,在《马关条约》签订的一星期后,战争胜利所激发的极度兴奋和战后自豪感不久就烟消云散了。4 月 23 日,法国、德国和俄国三国政府为了一个共同的外交目标联合起来:限制日本的战争所得。具体说来,三国部长明确照会了日本副外务大臣林董,并提出日本必须放弃对辽东半岛的占有权。日本的领袖们对于这三国,特别是俄国,在远东海域所拥有的海军势力了如指掌,他们非常清楚这个提议的真实用意,或者至少拒绝这些老牌帝国主义的要求将意味着什么。没有英国或美国的外交、政治或军事支持,日本几乎没有多

---

① 想获得一份对战争胜利带来的社会、心理和文化影响的优秀研究,可参见 Donald Keene, "The Sino-Japanese War of 1894–1895 and Its Cultural Effects in Japan," in Donald Shively, ed., *Tradition and Modernization in Japanese Culture* (Princeton: Princeton University Press, 1971): 121–175。

② Mutsu Munemitsu, *Kenkenroku: A Diplomatic Record of the Sino-Japanese War*, 1894–1895, transl. Gordon M. Berger (Princeton: Princeton University Press, 1982): 106–113.

③ 1894 年 10 月,内阁和国会同意以近 900 万美元的价格购买 3 艘阿根廷的战舰。尽管这次采购失败了,但是政府用这笔资金中的 330 万购得了智利的 1 艘战舰 "Esmeralda"。这艘战舰 2 月抵达了日本并被重命名为 "Izumi"。Ko Hakushaku Yamamoto kaigun taishō denki hensankai, *Yamamoto Gonnohyōe den*, 1:410。

少选择余地。在向中国追加3,000万两白银(约合4,500万日元)赔款的情况下,日本归还了其在辽东半岛所占领土。战胜中国虽然提高了日本在远东的地位,但让日本进一步卷入了东亚及太平洋地区的帝国间对抗。以上所述诸多因素、战后所获得的政治资本以及民众的拥趸激发了大众及精英人士战后对海军扩军的支持。为了充分利用这种亲海军的民族情绪,海军领袖们迅速行动了起来。

战后海军扩军

在三国干涉所造成的政治及心理冲击仍然影响民众、政治及军队精英的时候,海军就已经开始争分夺秒地筹划战后扩军计划了。1895年5月,西乡要求已是海军部海军事务局局长的山本着手研究日本未来的海军需求。[①] 山本意识到实现海军舰队扩建的良机已经到来,于是就极其热情地开始了这项工作。[②] 山本相信,在日本取得辉煌胜利后,公众愿意支持海军扩军;在三国干涉之后,政治领袖们也会在必要时给予支持。因此,他设计了一套具有真正革命性的计划。如果该项计划被内阁及国会接受,将会从根本上将日本海军改造成世界级的海军舰队。[③] 山本计划的革命性体现在一些政治、预算及军事层面的设计上。其一,山本建议,日本通过购买及自己建造的方式打造一支在作战中能够进行完美协作、各方面实力均衡的部队。与前几任大臣不同的是,山本并不是仅仅要求增加几艘战舰或巡洋舰来提升日本现有实力,而是寻求打造一支完整的现代海上舰队。而且,山本很清楚,日本所有沿岸设施也需要进行大幅升级以满足新舰队进驻和维修保养的需求。为了完善对这项工程

---

① Tsunoda Jun,"Nihon kaigun sandai no rekishi"(日本海军历史的三个阶段),*Jiyū* 11：1 (Jan.1969)：93.

② Kaigunshō,Kaigun daijin kanbō,*Yamamoto Gonnohyōe to kaigun*,346–349.

③ Kaigunshō,Kaigun daijin kanbō,*Yamamoto Gonnohyō to kaigun*,346–349；Ko Hakushaku Yamamoto kaigun taishō denki hensankai,*Yamamoto Gonnohyōe den*,1：411–412.

的监管,山本建议建立海军建设局来管理和监管所有岸基设施的更新改造。①

　　山本建议打造的舰队规模及现代标准同样具有革命性意义。从数量上看,山本的规划非常庞大,这位海军事务局局长建议为日本海军增加 16 艘主力舰艇。在英国在建的两艘战舰基础上追加建造 4 艘,6 艘一流巡洋舰,3 艘二流巡洋舰。② 除了添加这些舰船外,扩军计划还要求增加 23 艘驱逐舰和 63 艘鱼雷艇。计划中的所有战舰的排水量总计达 234,000 吨,相当于在 1895 年海军规模的基础上增加 70%。但是,规模的壮大并不是该计划所具有的唯一革命性。山本希望增加的绝大部分战舰,大约占总数的 90%,都要由英国造船厂建造,而且配备先进的技术。山本建议建造的 4 艘战舰后来分别被命名为雾岛号、初濑号、朝日号及三笠号,它们可以与 1898 年海上任何外国同型号舰船相媲美。③ 计划建造的巡洋舰、驱逐舰和鱼雷艇也同样如此。显然,山本建议要打造的现代化舰队不但要令人敬畏以及有能力保卫日本的海岸线,而且还能将日本的兵力投送到海外以保护它在东亚殖民地的利益。但是,打造这样一支舰队代价不菲。山本认为,该项十年计划的预算总额为近 2.15 亿日元。这个预算额意味着,它是 1868—1893 年间日本海军总支出的近两倍。

　　山本和海军大臣西乡都认为,为这种革命性的计划获得必要的支持需要付出极大的政治努力。为了实现这一目标,山本为 1895 年 7 月的内阁辩论做了精心的准备,在辩论前山本会向内阁介绍这项扩军计划。在西乡推介山本计划之前的几个月,这位海军大臣就要求山本准备一系列详细资料,用于向政府证明为什么要大幅度提高海军预算拨款。④ 山本没有让他的上级失望。西乡在总体介绍完扩军请求后,就以山本撰写的报告为基础来佐证他向内阁提出的请求。首先,西乡说,海军主要目标是控制日本及其帝国周围海域,而不

---

① Ko Hakushaku Yamamoto kaigun taishō denki hensankai, *Yamamoto Gonnohyōe den*, 1: 423–424.

② Ko Hakushaku Yamamoto kaigun taishō denki hensankai, *Yamamoto Gonnohyōe den*, 1:421.

③ 想要了解这些舰船的军事特性,可参见 Evans and Peattie, *Kaigun*, 59–61。

④ 这些文件的汇总可参见 Ko Hakushaku Yamamoto kaigun taishō denki hensankai, *Yamamoto Gonnohyōe den*, 1:412–419。

仅仅是保卫日本本土免遭侵略。这位海军大臣声称,为了实现该目标,日本必须拥有一支以最先进战舰为核心的现代化舰队。为了反驳日本只需要购买战舰这样的建议,西乡坚定地指出,只有战舰是无法有效地确保海军防卫实力的。他还指出,战舰必须是一支均衡的作战舰队的一部分,或者说核心部分而非全部。他宣称,这是从中日战争中得出的教训。接着,西乡对要求增加的每一种型号舰船进行了异常详细的解释说明,从战舰到鱼雷艇。山本提供的有关舰队扩建的支撑材料在细节、逻辑及说服力上都非常出色。

但是,海军大臣西乡并未就此结束他的发言。在解释了为什么每种型号舰船对日本来说都非常重要之后,他又论证了为什么需要如此规模庞大的扩军。① 基于山本撰写的另一组报告材料,西乡指出,日本不能将其海军建设仅仅基于最可能成为它的敌国——俄国的海军势力基础之上,而是应该基于能够将其舰队或部分舰队投送到东亚海域的任何两个国家海军实力之和的基础上。西乡继续指出,日本的标准应该是东亚两强国之和:这就是确定 6 艘战舰和后勤船这个数字的原因。低于这一标准,日本的安全就会遭到威胁。② 具体细节可参看表 2。

表 2　日本战舰建造:分别提交给第九次(1895 年 12 月 28 日至 1896 年 3 月 29 日)及第十次议会会议(1896 年 12 月 25 日至 1897 年 3 月 24 日)并均获得通过的一、二期海军扩军计划

战　舰　种　类	数量(排水吨位)
一流钢质战舰	4(15,500)
一流巡洋舰	6(9,200)
二流巡洋舰	3(4,800)
三流巡洋舰	3(3,400)
鱼雷炮艇	1(1,200)

① Ko Hakushaku Yamamoto Kaigun taishō denki hensankai, *Yamamoto Gonnohyōe den*, 1: 415–416; Kaigunshō, Kaigun daijin kanbō, *Yamamoto Gonnohyōe to kaigun*, 351–352.

② Kaigunshō, Kaigun daijin kanbō, *Yamamoto Gonnohyōe to kaigun*, 351–352.

续表

战 舰 种 类	数量（排水吨位）
鱼雷储存船	1（800）
驱逐舰	23
一流鱼雷艇	16
二流鱼雷艇	37
三流鱼雷艇	10
舰船总数	
主力战舰	16
驱逐舰和鱼雷艇	88
总成本	213, 100, 964 日元

资料来源：Ko Hakushaku Yamamoto kaigun taishō denki hensankai（Count Yamamoto biographical compilation association），*Yamamoto Gonnohyōe den*（Biography of Yamamoto Gonnohyoe），2 vols.（Tokyo：Ko Hakushaku Yamamoto kaigun taishō denki hensankai，1938）：1：421.

　　尽管内阁大臣们已经领会了海军大臣提出的扩军计划中的扩建规模问题，但是西乡还是给他们分发了一份书面说明。西乡最后说，如果这份计划得到实施，日本不但可以保护自身安全，还可以在现有形势下实现对周围海域的控制。但是，这位老练的大臣指出："如果我们扩建海军实力，其他国家也会效仿。这种循环会永无休止。"①因此，西乡推测说，或更确切地说，他警告说不管这份计划的代价多么昂贵，它可能只是海军最初的要求，肯定不是日本海军扩建的全部和最终的要求。在一个海军技术及各国海军规模迅速发展的时代，日本要想成为一个海军强国需要付出不断的努力。这是一个大胆且极其坦诚的评估。西乡在发言快要结束时重申，一旦日本踏上了海军扩军之路，它的海军将不得不瞄准外国列强的海军发展速度，如果未来的内阁无视今后的海军扩建需求，日本的安全肯定得不到保障。这是一个具有先见之明的预判。

　　海军大臣针对潜在的海军军备竞赛提出了大胆且明确的警示，他的话

---

　　①　Ko Hakushaku Yamamoto kaigun taishō denki hensankai，*Yamamoto Gonnohyōe den*，1：414.

激起了内阁大臣们的共鸣。他们完全同意,必须将山本的计划作为日本海军防卫建设的基石。对于日本海军来说,这一天确实是一个美好的日子。在西乡,特别是山本的辛勤努力下,内阁支持打造一支在十年内能够摧毁俄国远东及波罗的海舰队的海军舰队。正如西乡之前所警示的那样,在获得这次政治及预算上的胜利后不到三个月,他再次请求追加拨款用以购买最新设计的装甲巡洋舰,尽管它并不在 1895 年山本所设计的计划之列。这项新计划也同样没有遭到异议,内阁和议会当年都认同这项被称作"第二期海军扩军法案"的新海军扩建计划。① 第一及第二期海军扩军法案里所阐述的扩军方案是自桂太郎以来的每位海军领袖长期以来梦寐以求的,它们让理想更接近于现实,剩下需要做的就是要获得日本议会的批准。鉴于海军在中日战争前与议会打交道的经历,这好像并不是一件容易完成的任务。

1896 年 1 月,伊藤向国会递交迄今为止日本历史上最庞大的扩军预算计划,预算总额达 2.8 亿日元。其中,海军未来十年扩建的总支出就达 2 亿多日元。在众人的关注下,2 月 4 日,下院在批准这项扩军计划时分歧很小甚至毫无异议。② 对于之前亲身体验过国会极力反对海军扩建的西乡和山本来说,1896 年的这些事件给予了他们意外的惊喜。一些国内外因素致使海军扩军不仅为人们所接受而且在 1895 年后成为内阁及国会优先考虑的事务。首先,通过与板垣之间的务实交往,自由党领袖、首相伊藤获得了他将在军事及海军扩建问题上支持政府的承诺。1895 年 7 月,在内阁讨论西乡和山本的计划期间,外务大臣陆奥让竹野津奈安排伊藤与板垣进行会晤。③ 8 月 27 日,他们得以见面。板垣承诺,如果伊藤将在下次内阁重组时让他担任内阁大臣,他就会

① 想要了解这项计划的更多细节可参见 Ko Hakushaku Yamamoto kaigun taishō denki hensankai,*Yamamoto Gonnohyōe den*,1:418-420。

② *DNTG*,3:1587 - 1592; and Ko Hakushaku Yamamoto kaigun taishō denki hensankai,*Yamamoto Gonnohyōe den*,1:419-421.

③ 参见 *Takenouchi Tsuna jijoden*(Takenouchi Tsuna 的自传),in *Meiji bunka zenshu*(关于明治文化的完整作品)(Tokyo:Nihon hyo-ronsha,1927-1930):22:447-448.我想要感谢已故的马里厄斯·詹森,是他让我注意到了这本书。

在即将举行的议会会议上与政府合作。① 到了 1895 年夏天,板垣充分意识到妥协在日本代议制政府中的重要性,要想进入这个政体的上层,需要获得寡头统治者们的青睐和恩宠。在国会里,一味地反对政府将无法在精英阶层获得支持者。② 从那以后,板垣敦促他的自由党同僚们在第九次国会会议(1895年 12 月—1896 年 3 月)所有的议程中都支持政府,特别是在有关海军扩军的问题上,正是该问题在中日战争前的国会会议上造成了政府与国会间严重的分歧。这种政治务实主义态度及讨价还价策略将会取得比伊藤预想的更好的效果。在 11 月份的最后两个星期里,板垣进行了一系列公开及私下演讲,他敦促所有议员及公民支持即将提出的海军扩建及全面扩军计划。用板垣的话说,海军扩建是必要的。③

但是,除了已获板垣的支持外,海军扩军计划还受到了自由党普通党员广泛和热情的支持,究其原因主要有下面几点:首先,政府提议利用从中国获得的战争赔款来提供十年期的海军扩军所需要的大部分资金,约合 1.39 亿日元,其他所需资金可以从政府贷款及现有政府税收中获得。④ 这意味着至少在 1895—1896 年不需要提高土地税来支持海军扩建,这对于获得议会的广泛支持至关重要。但是,政府确实建议提高米酒和烟草税来支付舰队扩建所需的额外日常维护费用,但是与之前一样,这两种税率不会引起太多争议,因为很多国会议员都视其为奢侈税。

除了融资问题外,在中日战争前阻碍海军扩军的另一个问题——海军腐

---

① 想要了解关于内阁和国会在第九次国会会议上的关系的观点,可参见 Kaneko, *Itō Hirobumi den* 3:254-268。

② Robert Scalapino, *Democracy and the Party Movement in Prewar Japan: The Failure of the First Attempt* (Berkeley and Los Angeles: University of California Press, 1953):168-170。

③ 参见 *Jiyū shinbun*, 23, 24, and 25 Nov.; *Tokyo Nichi nichi shinbun*, 23 Nov.; 和 *Jiyū Toho*, 25 Nov.:1-2。

④ 中国的赔款被分配到以下领域:海军扩军 ¥139,157,097;偿还战时支出 ¥78,957,165;陆军扩军 ¥56,781,708;海军扩军的追加资金 ¥30,000,000;转让给王室的资金 ¥20,000,000;转让给 1898 年的总账资金 ¥12,000,000;教育资金 ¥10,000,000;灾害预险资金 ¥10,000,000;特殊战争支出 ¥3,214,485;以及用于海军铸造厂的资金 ¥579,762。

败问题,也在战争后的几年里得到了解决。随着海军取得了令人震惊的海战胜利,议员们质疑海军作战能力的政治意志或愿望(或者两者)都不复存在了。这并不是说,山本在战后的改革热情减退了。相反,在之前人事改革的基础上,山本还在继续寻求撤换大批年龄较大的军官,这些军官曾在 1893 —1894 年政治大清洗中得以幸免。为了让年轻有为的军官在扩建后的舰队中有更多机会,山本制定了第二轮强制性退休计划。该计划使山本能够快速、稳妥地消除海军机关中的人事臃肿。山本利用胶版印刷技术,即一种古老的油印机,将退休通知一份份印出来,然后在通知顶部的空白处手写出相关军官的姓名。① 一直到 1914 年西门子丑闻事件发生之前,腐败问题不再是议会用来对付海军的一个口实了。

除了政治、人事及资金因素外,其他东亚及太平洋地区利益相关方的军事扩张也激励了各党派政治家超越纯粹部门利益转而支持海军扩军。在 19 世纪 90 年代中期至晚期,东亚已成为全球武器装备精良、局势高度危险的地区。在整个 1895—1896 年间,俄国加强了符拉迪沃斯托克的驻军及战舰配备,而且沙皇特使通过外交谈判获得了中国方面的诸多让步,这些局势的发展使日本更加担心俄国正在寻求控制满洲,从那里它可能会威胁日本在朝鲜的利益。通过外交谈判,俄国从中国获得了延长跨西伯利亚铁路的许可,使其经满洲到达符拉迪沃斯托克。而且,通过外交谈判,俄国人还获得建造一条从满洲奉天至辽东半岛牛庄的铁路支线的权利。最后,从政治和心理层面看最重要的进展是,俄国在辽东半岛获得了很多日本于 1895 年被迫归还给中国的特权。在日本看来,俄国在远东的扩张给它带来了麻烦:一旦朝鲜落入俄国的控制,日本在朝鲜的利益甚至日本本土都会受到威胁。

因此,日本发生了一次重大的变革。1893 年前,国会议员们曾将海军扩建限制为仅仅增加 3 艘战舰,现在他们转而强烈支持历史上最庞大的扩军计划,该计划要为海军增添 13 艘主力战舰及超过 75 艘辅助性舰船。这就是战

---

① 想要了解关于这一事件的观点,可参见 Evans,"The Satsuma Faction," 190;和 Matsushita,*Nihon gunbatsu no kobo*,1:271-272。

争所带来的变化：一笔可观的赔款、精英阶层政治实用主义的出现以及议员们在 90 年代前几年就坚持要求实施的海军改革运动。虽然海军领袖迅速利用了战后对他们有利的环境，但他们的所有成功都没有离开陆军的视线，包括在 1897 年海军的年度拨款在日本历史上首次超过了陆军这一事实。实际上，很多陆军领袖也已意识到，陆军部在政治及资金上所拥有的优越地位，正第一次受到在他们看来比其地位更低的部门的挑战。这种情况极大地加剧了当时日本不同部门间的紧张关系。

海军与陆军之争的第一阶段：军事机构与战争，1894—1898 年

自从明治政府成立以来，日本就一直存在着各个不同级别部门间的竞争。在维新战争期间及之后，两大藩国长州与萨摩之间的良性竞争对新政府里陆军与海军间关系产生了明显的影响。尽管很多早期海军领袖都曾在陆军中任职，但是从 19 世纪 80 年代的中期及后期开始，这两个部门之间的竞争变得越来越激烈。由于每个部门的规模都在不断壮大且都形成了各自不同的战略认同和视野，它们间的竞争也从地理层面演变成一些更核心的问题层面：军事机构及指挥问题、帝国扩张以及最重要的预算问题。

第一个出现竞争且逐渐演变成公开对立的重要领域涉及军事机构、独立性及军事指挥。在整个 19 世纪 80 年代及 90 年代初，连续几任海军大臣、副大臣及前任大臣，包括桦山、山本、仁礼和西乡，都在努力为海军争取完全意义上的机关独立。① 具体说，这些领袖都积极倡议建立一个独立的海军总参，它拥有与陆军总参相对等的权力和权益。虽然海军在 1872 年获得了行政上的独立，但是海军指挥官只有在海上或沿岸防卫这些军事事务上能够独立负责，而陆军则有权负责国家防卫中更多和更重要的事务。② 因此，陆军

---

① 1883 年，桦山提出了一份完整的海军行政自治的详细计划。转载于 Taniguchi，"Kaigunkyo Hakushaku Kawamura Sumiyoshi no Kōgyō,"27—28。

② Evans and Peattie, *Kaigun*, 22—23。

总参谋长也是全军的总长,因而在战时控制着整个海军部队。对于已经崭露头角的海军领袖来说,特别是对于曾经接受过现代海军战略及战术训练的西乡门徒山本来说,该规定是对官僚政治体制及海军机关的一种羞辱。为了实现体制上的完全平等,山本指出,只接受过陆上作战训练的陆军军官缺乏在战争中正确指挥海军部队的战术或战略训练。在 1892—1893 年间,他游说政府对当时的军事机构进行改革。在 1891—1893 年有关海军扩军的大辩论正进行得如火如荼的时候,在扩军问题上支持山本的那些议员也强烈要求剥离指挥权和行政权。虽然一开始陆军领袖们阻止了这些主张的实施,桂太郎就曾宣称现行体制是合理的,因为他认为:"陆军决定日本命运(而且)……海军支持(陆军),"但是,1893 年 5 月这两大部门同意达成妥协。① 迫于国内议会的压力、海军领导层的请求及军事常识的要求,政府同意建立一个独立的海军总参,它的最高长官拥有直接向天皇报告的权利。但是,对于陆军来说重要的是,陆军总参仍然负责制定整体国家防卫计划,并且在战时仍然拥有对海军部队的指挥及控制权,以避免战时在计划制定和作战部队的指挥上两个参谋部之间可能出现的矛盾。② 尽管这种解决方式并非理想,但它使山本在官僚体制改革上获得了一定的胜利。正如陆军领袖们不久所意识到的,更大的独立性,不管它仍然是多么有限,都会激发更激烈的竞争。

一年后,山本再次敦促将海军指挥权完全从陆军剥离出来。这个时间的选择并不是巧合。1894 年春,当军事部门正在为可能与中国爆发的战争做准备时,山本意识到迫使陆军做出让步的理想时机降临了。山本相信,战前部署将会给海军更好机会来迫使陆军做出让步,因为它需要依靠海军完成各种运输任务,山本抓住了这次主动权。1894 年 5 月,西乡的秘书处游说内阁大臣们给予海军总参军事上完全独立的地位。③ 但是,陆军军官和内阁大臣都

---

① Tsunoda,"Nihon kaigun sandai no rekishi,"95.

② Tsunoda,"Nihon kaigun sandai no rekishi,"92–96;Gow,"The Evolution of a General Staff System in the Imperial Japanese Navy,"82–84.

③ Tsunoda,"Nihon kaigun sandai no rekishi,"93.

没有急于支持这样一个纯属政治性和机会主义的举措。实际上,内阁很快否决了山本的请求,但是这并未妨碍山本前进的步伐。在1894年6月的一次内阁会议上,也正好在与中国开战之前,山本对内阁的决定表达了愤慨和失望,并将他的矛头主要对准他儿时好友、陆军副总长川上操六。让山本特别恼火的是,川上在没有与海军进行任何协商的情况下就制定了有关海军协同陆军作战的计划。而且,在阅读陆军计划时,山本意识到,这些计划设计者从未考虑过,在将部队投送装备从日本运到朝鲜之前,必须首先获得制海权。该计划与所有海上战略相悖,让山本深感不安。为了表达他的关切及失望,山本点名道姓地问了川上一个简单却意味深长的问题:"陆军真的有工程师吗?"川上听了一惊,回答道:"是的……我们当然有。"山本对此做出的回应充满了讥讽:"那么(对你们来说),从九州岛建座桥至对马岛,然后再到朝鲜的釜山,将我们的陆军投送过去应该不是件麻烦的事吧。"①在这次交锋之后,山本做了一个简短陈述,其目的与其说是要揭露川上将军缺乏海洋专业知识或海军经验,不如说是要展示一下他自己在这方面的特长。在整个过程中,山本都在暗示,川上这位陆军领袖不具备战时指挥海军部队所必备的技能或训练。山本的结论是,在与一个拥有现代化、训练有素、实力强大的海军的国家作战时,上述情况可能会招致毁灭性的后果。尽管这次陈述并没能为海军总参成功争取到独立指挥权,但是它无疑展现了两大机关之间在体制架构上不断加剧的紧张关系。明治天皇希望阻止这种内部争吵,于是鼓励两个机关在战时相互合作以"避免出现矛盾或失误"②。

中日战争期间的机关间竞争基本上没有对日本的战争进程产生多大妨碍,但是田中义一将军宣称,这种妨碍战争的情况却发生在十年后爆发的日俄战争中。尽管如此,不同的战略理念触发了有关以下话题的激烈辩论:日本对

① Ko Hakushaku Yamamoto kaigun taishō denki hensankai, *Yamamoto Gonnohyōe den*, 1: 358–359.

② Kunaich(Imperial household agency), *Meiji Tennō ki*(Chronicle of the Meiji Emperor), 13 vols.(Tokyo:Yoshikawa kobunkan, 1968–1975), 8:495.

抗中国的本质和最终目标到底是什么?① 第一野战兵团司令山县有朋支持《挺进北方;稳住南方》书中所描述的政策策略。具体来说,他支持 1894 年秋用他指挥的部队攻打中国首都的计划。这个政策没有得到海军及某些内阁大臣的积极回应,因为前者认为陆上的进一步推进没有多大价值,后者担心日本军队占领北平可能会招致外国的干涉。因此,伊藤首相同意支持海军倡导的策略,即在南部向台湾及澎湖列岛挺进同时稳住北方。伊藤相信,驻扎在满洲的第一野战兵团司令山县可能会反对任何阻止他的部队攻打北平的决定。11月 29 日,伊藤得到了从前线召回山县的天皇诏书。山县回到日本后,内阁试图为未来的军事行动制定一个清晰的路线图。5 天后,帝国陆军总部同意,在陆军稳住北方的同时,海军将在陆军支持下,侵入山东半岛及澎湖列岛,为下一步侵略台湾打下基础。②

　　这对于 1895 年的海军来说是一次重大胜利,这次胜利在中日战争之后的很长时间内都将会产生重大的政治及军事影响。虽然伊藤首相计划占领台湾的目的并不一定是为了将其作为实现未来领土或经济扩张的一个跳板,或者给予海军获得更多军事荣耀的机会,但是,这些正是某些海军领袖攻占台湾的目的。③ 与 1874 年日本前一次远征台湾相比,海军在 1894 年的台湾战役中发挥了关键的作用。自从与中国交战以来,海军军官,特别是海军大臣西乡,极力主张对台湾及附近的澎湖列岛展开军事行动。④ 由于西乡参加了 1874年的台湾远征,因此他希望能最终占领这些领土。⑤ 虽然在战争的大部分时间里海军的帝国雄心一直受阻,但是日本军队在中日达成停火协议前 5 天,即

---

　　① 想要了解关于此事件的最佳的最深入的英文描述,可参见 Lone,日本的第一场现代战争,164-177。

　　② Kaneko,*Itō Hirobumi den*,3:134-138.

　　③ 想要了解促使伊藤政府占领台湾的因素,可参见 Edward I-Te Chen,"Japan's Decision to Annex Taiwan:AStudy of Itō-Mutsu Diplomacy,1894-95," *Journal of Asian Studies* 35:1(Nov. 1977):61-72.

　　④ Chen,"Japan's Decision to Annex Taiwan,"62-67.

　　⑤ 想要获得对于 1874 年远征的英文介绍,可参见 E.H.House,*The Japanese Expedition to Formosa in* 1874(Taipei,Taiwan:SMC Publishing,1984)[reprint of 1875 edition]。

1895 年 3 月 25 日登陆台湾。在接下来的和谈中，海军明确表达了留在台湾的决心，海军领袖们认为它比辽东半岛重要得多。① 在谈判接近尾声时，海军在《马关条约》中如愿以偿，日本获得了台湾的占有权，随后伊藤任命前海军副大臣桦山为首任台湾总督。从那以后，台湾被普遍认为是岛屿星罗棋布的南洋棋盘上的一个重要棋子。② 自 19 世纪 70 年代以来，海军领袖就对南洋勘探与扩张表现出了浓厚的兴趣。现在，对于海军来说重要的是，使台湾成为进一步向南挺进的垫脚石已从理想照进了现实。③ 南进战略倡导者、国会政治家及海军狂热支持者竹越与三郎 1907 年也因此这样写道："正如南十字星盛邀海员去探索南洋中的奇迹一样，在台湾的成功也召唤我们继续前行，以完成伟大的命运赋予我们未来的使命，使我们的国家成为太平洋的主人。"④台湾和中国南部沿海具有很大的潜能，它们不久将成为陆军大臣桂太郎与海军大臣山本 1900 年激烈交锋的核心。但在这之前，国内的紧张局势再次成为焦点。

海军与陆军之争的第二阶段：国内政治与帝国扩张，
1898—1900 年

在中日战争后的数年里，部门间的竞争远比战争前更加普遍和明显。山本在山县有朋的第二届内阁（1898—1900 年）中担任海军大臣不到一个月，就建议大本营继续进行机构改革，以实现海军与陆军的平等地位，大本营是在战

---

① Mutsu, *Kenkenroku*, 144.

② Yano, *Nanshin no keifu*, 148.另可见 Katayama Kunio, "The Expansion of Japanese Shipping into Southeast Asia before World War I：The Case of O.S.K.," *The Great Circle：Journal of the Australian Association for Maritime History*, 8：1（Apr.1986）：1-2。

③ Tsurumi Yūsuke, *Gotō Shimpei*（关于 Gotō Shimpei 的官方传记），4vols.（Tokyo：Gotō Shimpei denki hensankai, 1937-1938）：2：414-421.想要了解桂太郎对于向台湾南部扩张的兴趣，可参见 Lone, *Army, Empire, and Politics in Meiji Japan*, 45-50。

④ Takekoshi Yosaburo, *Japanese Rule in Formosa*, transl. George Braithwaite（London：Longmans, Green, and Company, 1907）, 11.

时组建起来的负责战争策划和指挥的机关。具体说,山本希望修改大本营统帅人选的任命制度。他这样做的原因是,自从大本营成立以来,其统帅的确定一直没有经过正式的遴选,因为陆军总长总是自动成为其统帅。山本指出,这是对海军的歧视。为了消除这种歧视,山本建议改革任命制度以便使每位将军或将级军官(如,海军上将)都有资格担任此职。① 但是,桂太郎领导的陆军马上对此提出了异议。桂太郎指出,陆军总长作为大本营统帅是完全符合逻辑的,因为国家安全保障主要依靠陆军,海军的主要职能是对陆军提供支持。参与此次辩论的人士与 90 年代初参与围绕山本试图建立完全独立的海军总参而进行辩论的人士完全相同。面对再次来自桂太郎及山县的反对,山本在这个重要关头采用了非同寻常的行动路线,这展现了其对陆军的愤慨之情及其作为海军领袖的高度自信。山本将自己的改革方案及桂太郎的答复直接寄给了天皇,希望他能支持海军的立场并下令实施山本建议的改革。这是一个大胆的举措,为了进一步证明海军拥有一个与陆军不同的、独立的战略及军事理念,山本随信附上了一些能体现海军中已形成的海军至上主义理念的支撑材料,这种理念深受阿尔弗雷德·马汉、约翰及菲利普·科洛姆著作的影响。② 山本指出,海军不仅仅是陆军战时的一个辅助机关,而是拥有不同理念及使命的独立机关。而且,海军大臣山本利用这次机会重申了三点:海上防卫对于日本的经济安全更加关键;对日本周边海域的失控很可能招致本土的灾难;陆、海军的合作(例如,陆军使用海军舰船投送士兵)只有在海军已经成功应对或解除任何对日本的威胁之后才能有效进行。因此,在山本看来,海军事务无论是在和平时期还是在战时都应该处于优先地位。鉴于此,山本断言,大本营统帅非常有必要精通各种最新海权理论,但 1898 年很少甚至没有陆军领袖能做到这一点。明治天皇对山本的提议做出了怎样的反应不得而知,但是

---

① Tsunoda, "Nihon kaigun sandai no rekishi," 92–94.

② 想要获得山本寄给天皇的计划的摘录,可参见 Bō eichō Bōei Kenshūjō Senshishitsu (Self-Defense Agency, Self-Defense Research Institute, War History Office), *Dai Hon'ei Kaigunbu, rengō kantai* (Imperial Headquarters, Navy Division and Combined Fleet Headquarters) (Tokyo: Asagumo shinbunsha, 1975):73–75。

他不久对陆、海军大臣的答复是,这个问题要留到将来再考虑。① 虽然明治天皇的模糊处理结束了部门间的竞争,至少暂时如此,但是不久又出现了很多其他错误的行动方案。

加剧这种竞争局面的另一重要但迄今尚未探讨的因素是 1898 年分别担任陆、海军大臣的桂太郎与山本之间的不友好甚至常常演变为对抗性的私人关系。斯图尔特·约恩在最近为桂太郎写的传记里指出,山本是为数不多的不受桂太郎的个人魅力和政治风格所影响的人之一。这种表述虽然准确,但出于礼貌而有意进行了弱化处理。在职业生涯的大部分时间里,山本与桂太郎两人进行了痛苦的争斗。其中部分原因是,他们两人都是同一个日益官僚化的国家里如日中天的第二代军事领袖,在官僚政治上彼此都将对方视为个人及各自部门的竞争对手。但是,他们间的竞争也表现在私人层面。政党政治家尾崎行雄将山本描述为一个在声望上超过了山县的难以对付的政治对手。他还回忆说,山本经常表露出对桂太郎的不恭,无论是在他本人当面还是在他的背后。② 而且,行雄声称,山本常常直呼桂太郎其名而不加上任何头衔。在内阁会议上,山本经常抢在桂太郎之前回答人们本是向桂太郎提出的问题。

1900 年春,两人间的对立终于达到了白热化的程度,这在一段时间里极大地改变了内阁政治。5 月,山县有朋私下里吐露了他打算辞去首相一职,并建议让桂太郎负责进行重新组阁。尽管桂太郎是山县选择的接班人,但他绝不是山本所支持的担任该职位的人选。山本在获悉山县的举荐后,很快开始了绝地反击。由于担心桂太郎的党派偏见可能会威胁到海军领袖实施的旨在提高海军政治及财政地位的相关计划,山本希望能够阻止他的竞争对手出任首相一职,他为此不遗余力地阻拦对这位陆军大臣的提拔。山本指出,在义和团运动爆发后革命正席卷中国大地时,日本需要一位具有山县这样威望的政治家来领导,显然山本的言论旨在迎合山县的爱国主义情愫。这位海军大臣

---

① Tsunoda, "Nihon kaigun sandai no rekishi," 96.

② Ozaki, *The Autobiography of Ozaki Yukiko*, 351, 280.

还指出,如果中国当局不能平定动乱,外国就可能进行干预,这使日本仍然非常需要山县的领导。这次,山本的奉承奏效了,山县继续担任首相。

但是,山县留任的决定没能减缓陆、海军之间的竞争。1900 年夏天,山本和桂太郎间的争斗再次陷入了僵持的局面。这次涉及的问题是,针对中国南部爆发的排外游行该由哪个部门负责实行持续控制。在有关是否派遣部队去福建厦门保护日本侨民的内阁辩论会上,至少在危机发生之初,山本的态度相当谨慎。简言之,山本担心大规模的外国干涉可能会使此次排外骚乱进一步升级,因为这些骚乱都是针对外国居民及他们在中国的政治代言人的。① 如果这种升级导致更大规模的外国干涉,日本的防卫重心将从海军重视的太平洋及南洋地区被迫转移到中国大陆。但是,当 7 月末及 8 月骚乱进一步蔓延时,山本因对中国平定动乱的能力失去信心而改变了策略。在海军副大臣斋藤实的力劝下,山本命令海军陆战队员在厦门附近的舰船上待命:"一旦条件成熟,"就准备登陆保护日本侨民。② 不久后,山本采用了一个更为机会主义的策略,他向出水号军舰舰长发出了如下命令:"如果其他外国军队在厦门登陆,千万不要甘于人后,"如有必要:"可以自行决定让部队登陆。"③这些命令与众不同的地方在于,山本是在没有首先获得内阁批准或同意的前提下就发出的。当山县和陆军大臣桂太郎得知山本的命令后,立即对之进行了质疑和批评。在一次由包括首相山县、海军大臣山本、陆军大臣桂太郎及陆军总长尾山岩尾等出席的会议上,桂太郎言辞激烈地抨击山本的行为毫无依据。桂太

① 想要了解这一事件,可参见 Marius Jansen, "Opportunists in South China during the Boxer Rebellion,"*Pacific Historical Review* 20:3(Aug.1951):241-250;Ian Nish,"Japan and the Boxer Disturbances,"449-461;Saitō Seiji,"Amoy jiken saikō"(A reconsideration of the Amoy Incident),*Nihonshi kenkyū*,305:1(Jan.1988),31-46;and Lone,*Army,Empire,and Politics in Meiji Japan*,83-87.想要了解山本最初的谨慎态度,可参见 Gaimushō,*Nihon gaikō bunshō*,33:3,no.2369:941。

② Saitō,"Amoy jiken saiko,"32-33.斋藤催促山本:"我们应该部署 2 到 3 艘大型战舰在厦门……一旦条件成熟,就让他们(在船上的陆战队)占领厦门的重要地点。"另可见 Tsurumi,Gotō Shinpei,2:457。

③ Ibid.另可见 Gaimushō,*Nihon gaikō bunsho*,33:1,no.889,Yamamoto to Aoki:911;and Nish,"Japan and the Boxer Disturbance,"452。

郎进一步指出,如果真的有必要让部队登陆,那么它应该是从台湾派去的陆军部队。① 山本辩称,他并不想让海军陆战队占领厦门,而只是登陆去保护领事馆工作人员及政府官员。他声称,这是一种惯例,无须内阁的同意。

8月24日,当陆战队登陆保护日本官员时,有关的批评迅速发展成公开对抗。在排外动乱分子袭击了厦门的一座日本庙宇后,陆战队以日本侨民的安全受到威胁为借口进行了登陆,它使厦门——更重要的是东京——爆发了更严重的骚乱。② 8月27日,陆军大臣桂太郎命令台湾总督儿玉源太郎从台湾派遣一个步兵营、两个炮兵营和一个工兵营去参加厦门及周边的军事行动。③ 重要的是,与山本之前的举动如出一辙,桂太郎并未与海军大臣协商。得知桂太郎的部署后,山本表达了强烈的抗议。在外务大臣官邸进行的一次会议上,桂太郎指出,陆战队无须陆军的帮助就能摆平局势,陆军干预完全是多此一举。桂太郎则隐含地指出,海军最初及后来的行动皆未能控制乱局,陆军有必要进行干涉。桂太郎胸怀双重目的,一是让陆军出面控制局势,更重要的是要让海军相形见绌。随后桂太郎与山本进行了短暂的交锋,其间山本一直坚守他的立场。④

数个原因促使山本要对桂太郎的质疑进行有力的回击。首先,山本不希望厦门的局势进一步升级,他担心陆军部队的行动会引起他国的效仿。作为门户之见,海军大臣显然不希望陆军在中国南部获得立足之地或在海军陆战队已经实施登陆后仍然抢走保护日本侨民的荣耀。因此,山本首先请求、随后又强烈要求桂太郎或陆军总长撤销派遣陆军的命令。但是,桂太郎和尾山都给予了拒绝,并重申海军先期派遣陆战队并未得到内阁的批准。山本再次否认陆战队有占领厦门的计划。但是,山本眼看自己的要求就要被陆军拒绝,随

---

① Gaimushō, *Nihon gaikō bunsho*, 33:1:945–946.

② Jansen, "South China and the Boxer Rebellion," 246.

③ SaItō, "Amoy jiken saiko," 37.

④ 关于山本和桂太郎之间这一系列的交流参见 Gaimushō, *Nihon gaikō bunsho*, 33:3, no. 2369:945–947。

即向陆军发出了强硬的警告,其目的还是要求陆军必须撤回自己的部队。他说道:①

> 如果帝国舰船遭遇一艘装满士兵、驶往厦门的船只,且将其错误地当成了一艘海盗船并开火了,为此而批评这艘舰船的开火行为是毫无理由的,因为根据国际法,海军如此对待海盗船是合法的。

尾崎行雄曾将山本描述为一个令人心惊胆战的人,他的以上言论确实令人不寒而栗。次日即 8 月 28 日,政府召回了陆军运输船,只允许日本帝国海军的舰船在厦门附近游弋。② 山本钢铁般的意志让陆军缄口无言了。

海军与陆军之争的第三阶段:国内政治,军事扩张与战争,1900—1904 年

除了涉及南洋问题的争论之外,山本与桂太郎之间的紧张关系也让 1900 年后数年的国内政治变得异常复杂。由于山本看出桂太郎最终出任首相一职已经在所难免,1901 年当桂太郎再次寻求得到这一职位时,山本采用了与 1900 年夏天的绝对反对和抵制不同的方法。1901 年,山本支持对这位陆军将军的提名,但是附带了一个重要条件:桂太郎不仅要支持新一轮的海军扩军计划,还要身先士卒地参加海军为争取国会批准其增加拨款而进行的各种活动。③ 桂太郎无法拒绝山本提出的条件,因为山本暗示说,如果这位准首相表

---

① Gaimushō, *Nihon gaikō bunsho*, 33:3, no.2369(补充文献 no.43):946。

② 日本海军历史学家 Itō Masanori 引用了这句话,但是没有给出其在日本外务省档案中的位置。Itō 指出,山本声称:"在公海的陆军部队的载货船舶有可能会无故被日本海军误认为是海盗而击沉。请您理解,这是符合国际法的。"参见 Itō Masanori, *The End of the Imperial Japanese Navy*, transl.Roger Pineau(London:Weidenfeld and Nicholson, 1962):206.这次会议的转录本位于一份包含了 Gaimushō, *Nihon gaikō bunsho*, 33:3, no.2369:940-953 的更大的文件中。参见 pages 946-947 for Yamamoto's oration。

③ Kaigunshō, Kaigun daijin kanbō, *Yamamoto Gonnohyōe to kaigun*, 123-126。

示异议,他将拒绝担任海军大臣,更重要的是,他将阻止所有下属出任该职位。由于桂太郎需要完整组阁才能任职,因此,山本此举将会消除他组阁的可能性。这是个设计精巧的举措。在后来的 1912 年,陆军也用了同样的策略来对付西园寺首相,从而引起了大正时期政治危机的爆发。

山本希望他对桂太郎内阁的支持能换来以下回报:在第二期扩军计划结束后开始新一轮的海军扩军。山本的最后通牒让桂太郎陷入了一个艰难的政治境地,也进一步加剧了两人之间的政治分裂。一方面,如果他想成为首相,毫无疑问他将不得不默许山本的要求;另一方面,桂太郎意识到,如果他接受海军大臣的条件,他将面对的是议会对新一轮扩军的强烈反对。因而,桂太郎将不得不牺牲大量的政治资本来换取对海军扩军的支持。如果说这些困难还不够多的话,还有其他两个因素让桂太郎支持海军扩军的立场显得更加不妥。其一,就在三年前,山本的前一个扩军计划要求将海军的排水量提高到远东水域所有外国海军总排水量的一半,但桂太郎慷慨激昂地对此提出了质疑。他和其他官员拒绝了这份计划基于两个理由:首先,根据这份计划,海军的排水量将增至 350,000 吨,是现有的原本就很庞大的海军规模的两倍;其次,鉴于国会在预算方面拥有的强大权力,从政治上说这个目标是不可能实现的。[1]尽管他希望山本 1902 年的新扩军计划在规模上会有些缩小,但即便如此仍然需要大量资金。桂太郎在立场上的突然改变肯定会引起人们注意,并将被议员们加以利用来反对新一轮代价高昂的海军扩军。这样会给桂太郎带来第二个难题,即资金的问题。据估计,山本提出的扩军计划包括 1903—1913 年共 10 年需要花费约 1.15 亿日元,这笔钱不是个小数目。很多观察家相信,由于大部分的中国战争赔款都已经用于之前的海军扩军了,要想获得这笔资金将不得不提高税率,许多人预测这可能会引起又一轮议会内部痛苦的斗争。[2] 显然,对于桂太郎来说,此时组建第一个内阁并不是最佳

---

① Evans, "The Satsuma Faction," 255-256; and Tsunoda, "Nihon kaigun sandai no rekishi," 94-95.

② 参见关于山本早在 1902 年 12 月于国会提出的请求的有关讨论。参见 *DNTG*, 5: 1876-1880, 1883-1886。

时机。

尽管在议会内部桂太郎的前景一片暗淡,但他还是接受了山本提出的条件并于 1901 年 5 月接任了首相一职。当次年预算谈判正式开始时,海军扩军,即使还算不上一个有争议问题的话,至少已经成了内阁关注的焦点。1902 年 10 月 27 日,山本提出了一个始于 1903 年的 10 年总额达 1.5 亿日元的扩军计划。① 具体说来,这位海军大臣指出,申请的资金将会用于购买每艘排水量为 1.5 万吨的 3 艘战舰,每艘排水量为 1 万吨的 3 艘装甲巡洋舰以及购买或建造各种后勤补给船。山本还宣布,申请的资金还会用于升级日本的海军基地及造船厂。当被问及为什么海军在完成第二阶段扩军计划(1895—1905 年)两年之前还需要进行额外的扩军,山本回应说,那是因为外国海军发展速度超过了日本。1901 年,在装甲舰及巡洋舰方面,虽然日本拥有世界第四大海军,但是山本指出,到 1908 年,日本将会跌至第八位,落后于所有其他强国,包括意大利。因此,他声称,从战略层面看,扩军至关重要。山本还提出了未来海军领袖会继续提出的支持海军扩军的另一个理由:海军发展所带来的经济及工业利益。② 山本详细地指出,海军向国内造船厂订购后勤船,不管它们是海军造船厂还是民间造船厂,都将会刺激日本造船业的发展从而提振经济。

当天下午,内阁就海军扩军问题没能达成一致。在休会过程中,山本进行了加倍努力。这位海军大臣采用了一种非常规的方式,他为提出的海军扩军计划起草了一份意见书并递交给了天皇。③ 山本承认他的意见书写得很匆忙,它论述了海军实力对于帝国防卫的极大重要性。山本也表达了他本人、整个海军乃至整个民族对天皇之前的干预所怀有的感激之情,正是天皇的

① Ko Hakushaku Yamamoto kaigun taishō denki hensankai, *Yamamoto Gonnohyōe den*, 1: 505-510.

② Ko Hakushaku Yamamoto kaigun taishō denki hensankai, *Yamamoto Gonnohyōe den*, 1: 510-513.

③ Ko Hakushaku Yamamoto kaigun taishō denki hensankai, *Yamamoto Gonnohyōe den*, 1: 505-506.

那次干预促成了海军的发展。这是一个大胆的政治举措,让桂太郎及其他内阁大臣甚是诧异。在 10 月 28 日山本递交意见书当天举行的内阁会议上,内阁同意去争取让国会批准从次年开始实施的海军扩军所需的 1 亿日元预算拨款。① 尽管只经过了两天辩论之后内阁就同意支持海军计划,但是使之在国会通过却面临重重阻力。甚至在国会正式开会之前,政党领袖及议员们就已经对桂太郎打算如何为海军扩军买单表达了忧虑。1902年 11 月 7 日,原敬试图说服新成立的政友会党首伊藤博文反对提高土地税税率。② 11 月末,日本政友会全国各分会召开会议,很多分会都通过了反对提高任何税率的决议。③ 作为回应,在 11 月 28 日举行的内阁会议上,桂太郎要求内阁大臣们在面临国会一致反对时要精诚团结。④ 他详细地指出,他将寻求将之前获得一致同意但即将到期的提高土地税(从 2.5%增加到3.5%)政策永久化,因为由此所获得的资金可以为海军扩军提供必要的财政支持。

在 1902 年 12 月 9 日的议会会议上,议员们在桂太郎提出海军融资议案后对他进行了抨击。一方面,像杉田佑这样较早反对海军扩军的人士质疑海军扩建的理由是,1902 年才签署的英日同盟条约让日本有机会放慢海军扩军速度。⑤ 杉田并不是唯一持这种立场的人。作为一名务实派政治家并在政友会中拥有极大、甚至最大权力的人,原敬也与杉田持有相同的意见,至少最初如此。⑥ 在 12 月 10 日下院预算委员会的一次会议上,杉田指出,如果日本受到两个或两个以上大国的攻击,英国注定要支持日本,这就让日本海军应对来自俄国及德国或法国之一的两国共同威胁的紧迫性降低。杉田问道,难道英

---

① Tokutomi Ichiro, *Katsura Tarō den*(Katsura Tarō 的官方传记), 2 vols. (Tokyo: Hara shōbo, 1967) : 2:27-28.

② Yamamoto Shiro, *Shōki Seiyu kai no Kenkyū*(A study of the early years of the Seiyu kai) (Osaka: Seibundo, 1975) : 225.

③ *Jiji shinpō*, 27 Nov.1902.

④ Tokutomi, *Katsura Tarō den*, 37-38.

⑤ *DNTG*, 5: 1859-1868.

⑥ *Hara Kai nikki*, 29 Oct.1902.

日同盟不能弥补各自实力上的差距吗?① 之后在 12 月 16 日的会议上,其他如岛田三郎、尾崎行雄等国会议员在下院全体议员面前,从更加务实的预算层面对扩军计划进行了质疑。行雄宣称在理论上并不反对海军扩军,他要求政府在减少土地税税率的同时为新支出寻找其他融资渠道。② 行雄最后说,土地税不能用来支付国家不断增长的支出(他声称支出的年增长率达到了 20%)。

为了回应这些抨击,海军大臣山本 12 月 13 日在议会现身说法。他在发言中指出,目前并不存在其他融资渠道来为实施眼前的海军扩军提供所需的资金。③ 而且,山本重申了海军部扩军请求的迫切性,宣称只有通过马上扩充海军规模才能确保未来国家防卫安全。尽管行雄议员再次表示同意海军扩军对国家来说至关重要,但他还是要求开拓其他融资渠道来实施急需的扩军计划。④ 下院预算委员会及下院经过激烈辩论都否决了桂太郎的融资计划。

面对议会反对以及海军大臣提出的如果海军扩军不被批准就引咎辞职的威胁,桂太郎有两种选择来解决海军扩军问题。他可以搁置此方案并因此面临内阁垮台,或者是让国会休会,以便努力与持反对意见的政党最终达成一致。首相采纳的是第二个选择。在整个 12 月份,桂太郎让国会不断休会,以便为可能达成的妥协赢得足够时间。在 12 月的中后期,桂太郎极力寻求与国会政党领袖们达成妥协。12 月 25 日,桂太郎和山本约见了政友会的原敬和松田正久以及宪中党的大石正巳和犬养毅以期找出解决问题的方案。虽然桂太郎指出,他愿意将土地税从 3.5% 降到 3.3%,但是政党领袖们仍然要求将其恢复至原来的 2.5%。⑤ 由于政党领袖拒绝接受桂太郎的建议,造成无法达成妥协,1902 年 12 月 28 日,桂太郎解散了议会,希望重新选举能为他带来一

① 关于英日同盟和海军的更广泛的话题的讨论,参见 J. Charles Schencking, "Navalism, Naval Expansion, and War: The Japanese Navy and the Anglo-Japanese Alliance," in Phillips O'Brien, ed., *The Anglo-Japanese Alliance* (London: Routledge Curzon, 2004): 122-139.

② *DNTG*, 5: 1880-1881.

③ *DNTG*, 5: 1876-1877.

④ *DNTG*, 5: 1879-1881.

⑤ Yamamoto, *Shōki Seiyu kai no Kenkyū*, 237.

个更加有利的政治环境。①

在那以后,桂太郎及其他内阁大臣马上将精力转向了寻求与政友会的党首伊藤博文达成妥协。桂太郎及山本相信,伊藤更致力于维持国会的正常运转,因而比原、犬及大石更有可能达成妥协。而且,两人还相信,伊藤1893年针对海军、内阁及议会之间的争端所做出的成功干预对于1902年的争端将会产生积极影响。这些判断非常准确。桂太郎解散议会当天,伊藤就邀请了其他政友会的领袖到他的住宅并告知他的党内同僚们,他强烈支持海军扩军议案。② 四天之后,伊藤与内阁进行了昼夜不停的谈判,以便找出一个既能促成内阁团结又能争取让议会支持有关为海军扩军提供资金的方案。虽然大家都深知绝不会轻而易举达成任何妥协,但1月22日,伊藤、桂太郎及山本终于实现了妥协,他们相信这个妥协方案能够被各方政党所接受。③ 具体说来,桂太郎同意将原计划用于铁路建设的拨款作为海军扩军的资金,为了填补此资金缺口,桂太郎寻求政党支持发行公共债券来支付铁路扩建所需费用。④ 4月25日,伊藤将妥协方案的全部细节传达给了政友会的执行委员会并敦促其领导们在即将召开的议会会议上促成该方案的通过。一个月后,政友会上上下下一致同意支持海军扩军及相关的财政支持议案。

1903年5月达成的妥协促成了第三阶段扩军方案的落实,但是这不是山本向桂太郎内阁提出的唯一的海军扩建要求。在1903年10月至12月间,由于日本与俄国之间爆发战争的可能性进一步增加,山本又要求为更大规模的海军扩军追加资金。具体说,山本要求获得用来立即追加购买两艘战舰以及加快在建舰船建造速度的资金。⑤ 虽然山本的请求令桂太郎勃然大怒,但是内阁同意在下一次即1903年12月举行的议会会议上将此问题提上议事日程。

---

① Yamamoto,*Shōki Seiyu kai no Kenkyū*,233-237.

② Yamamoto,*Shōki Seiyu kai no Kenkyū*,242.

③ Yamamoto,*Shōki Seiyu kai no Kenkyū*,243-244.

④ *Hara Kei nikki*,19 and 20 May 1903:2:60;and Tokutomi,*Katsura Tarō den*,2:70-77.关于在国会的辩论,参见*DNTG*,5:1938-1942,1989-1990。

⑤ Ko Hakushaku Yamamoto kaigun taishō denki hensankai,*Yamamoto Gonnohyōe den*,1:518-519.

　　姑且不提山本与桂太郎之间在私人关系及预算安排方面的对立,在 1903 年下半年及 1904 年初当日俄紧张关系进一步升级时,海、陆军之间的对立也浮出了水面。由于日俄之间就俄国未遵照 1900 年《辛丑条约》(*The Boxer Accord*)规定从满洲撤出部队的谈判陷入僵局,政府在 1903 年末开始积极备战。此时此刻,海军大臣山本却表示反对与俄国爆发冲突。作为海军大臣的山本很清楚军事行动很难获得所需资金,所以他认为,几乎不可能得到与俄国开战所需的财政支持。正如冈本隼平所记载的,当湖月会(一个主要由好战陆军总参军官组成的秘密协会)成员面见山本时,他问道:"你们到哪去弄到与俄国开战所需的 20 亿日元?"① 在 1904 年 2 月日俄战争爆发之后,这个重要问题还会一直困扰着日本。

　　让山本烦恼的不只是资金问题。从军事角度进行认真思考后,他相信与俄国开战是一个非常危险的行为。基于海军总参的一份报告,这位海军大臣相信,与俄国开战将有可能导致日本损失一半战舰。② 山本认为,在遭受如此惨重损失后,很难想象日本会取得胜利。而且,如果日本被打败并被迫向俄国支付战争赔款,山本有理由担心,日本将失去在较近的未来重建海军舰队的财力,因为该舰队是在财政资源相当充沛的情况下花了近 9 年时间才得以建成的。最后,拥有以海洋为取向的世界观的山本很难理解,有必要为了日本陆上利益与俄国兵戎相见。山本的世界观大体上反映了海军整个部门的世界观,即日本是个海洋国家,不应该卷入亚洲大陆的纷争。这种重要的海军至上主义思维在海军机关早就已经出现,并对山本的世界观产生了深刻影响。1903 年,当陆军总长尾山岩尾请海军总长伊藤裕子在一份呈送给天皇的名为"有关解决朝鲜问题的意见"文件上连署签名时,山本拒绝让伊藤签名。这份文件指出,日本应该与俄国就以下交换条件展开谈判:俄国承认日本在朝鲜的特殊利益而日本承认俄国在满洲的特殊利益。该文件还包含一个海军大臣强烈反对的条款:朝鲜对于日本安全至关重要。山本在谈及他反对的理由时说道:

① Okamoto, *The Japanese Oligarchy*, 75.

② Okamoto, *The Japanese Oligarchy*, 101.

"失去朝鲜对我们意味着什么？如果帝国能保卫自身领土就足够了。"就这样，伊藤依照山本的指示拒绝在文件上签字，在呈交给天皇时该文件只有小山将军的签名。①

表3　1890—1905 年日本陆军、海军及国家财政支出和军事人员

（支出单位为日元）

年份	陆军支出	海军支出	国家财政支出	陆军人员	海军人员
1890	15,533,000	10,159,000	82,125,000	71,099	13,555
1891	14,180,000	9,502,000	83,556,000	71,183	13,532
1892	14,635,000	9,133,000	76,735,000	72,237	12,978
1893	14,721,000	8,101,000	84,582,000	73,963	13,234
1894	10,409,000	10,253,000	78,129,000	104,954	15,091
1895	10,016,000	13,520,000	85,317,000	87,468	16,596
1896	53,243,000	20,006,000	168,857,000	123,913	18,233
1897	60,148,000	50,395,000	223,679,000	144,179	22,176
1898	53,898,000	58,529,000	219,758,000	132,666	23,430
1899	52,551,000	61,662,000	254,166,000	140,000	27,347
1900	74,838,000	58,275,000	292,750,000	150,000	31,114
1901	58,382,000	43,979,000	266,857,000	150,000	34,242
1902	49,442,000	36,327,000	289,227,000	150,000	36,674
1903	46,884,000	36,118,000	249,256,000	150,000	37,434
1904	12,088,000	20,614,000	277,056,000	900,000	40,777
1905	11,109,000	23,412,000	420,741,000	900,000	44,959

资料来源：Army and navy expenditure figures are taken from Naikaku tokeikyoku(Cabinet statistics bureau) , *Nihon teikoku tokei nenakan* (Statistical yearbook of the Japanese empire) ,59 vols. (Tokyo : Tokyo ripurinto shuppansha,1962-1967) :43:507(1924) .National expenditures and army and navy personnel are found in Statistics Bureau, *Historical Statistics of Japan* ,5 vols. (Tokyo : Japan Statistical Association,1987) :5:524,527.

注：1894—1895 年以及 1904—1905 年陆军和海军支出中没有包括庞大的战争支出。

① Tsunoda,"Nihon Kaigun sandai no rekishi,"97;and Okamoto,*The Japanese Oligarchy*,76.

但是,山本有关朝鲜的观点并不被日本政府所有官员所赞同。朝鲜仍然是最重要的对外政策关注点。1904 年,在一系列谈判失败后,日本对俄宣战。尽管战前的预测是战争的结果可能会异常惨烈,但是日本海军并未损失其一半战舰。相反,它却消灭了俄国海军的远东及波罗的海舰队,这些巨大损失迫使俄国在 1905 年决定与日本进行谈判以达成停战协议。在 1895 年至 1904 年间的建设中,日本海军购买了共计 18 艘战舰或巡洋舰级别的主力军舰,它使日本成为一个地区主宰者及世界级海军强国。但是,这些成果的取得付出了政治代价。1894 年后,海、陆军间的关系变得越发紧张。自从 1905 年以来,这种紧张关系一直在进一步加剧,它对整个明治晚期、大正及昭和早期的日本政治产生了巨大影响。

小　结

1894—1904 年间的十年对于日本海军乃至整个国家来说都是一个至关重要的时期。对中国的胜利似乎证明,之前 20 年日本领袖们所实施的建国方略是有效的。除了皇室家族外,海军从这场战争中获得了比任何其他部门都更大的收获。这场战争在很多方面改变了海军的形象,它从一个辅佐陆军的军队一跃成为对于日本的国家安全及国际地位来说最重要的部门。尽管陆军领袖不断阻止海军领导层努力获得部门的完全自治,但是,在中日战争后,除了陆军外,很少有人仍将海军视为日本的一个不起眼的小部门。除此之外,战争及十分有利的和平协议使日本政府获得了充裕的资金,并利用这些资金建立起了自 19 世纪 80 年代以来最为庞大的军工复合体。对于日本海军来说,这一切来得恰逢其时。1895 年后的扩张极大地提高了海军的财力。由于资金不再短缺,之前 30 年一直阻碍海军发展的资金问题在 1895—1900 年间不复存在,海军充分利用了这种有利形势。

在明治日本时期两次战争之间的数年里,议会政治出现了一个重要趋势:务实和妥协,它不仅影响了也在很多方面塑造了 1894 年后的日本政治。在早期议会会议之后,议员们抛弃了纯粹"为了反对而反对"的策略。1895 年像板垣退助这样精明的领袖,或者 1900 年后的伊藤博文,都在努力让他们的政党与其他精英行为体(包括军事部门)建立良好的工作关系。虽然一个执拗的议会可以通过预算上的不妥协挫败政府的立法计划,但是,精英代表制的核心是与日本的寡头执政者们建立起良好的工作关系。在支持海军扩军问题上达成的妥协最好地证明了这一点。

海军硬实力的发展及政治地位的提升产生了显著的影响。虽然很多陆军人士仍然将海军视为一种辅助性的、在战时受陆军控制的部队,但是政治现实是,海军已经崛起为陆军的一个强劲对手。这两个军种之间的竞争,不管是基于其领袖人物、战略理念、军事优先地位还是预算,都将极大地改变日本的国内政治及对外关系。在日俄战争后,这一点表现得最为显著。当时,要求加强政治多元化的呼声与不稳定的经济形势交织在一起,造就了一个被经济史学家大川政三称为各政治行为体"同床异梦"的时代。① 但是,海军和陆军将会以截然不同的方式追求他们各自的梦想。

---

① Ohkawa Masazo, "The Armaments Expansion Budgets and the Japanese Economy after the Russo-Japanese War," *HItōtsubashi Journal of Economics* 5(Jan.1965):68-83.

五、为海军扩军服务:战争、盛典与宣传 (1905—1910 年)

　　任何收获都要付出代价,这个道理对于海军来说极为重要,因为它决定着我们整个国家的兴衰。[1]

　　　　　　　　　　　　——《国民新闻》社论,1905 年 10 月 25 日

　　海军将提出建造无畏舰的计划,这是不可避免的……《时事》及《朝日新闻》等报纸都竞相刊登了有关此话题的文章。我确信,持反对意见的政党将会利用这一局势制造混乱。[2]

　　　　　　　　　　　　　　　——桂太郎首相,1910 年 5 月 12 日

　　我们完完全全是为海军而活。我们诚心诚意、严肃认真地坚守着以下信仰:必须以强大的海军实力来作为我们国防的基石,对此我们不会向任何人做出丝毫让步。[3]

　　　　　　　　　　　　——《报知新闻》社论,1912 年 7 月 11 日

---

　　[1]　《国民新闻》社论,1905 年 10 月 25 日。这条社论也于 1905 年 10 月 26 日在日本时报上发表。

　　[2]　首相桂太郎和政友会领袖原敬的谈话。参见 *Hara Kei nikki*,12 May 1910;3;23-26。原这里的理解是,桂太郎担心山本会和反对党一起借此机会煽动支持海军的情绪,并且破坏他与政友会缔造的关系。

　　[3]　Hōchi shinbun,11 July 1912;9;Japan Weekly Mail,13 July 1912,41。

1905 年 5 月 27 日清晨,联合舰队司令东乡平八郎收到一份来自信浓丸号侦查船上的电报:"在直角 203 方向发现敌方舰队。"①虽然该信息没有发给山本五十六、标志着偷袭珍珠港成功的暗语"太郎,太郎,太郎"那样激动人心,但是它对于日本海军或帝国来说同样意义重大。电文中提到的敌方舰队正是俄国波罗的海舰队,它是 1904 年 10 月在济诺维·彼得罗维奇·罗日杰斯特文斯基将军的指挥下从波罗的海母港出发的。沙皇尼古拉二世希望俄国最强大的舰队能够凭借其实力突破对旅顺口的封锁并使日本在战争中陷入不利局面,所以命令罗日杰斯特文斯基在经历 7 个月的跨赤道航行后与日本舰队在远东进行决战。这种赌博式的行为并未让俄国占到便宜。1905 年 5 月 27 日,两国舰队开始了 20 世纪第一次且也许是最不势均力敌的决定性海战。在 24 小时内,日本海军只损失了 3 艘鱼雷艇,却缴获、击沉或搁浅了俄国共 38 艘舰船中的 34 艘,其中包括所有波罗的海舰队的战舰。② 美国西奥多·罗斯福总统将这次对马岛海战称作比击败西班牙无敌舰队还要巨大的胜利,德国的凯泽·威廉则认为这次海战使俄国失去了任何逆转战争趋势的机会。对于日本海军来说,这是直到 1941 年 12 月为止最值得庆祝的重大胜利。在仅仅一天多的战斗中,联合舰队的东乡平将军及其所率领的舰队和水兵们就取得了自开战以来一直未获得的战略性胜利。正如十年前与中国海军部队进行的海战一样,1905 年对马岛一战中的胜利消除了日本海军的主要威胁,展示了海军在世界范围内的实力、地位及重要性。用泰迪·罗斯福的话说,对马岛一战"拯救了日本帝国"③。

尽管罗斯福因说话夸张以及在国际外交舞台上偏爱大棒政策而著称,但是他有关对马岛战役及其重要性的评价是准确的。虽然人们经常认为,1905

---

① 引自 John Albert White, *The Diplomacy of the Russo-Japanese War* (Princeton: Princeton University Press, 1964): 207. 也可参见 Ogasawara Nagayo, *The Life of Admiral Tōgō* (Tokyo: Seito shorin, 1934): 334。

② 这场战役的军事细节,可见于 Evans and Peattie, Kaigun, 124。就人类的损失而言,有 4,830 名俄罗斯船员遇难,5,917 人被俘。日本有 110 人死亡。

③ Gaimushō, *Nihon gaikō bunsho: Nichiro sensō*, no.5: 731。引自 Okamoto Shumpei, *The Japanese Oligarchy and the Russo-Japanese War* (New York: Columbia University Press, 1970): 119。

年日本战胜俄国可以与十年前日本战胜中国相提并论，但是 1905 年的胜利算不上一次彻底的胜利。相反，日俄战争在几乎每个方面都使日本背上了沉重的负担并使其军工复合体及武装部队陷入了崩溃的边缘。除了海军在对马岛的成功及 1905 年 1 月 1 日乃木希典将军攻占旅顺口之外，日本军队从未在获得这些一系列战术成功后取得过一次战略上的胜利。在满洲，从 1904 年 9 月到战争结束，在很多次大规模的陆上战役中，陆军都未能动员足够的兵力或物资来给予数量上超过自己的俄军致命一击，致使诸如沙河会战（1904 年 9 月）及奉天战役这些战术性胜利没能得以好好利用。更糟糕的是，战争让日本的财力几近枯竭，暴露了日本没有足够能力与一个国土面积更大、财力更雄厚的陆上大国进行一场战略层面战争的弱点。日本为这场战争支出了近 18 亿日元，其中 8 亿日元来自国外贷款。这是个庞大的数目，相当于日本与中国进行的上一场战争支出的 9 倍，比日本 1903 年整个国家预算多 5 倍。虽然战争支出庞大，但日本仍然不能取得全面的军事胜利。

日俄在新汉普郡的朴次茅斯签订的和平条约明显反映了日本在军事、工业及财政上的局限性，也使大众政治紧张局面走向了国家政治的前列。虽然日本的寡头政治执政者们最终实现了他们的主要政治目标，包括俄国正式承认日本在朝鲜的权利，俄国保证将从满洲撤军，但是该和平条约未能实现很多公众社团及民族主义团体所希望和期待的、通过与俄国进行的这场代价高昂的战争达到的目标。其中之一是，日本没能获得像十年前从中国得到的那么多的战争赔款，也没有获得除库页岛南部之外的其他领土，这与民众要求获得 20 亿日元的赔款及兼并俄国滨海诸省的要求相距甚远。一味强调日本军事胜利的媒体报道极大地误导了日本民众，使他们根本未意识到其陆军所处的危险境地，反而更激发了他们对所谓的不公平和平条约的痛苦之情。通过在东京举行公开抗议及其引发的骚乱，民众表达了失望及愤怒之情，1905 年 9 月初终于爆发了日比谷反条约暴乱。因此，1895 年后，一个团结、不断强大且广受欢迎的寡头统治政府让日本踏上了由中国白银铺就的军事及工业扩张道路；但是，1905 年的寡头统治政府却陷入分裂并且备受诟病、债务缠身，不仅面临着进一步发展日本军事、工业及经济的艰巨任务，还得应对日本民选代表越来越强烈地要求进一步实行政治多元化的呼声。

因此,日本在 1895 年战后与 1905 年战后所处境地迥然不同。但是,其中也有一个相似之处,即都激发了两个军队部门大力扩充本部门兵力的强烈愿望。因此,1905 年后,如何解决扩军与财政压力及工业发展之间的矛盾成为第一次世界大战之前日本政治的中心任务。对于任何一位政治观察家或预言家(最精明的之外)来说,旨在实现扩军、财政紧缩、工业发展及加强政治多元化之间平衡的努力注定要失败。但是,至少从海军角度看,它并未失败。为了能在一个负债累累、财政紧缩、日益多元化以及对有限财政资源的争夺越发激烈的大环境下,为海军扩军获取支持,海军必须在 1905 年后采用一些有创造性、有说服力的手段从多个层面展开宣传攻势。利用早期在精英政治层面运作上汲取的教训,以在日俄战争中所取得的惊人战绩及由此获得的名望为基础,借鉴外国海军在公共关系上的成功经验,通过盛典、宣传及在精英层面采用政治务实主义策略,日本海军成功地影响了公众舆论及立法机构的规划。在这一系列成功运作的过程中,海军以一种既体面又高效和巧妙的方式说服了众多人士在明治时代末期开始支持海军扩军这项昂贵的工程,这些支持者包括很多在财政政策上具有保守倾向的寡头执政者及官僚人员、对税务问题感到厌倦的选民以及充满疑虑的国会议员和政党领袖。

战后盛典、纪念活动及海军扩军宣传

1905 年 10 月末,即日本政府在首都东京宣布戒严令以平定反和平条约暴乱不到两个月,东京再次出现群情激昂的局面。但是,这次日本民众并不是要参加反政府集会,而是在欢欣鼓舞地准备迎接日本伟大战争英雄东乡平及联合舰队的舰船和水兵们的凯旋。不仅政府领导们深知迎接日本最成功的军队领袖、庆祝对马岛战役中日本战胜俄国所赋有的心理及政治意义,海军领袖们也意识到这种场合对他们来说相当于天赐良机。由于海军领袖们认识到这场战争是海军史上的分水岭,他们极力寻求利用海军所获得的名望来强化其作为日本最珍贵军事资产的形象,从而为海军进一步扩军赢得国内民众的支持。为此，海军首先使用的策略是通过精心策划向公众展示其舰队的威武雄姿和实力，并开展一系列相关纪念活动。

1905 年 10 月，海军精心策划了东乡平及联合舰队的凯旋之旅，充分展示了军事实力、政治热情及海军情结。始于长崎并沿着日本东海岸一直向前延伸，东乡平的舰队在日本的主要港口及海军基地十分高调地进行了一系列公开亮相。① 与海军部队的全体一次性回国不同的是，陆军部队当时还在满洲，在 1905 年及 1906 年间，他们与俄国部队形成默契，分别分批地逐步从中国撤回。正如一位国际观察员所说，这使海军有机会精心"组织一次有效的自我展示"，在政治及象征意义上海军将这次机会用到了极致。② 虽然东乡平在凯旋途中在吴、神户及伊势神宫都做了停留，但其重中之重是在日本的政治中心地带（东京–横滨–横须贺地区）举行的一周庆典活动。正如戴维·柯泽及其他政治学家所描述的，典礼仪式和符号象征是政治生活中无所不在的元素，运用这些元素可以加强固有实力并为新兴部门建立新的政治忠诚和影响力奠定坚实基础。③ 作为一个新兴政治部门，海军充分利用了为东乡平及联合舰队的凯旋而精心策划的一系列活动来进一步推动其政治及预算发展进程。

为长达一周的东京地区盛大庆典而策划的所有活动不仅在规模上声势浩大，而且仪式庄重并充满着象征和政治意义。在参拜日本最神圣的圣地——伊势神宫时，东乡平宣称对马岛一战的胜利是在"上苍及天道的庇护下"才取得的。在两天后的 10 月 20 日，即纳尔森勋爵取得特拉法尔加战役胜利一百周年前夕，这位将军率领联合舰队进入横滨湾。这种时间上的安排并非巧合。东乡平一到横滨，当地的政治领袖，包括横滨市市长市原守弘及神奈川县县长

---

① 以下关于东乡平凯旋之旅的信息是从 1905 年 10 月 12 日到 10 月 29 日这段时间内的各大报纸上得来的，这些报纸包括：the Jiji shinpō，the Tokyo Asahi shinbun，和 the Tokyo Nichi nichi shinbun。

② 参见 Japan Weekly Mail，21 Oct.1905：482。

③ 关于仪式、盛典、象征、庆典以及政治间的相互作用的清晰描述可见于 David Kertzer，Ritual，Politics，and Power（New Haven：Yale University Press，1988）。在日本史研究领域，将上述主题与天皇联系在一起进行探讨的研究可见于 Takashi Fujitani，Splendid Monarchy（Berkeley and Los Angeles：University of California Press，1996）。

周布公原,就立即前往他的旗舰拜会他,并盛邀这位日本新民族英雄参加为杰勒德·诺埃尔爵士举行的盛宴,这位英国将军计划在特拉法尔加用一场高规格的盛会来庆祝纳尔森勋爵当年所取得的胜利。东乡平爽快地接受邀请,他在到达宴会现场即横滨东方大酒店时,自然而然立马成为现场人士热捧的贵宾。在次日出版的报纸上,记者们将东乡平与纳尔森、对马岛战役与特拉法尔加战役进行了类比,其中很多人指出,东乡平所取得的胜利对于日本国的拯救作用不亚于纳尔森之胜利对于英国的贡献。无疑,让海军军官感到高兴的是,其他一些报纸社论还指出,特拉法尔加战役之后英国所享有的长期海上和平及经济繁荣得益于纳尔森的伟大成就及长期保持一支强大的海军。《时事新报》在此方面走得最远,它在头版刊登了两位将军的大幅照片,在其下方的说明文字分别是:"一百年前的东乡平;一百年后的纳尔森。"①

由外国政要及当地政客们参加的一整天闭门庆祝活动结束后,东乡平在国内的其他庆典中扮演了更为显赫的角色。他于 10 月 22 日周日上午的 11 点拜见了明治天皇,在那之后,他登上了皇室马车,穿过东京的指定区域。用一名外国记者的话说,这些区域"都用绿色拱门及彩旗进行了华丽的装饰"。②在将军乘坐的马车路过日比谷公园时,近两千市民早就聚集在那里只为能目睹东乡平。在众人高呼"万岁"的声浪中,当地官员启动了为这位伟大英雄准备的大型焰火表演。那天,东乡平所到之处都聚集了大量的人群,包括新桥车站、日比谷公园、海军部所在地、横滨车站及横滨港。在离开横滨码头返回旗舰途中,东乡平为受到如此热烈欢迎表达了心中的感激之情。③ 那天,他的旗舰和日本其他舰船一样,都按照海军在天皇生日那样最神圣场合举行的庆典标准披上了盛装。尽管这些庆典活动十分重要,但它们只是一系列华丽政治展示的开始而已。

---

① *Jiji shinpō*, 21 Oct.1905. 这一段中包含的很多信息是从 *Jiji shinpō*, *Tokyo Asahi shinbun* 和 *Kokumin shinbun* 中获得的。

② *The Japan Times*, 23 Oct.1905。

③ 关于 1905 年 10 月 22 日东乡平的行动以及公众接受度的细节可参见 *Jiji shinpō*, *Tokyo Asahi shinbun*, *Kokumin shinbun*, *The Japan Times* 和 *The Japan Weekly Mail*。

东乡平凯旋之旅的高潮发生在 10 月 23 日。那天，海军策划了日本历史上最壮观的海军阅兵。在横滨沿海一带，海军的盛大表演有两个目的：其一是为阵亡将士举行纪念活动；其二是为海军海战胜利及实力壮大而举行庆祝。然而，该项盛事不仅展示了日本的海军实力，清晰地展露并形象地再现了日本现存的政治秩序，还对该秩序中不同等级的权力进行了明确的区分。① 最后，通过对日本海军实力进行直观展示，以及向日本天皇及举国上下隆重展示缴获的各种俄国战舰，这次海军阅兵有力地证明了之前用在海军部门的经费是物有所值的。正如一名记者所说的，这是一个"盛况空前"的事件，一个所有"社会阶层及民族"都为之津津乐道的事件。②

阅兵当日，成千上万的日本民众从关东地区的各个角落涌向横滨。无论是经由水路还是陆路，这些民众将东京至横滨间的水上及铁路运输挤得水泄不通，最终他们艰难地到达横滨。虽然一些记者感叹说："隅田川和其他河流上的交通与银座街一样拥挤不堪。"另一些也抱怨增派的列车数量有限，无法满足民众前去参加盛典的需求，但是对于那些无畏于拥挤的 15 万民众来说，能参加这样的盛典，遭受任何交通不便都是值得的。146 艘战舰和 12 艘大型运输船聚集在横滨港，它们排列成 6 个气势浩大的纵队，长近 5 英里，宽超过 2 英里。很明显，彩旗、盛装及穿着英武的水兵和军官让那些目睹战舰列队的民众感觉到，这支凯旋的日本舰队是名副其实的胜利之师。

在天皇从东京乘火车到达之后不久，这次阅兵所包含的政治元素就引起了人们的关注。明治天皇一到就登上了浅间号战舰指导舰队的阅兵式。天皇一登上战舰，海军当局就带领政治权贵、记者及民众代表登上满洲号及八幡号运输船，这两艘船是用来专门展示从俄国军队缴获的战利品的。它们紧跟着浅间号指挥舰，时而穿越时而围绕战舰列队航行。在第二艘阅兵船满洲号上，海军当局有意安排了日本内阁成员、政界元老以及议会两院中最有影响力的

① David Kertzer 用前巴西政府和前苏联组织的两次军事游行来证明这样的运动曾被如何用来显示力量以及政体中的等级差别的。1905 年的日本海军阅兵也不例外。参见 See Kertzer, *Ritual, Politics, and Power*, 30-31, 73-74。

② *Japan Weekly Mail*, 28 Oct. 1905: 475.

政要。在紧随这艘船之后的八幡号船上,海军当局安排了权势虽没那么显赫但地位同样重要的议员、记者、优秀学生代表以及在战斗中阵亡水兵们的亲属。当这些阅兵船完成了这场长达三小时、庄严且高度仪式化的检阅时,海军当局宣布,如果民间船只能做到有条不紊,它们可以同样前来观看阅兵方阵中的舰船,这条公告令人们热情高涨。审视一下海军当局邀请前来参加这场隆重阅兵的人员,不难看出,它的目的是要重新打造日本政府与社会的等级秩序。由于国会议员在所有涉及预算问题上的重要地位,海军官员们在首次海军阅兵式上毫不意外地给予了他们高度的重视,大批议员受邀参加了这场隆重的阅兵式。

如果说海军当局在选择参加这次阅兵式的人员上费尽心思,那么他们在舰队组合及方阵的排列上同样煞费苦心,其目的是为了使所有参与者及观众都能亲眼目睹海军的强大并为之心存敬畏。阅兵舰首先检阅的是小型鱼雷艇编队,它们在 1904 年旅顺口之战的首波攻击中发挥了重要作用。之后,从阅兵舰上看到的是两支被缴获的俄国舰船编队,包括运输船和战舰。进入眼帘的第一艘敌船是被海军打捞并整修的松花江号运输船,然后是毕耳多夫号驱逐舰,罗日杰斯特文斯基将军就是在该舰上被俘的。然后,海军当局向阅兵者展示的是被缴获的俄国舰队中一些最重要的主力战舰:谢尼亚文号、奥普劳克辛号、佩列斯维特号、波尔塔瓦号及尼古拉号,其实东乡平是刻意要将这些战舰展示给天皇及全日本国民的。这些前俄国舰船很多都遭到过日本战舰的重创,其损坏的状况被刻意地保留了下来。有位记者曾如此评述那艘受伤的佩列斯维特号:"攻击后已成千疮百孔";它的"烟囱被炮弹打成了筛子"。① 为了显示海军过去的战绩,在那以后组织者还安排了检阅者们亲眼目睹了日本海军在中日海战中所缴获的一些战舰,包括丁将军的旗舰定远号。毫无疑问,展示这些缴获的战舰不仅凸显了海军的军事实力,还证明了日本海军已经崛起为世界级的军事部门及日本帝国的左膀右臂。然而,海军阅兵的收获远非如此。它向民众生动形象地展示了日本的胜利,曾几何时他们对日本从战争

---

① *Japan Times*,24 Oct.1905.

念紀式艦観

陸軍ノ艦隊ノ夕ナ一投設陸日

Figures showing the tonnage of the Imperial Navy.

230.370
陸ノ復交和半
At the end of war.

276.419
陸強前
At the beginning of war.

117.733
陸羽戦
Captured War Ships

Issued by Department of Communications as a souvenir of the Imperial Naval Review held in Tokio Bay in October 1905.

　　印有东乡平八郎将军照片的纪念卡片，他指挥了 1905 年 10 月在东京湾举行的帝国海军阅兵。这张卡片还分别注明了日本海军在日俄战争前后的不同规模，以及日本在该战争中缴获的俄海军舰船的总吨位。（照片来自作者的私人收藏）

胜利中所得到的政治好处极度失望,这一点尽人皆知。① 实际上,《时事新报》连续两天对海军阅兵进行了报道,其最后的评述是:"如果说日本(在签署《朴次茅斯条约》时)曾遭受外交上的失败,那么海军所成就的辉煌弥补这些失败绰绰有余。"②

海军当局在展示了这些缴获的敌舰后,让检阅者们现场见证了日本战舰的辉煌壮观。在观看完俄国海军在之前的战场上被打得千疮百孔的战舰之后,映入观众们眼帘的是装扮一新的日本舰船,这种视觉上的鲜明对比更凸显了日本海军的威武壮观。在一整天华丽阅兵式快要结束之际,这些海战中的英雄战舰返回到了岸边,海军当局让舰队中的主要舰船亮起了灯光,其他战舰则映衬在泛光灯下。然后,市民们受邀参观了两艘被缴获的俄国战舰。就在六个多星期前,市民们还在日比谷公园聚众抗议《朴次茅斯条约》,到了10月却有多达15万市民走出家门庆祝海军的胜利。对于那些没能参加这次庆祝活动的市民,政府及海军当局制作了一系列印有本次海军庆祝活动照片的明信片。有些明信片记录了海军阅兵的过程,另一些则重点展示了被缴获的俄国舰船。1905年乃至今天仍然受收藏者最为追捧的是重点介绍东乡平将军的明信片,最受欢迎的是上面标注了日本海军战前与战后的具体规模以及被东乡平及其联合舰队缴获的俄国战舰总吨位的那种明信片。一位《国民新闻》的编辑在回忆1905年10月举行的海军阅兵式时,高度赞扬了海军无论在战时还是在和平时期都付出的辛勤努力。他还指出,如同英国一样:"海洋是国家的生命线"。他因此敦促日本国民进一步培养对海军的兴趣及爱戴之情,更为重要的是,要支持海军扩军。这位编辑最后声称,如果日本国民因为海军扩建的成本而退却,那么必须提醒他们:"任何收获都是要付出代价的,这个道理对于海军来说极为重要,因为它决定着我们整个国家的兴衰。"③

尽管这次海军阅兵将本次整个海军活动的效果发挥到了极致,但它的结束并不代表所有支持海军的庆祝活动也已寿终正寝。相反,在接下去的一

---

① 这些船舶被重新命名为 Mishima,Okinoshima,Tango,Sagami 和 Iki。

② *Jiji shinpō*,23 Oct.1905;Japan Times,24 Oct.1905.

③ *Kokumin shinbun*,25 Oct.1905.

周,政治家、民间团体及产业界富豪为东乡平将军、他属下军官及联合舰队水兵们举行了大型聚会。在海上盛大阅兵结束后的第二天,10 万多市民在穿越东京至上野公园的那条路上一起举行盛大游行,在公园里东乡平接受了东京市长尾崎行雄的祝贺。横滨的政治家们要么是不甘示弱,要么不想错过与海军及其英雄人物东乡平一起公开露面并向他们表示祝贺的机会,10 月 25 日他们也为将军的凯旋举行了盛大的庆典。当天,神奈川县县长周布、横滨市市长市原、横滨海关关长桥本及横滨地方法院院长渡边都前来迎接东乡平并对他为国家做出的无私贡献表示钦佩。三菱董事长岩崎小弥太男爵为了向所有日本水兵表达感激之情,在接下去的一周专门为凯旋的日本水兵们举行了两场大型的花园晚会。在 10 月 29 日和 11 月 2 日,岩崎在他的驹込别墅用美味、啤酒款待了 5,000 多名水兵,并赠予他们一些精美礼物。

在长达一周的庆典过程中,日本的报纸发挥了重要作用,它们不仅进一步激发了民众对海军事务的兴趣,而且还将他们给予海军的支持和感激转变成具体的物质利益。在举行海军阅兵式的 10 月 24 日,《时事新报》开始为"水兵娱乐基金"募集捐款,并效仿始于中日战争期间的做法——将捐款者的姓名及捐款金额在报纸上予以公布。不久,这家报纸高度赞赏了岩崎如此慷慨大方地举办花园晚会及三井公司为水兵娱乐基金提供的 5,000 日元捐款。其他一些捐款的公司,如日本银行（1 万日元）、横滨正金银行（5,000 日元）、日本邮船会社（5,000 日元）以及古河矿业公司（2,000 日元）,甚至支持日本水兵也在外国报界获得了认可。① 四天后的 10 月 28 日,《时事新报》敦促日本议员们投票表决给予东乡平将军 100 万日元以奖励他为国家做出的贡献。尽管东乡平将军一开始反对给他颁发奖金,但这家报社并未顾及他的要求并继续呼吁读者们给政治家们施压,让他们"不要考虑东乡平的高风亮节"②并授予他这批奖金。但是,不久东乡平改变主意并指出,如果

① *Japan Times*,28 Oct.1905.

② 参见 *Jiji shinpō*,28 Oct.1905.也可参见 *Japan Weekly Mail*,28 Oct.1905:473.

这批奖金得到批准,可以通过将其转交给海军以资助其扩充舰队来发挥更大效用。

在东乡平态度突然改变之后,《时事新报》和《东京朝日新闻》刊登了大量支持东乡平呼吁进行海军扩军的文章。随后开始了海军在明治时代及大正初期最成功且最有持续性的宣传运动。海军领袖们深知,报纸是左右国民舆论的最佳工具。在中日战争及日俄战争期间,宽幅印刷品在日本越来越流行,义务制教育带来的识字率的提高使其成为能触及很大读者群的最佳媒体工具。实际上,全国报纸发行量从 1904 年的每天 118 万份增加到 1909 年的 277 万份,读者的增长超过了报纸发行量。从 1905 年初开始断断续续一直到 1906 年间,《时事新报》《东京朝日新闻》《国民新闻》及《日本新闻》都刊载了支持海军的报道并敦促政府扩建海军舰队以使日本在东亚获得更高的地位并担当更大的责任。很多支持海军的报道大都是基于一些匿名海军军官或直接来自海军部海军事务处所提供的信息,在内容上都体现了海军领袖们在 1906 — 1907 年间的内阁讨论会上所提出的扩军要求。在 1906 年 9 月初海军向内阁提出扩军计划前夕,《时事新报》呼吁海军制定一项有关建立一支"八八八"舰队的长期扩军计划,即一支由八艘无畏舰级战舰作为核心和两支分别拥有八艘装甲巡洋舰中队作为辅助的作战舰队,打造这样一支作战舰队正是英国一些支持海军的报纸当时正在为其海军所游说的。[①] 日本报纸此时刊登类似的报道在时间上并非巧合。在报纸论述打造"八八八"舰队的必要性及重要性后不久,海军就提出了与之类似、长远且昂贵的扩军计划。事实上,1907 年后一个广为人知的事实是,打造一支"八八"舰队是 1907 — 1908 年间海军扩军计划的基石,在这两年里(本章后面会进一步说明)海军继续利用报纸为其扩军寻求支持。

战后东乡平的强大人气及民众对海军事务的浓厚兴趣激励海军大臣山本及其亲自挑选的接班人斋藤实采用一些新政策,以便能推销海军至上主义和舰队扩建的理念以及提高海军在日本公众中的形象和政治地位。1906 年后,

---

① 参见 *Jiji shinpō*,13,14,and 15 Sept.1906。

日本海军当局开始了大张旗鼓的宣传运动，他们沿用新世纪以来很多外国海军普遍采用的策略，即对国内造船厂竣工战舰的下水进行认真的宣传并举行华丽的下水仪式，其规模之盛大及仪式之庄重可以与小范围的海军阅兵或者大规模的海军演习相媲美。① 在 1906 年 9 月萨摩号战舰及 1907 年 10 月鞍马号战舰下水时，海军当局向公众开放了造船厂并邀请成千上万的市民、商人、记者及政客前来庆祝日本工业及海军扩建的两大成就。例如，在 1906 年萨摩号下水时，神奈川县县长周布陪伴着天皇、海军大臣、当地一些政客及记者从横滨来到横须贺，在那里他向建造这艘军舰的工人及在装饰着彩旗和国旗的崭新甲板上列队站立的水兵们——他们即将在该舰服役——表示了感谢。② 为了纪念这个庄严的场合，海军当局赠予每位受邀贵宾一份印有该军舰图案并且使用与舰体同样材料制成的纪念品，这种做法成为后来很多战舰下水庆典上的惯例。海军还为普通民众制作了纪念卡片并将该舰的精美图像印刷在卡片上。最后，日本海军当局还允许部分当选市民及政客登上刚举行过下水典礼仪式的战舰，与军官及水兵们一起交流海军事务，当然还会为报纸的报道进行拍照，这是英国战舰下水时遵循的惯例。③

除了下水庆典仪式之外，海军当局还用以下最为壮观的方式来激发民众、新闻媒体及民选官员支持海军的热情：波澜壮阔的舰队演习场面。通过效仿 1905 年海军阅兵，舰队演习将日本明治-大正时期海军盛典推向了高潮。海军阅兵为激发日本民众及精英阶层支持海军至上主义做出了重大贡献。在日本明治晚期，公开展示海军实力极大提升了民族自豪感及对海军的认可度和信心。而且，海军演习向民众形象地证明了他们作为纳税人所做的贡献。1905 年后的首次大规模演习是 1908 年举行的。1908 年 11 月，在帝国陆军完成其更大规模东京外秋季演习之后不久，海军在神户又开始了另一场两阶段的演习。演习第一部分包括两支舰队模拟大规模海战，其中一支由伊集院五

---

① 关于 19 世纪末 20 世纪初英国皇家海军如何在政客及普通民众中宣传自己的精彩描述可参见 Marder, "The Origin of Popular Interest in the Royal Navy," 763—771.

② *Jiji shinpō*, 16 Nov.1906; *Japan Weekly Mail*, 17 Nov.1906:531.

③ Hamilton, *The Nation and the Navy*, 50.

郎中将指挥的舰队驻扎在佐世保,另一支由出羽重远中将指挥的舰队驻扎在吴。① 在 11 月的第一周,他们离开各自母港向九州东海岸水域进发,到达目的地后立即开始模拟海上决战。毫无疑问,这次演习恰逢美国海军大白舰队于 10 月访问日本之后,不能算是巧合,因为大白舰队的访问进一步提高了日本全国的海军意识。日本报纸及民众对海军演习表现出了极大热情,当舰队离开母港去参加演习时,成千上万民众为他们加油欢呼。

但是,1908 年波澜壮阔的海军演习并未以这场模拟决战而结束。相反,两支舰队在结束了受到大肆宣扬、为时一周的海军演习之后,排水量达 40 万多吨的共计 124 艘战舰又齐聚神户,举行了一场盛大的海军阅兵式。与陆军演习及阅兵式不同,他们是向公众开放的。如同 1905 年阅兵一样,天皇、其他重要政治领袖及民间权贵在经过特别装饰的阅兵船上对披上盛装的战舰进行了检阅。为了让岸上的市民观众得到一份礼物并能与那些未能亲眼目睹此次阅兵的人分享这盛大场景,海军及交通部效仿了 1905 年的做法,即制作了一系列关于此次阅兵活动的纪念卡片。尽管描绘天皇检阅船浅间号战舰的卡片是此次阅兵中最受欢迎的卡片之一,但是,正如之前印有受到天皇接见并指挥阅兵式的海军军官东乡平的卡片一样,印有模拟海上决战的两支舰队或它们的两位将领伊集院和出羽图片的卡片也很快受到收藏者的追捧。

尽管 1908 年的海军演习令人印象深刻,它不仅进一步增强了公众对于海军事务的兴趣和意识,也向市民们形象地展示了他们作为纳税人所做的贡献,但是与 1911 年 5 月及 1912 年 11 月举行的演习相比,无论是在场面、规模及政治目的性方面都显得相形见绌。② 1911 年和 1912 年在东京湾举行的两次海军盛典皆富有强烈的政治意义:两次盛典结束后海军都很快向内阁或国会提交了大规模扩军提案。一方面,海军领袖们,如海军大臣斋藤实及山本权兵

---

① 这两位海军将领都曾服役于俄日战争并且都因此而获得了金风筝奖。伊集院获得了一等金风筝奖,出羽重远获得了二等金风筝奖。有关 1908 年的阅兵细节是从 the *Jiji shinpō* 和 the *Tokyo Asahi shinbun* 中获得的。

② W.Mark Hamilton 写过类似关于阅兵式以及关于 1887—1897 年间由英国皇家海军组织的军事演习的文章。参见 Hamilton,*The Nation and the Navy*,80-91。

关于 1908 年 11 月在神户沿海举行的帝国海军阅兵的纪念卡（来自作者的私人收集）

卫、东乡平八郎和伊藤裕子将军,在整个演习过程中连续发表演讲敦促民众支持海军扩军;另一方面,这两次盛大演习还具有特殊的重要性,海军当局利用这两次高调举行、颇受大众欢迎的活动使人们更加关注政友会的领袖,如西园寺公望、原敬及松田正久并以此来提高他们的声望。① 将这些政客作为重要贵宾安排在天皇及其他精英人士周围或至少与他们同乘一艘阅兵船,证明政友会议员们在明治晚期扮演着越来越重要的角色。而且,政友会议员参与这些演习活动也向外界表明,1910 年后海军与政友会的关系开始变得越来越亲密,这种关系使双方都能得到他们各自在不同领域最想得到的权力和影响力:海军在国会,政友会在政府及宗族关系圈里。海军领袖们充分意识到,在日俄战争后社会变得日益多元化的背景下,通过利用海军盛典、阅兵及演习来影响民意是非常重要的。同时,他们也深知,通过培养与日本另一个重要的新生代精英阶层——政友会政党之间的良好关系,将会使他们获得很多潜在利益。在 1910—1914 年间,这种关系所发挥的作用将得以显现。

除了举行充满节日气氛、高调宣传的战舰下水仪式及舰队演习之外,海军当局还利用国民对对马岛战役的记忆来进一步激发他们支持海军的民族主义情结以及支持海军于 1906 年提出的政治倡议。当年,海军当局成功游说政府设立了一个新的国家法定节日,即海军节,以纪念对马岛战役的胜利。虽然《时事新报》和《东京朝日新闻》在海军节一周年纪念日都呼吁海军再举行一次盛大演习以表达对东乡平的敬意,但是海军在东京湾只举行了一个小规模但政治意义同样重大的庆祝活动。成千上万的民众聚集在横滨和东京海岸,目睹他们的战舰举行一次规模并不算大的演习。一家类似于西方海军社团的海军俱乐部推古沙邀请了 2,500 多政客、商人、记者及帝国议员来到他们在东京的分部,参加为东乡平举行的大型宴会。② 为了增强该活动在全国的吸引力及宣传力度,海军当局向客人们赠发了描绘参与对马岛战役重要官兵的纪

---

① 参见 Ko Hakushaku Yamamoto kaigun taishō denki hensankai, *Yamamoto Gonnohyōe den*, 2: 1012, 1013–1014, 1014–1015; *Takarabe Takeshi nikki*, 12 Nov. 1912: 2: 100; ibid., 10 Nov. 1913: 2: 228–229; and *Hara Kei nikki*, 10 Nov. 1913: 3: 359。

② *Jiji shinpō*, 28 May 1906.

念卡片，鼓励他们将这些卡片寄往日本各地。① 海军当局特意大张旗鼓地宣布，为了满足那些没有受邀参加官方庆典仪式但希望得到卡片的市民的要求，活动后他们会将信箱再开放三天，以便普通市民有足够时间前往海军俱乐部所在地以获取纪念卡片并加盖官方邮戳，然后将它们寄往日本各地的亲朋好友。② 在两年后的 1908 年，为了纪念海军节，推古沙（Suikōsha）在其筑地总部开设了一个历史展览厅以纪念日本在日俄战争中取得的胜利。展览厅里陈列着日俄战争中所缴获的战利品，每年海军节都邀请民众前来观看，所需的部分资金来自海军部和三井公司的捐赠及会员们的年费收入。③ 在之后的 1909年，东乡平利用海军节在推古沙为前三位海军大臣西乡从道、川村住吉和仁礼景范的铜像举行了揭幕仪式。这位当时在日本红极一时的将军宣称，这些铜像表达了人们对那些努力完成海军扩军任务人士的敬重，正是海军扩军才让日本在 1905 年取得了对俄战争的胜利。④

　　在 1905 年及之后的岁月里，经常被称为海军俱乐部或海事朋友联谊会的推古沙在支持海军的活动中一直发挥着重要的作用。⑤ 推古沙自 1883 年成立以来就得到了海军当局的支持，它是由现役或预备役海军军官、政客及实业家组成的俱乐部，尽管后者加入俱乐部较晚，因为在日本国内，辅助船的制造始于 1900 年之后，主力战舰的建造到 1914 年后才开始。联谊会章程规定其责任是促进成员间友谊，在战时给军人提供物质帮助和感情安慰以及推广海军职业。而且，在明治时期，它逐渐成为海军扩军的强大游说者。联谊会的总

---

　　① 在日俄战争中海军还发行了其他卡片，包括一系列纪念明治天皇生日的军舰卡片。关于这些卡片以及其他卡片的图像，可参见 *Japanese Philately* 41:4（Aug.1986）:152-158。

　　② 参见 *Jiji shinpō*，29 May 1906.*The Tokyo Asahi shinbun* 和 *Chūō shinbun* 也广泛报道了这次事件。

　　③ *Japan Weekly Mail*，30 May 1908:609；*Jiji shinpō*，28 May 1908.

　　④ *Japan Weekly Mail*, 27 May 1909:735；*Jiji shinpō*,28 May 1909.

　　⑤ 最好的关于推古沙的英文材料可见于 1907 年名为 Office of Naval Intelligence Reports 的一份档案里。参见 United States Navy,Office,Records of the Chief of Naval Operations,Record Group 38,Office of Naval Intelligence,Registers 1886-1923,File no.E-7-d 07-180,"Suikōsha, or Naval Club of Japan."。

部坐落在筑地,是海军学院搬迁至江田岛之前的所在地,推古沙在日本其他主要海军港皆设有分部,包括吴、横须贺、佐世保和舞鹤。① 该联谊会每个月都会出版一期亲海军、类似于《美国海军学院学报》的《推古沙新闻》杂志,之后不久又开始出版带插图的名为《海军》的期刊。虽然推古沙从未成为像德国或美国的海军社团那样强大的游说或政治机构,但是通过精心打造以精英阶层及普通日本民众为导向的出版物,它与海军当局一起共同为海军扩军进行大力宣传。

海军当局、推古沙以及其他一些亲海军或海军出资建立的宣传代理机构共同努力,初步培养了日本人的海事或海军意识,这是自 19 世纪 80 年代以来海军梦寐以求的目标。海军在对马岛的胜利几乎在一夜间极大地提升了该机关及东乡平将军的威望。利用日俄战争中日本取得胜利的契机,海军设计并实施了很多次旨在为海军扩军赢得支持的公关活动。在很多方面,这次战争不仅促成了海军的崛起,也使它作为日本经验老到的精英行为体不断得到了发展壮大。然而,预算事务还得由政治精英们来进行辩论和决定。在海军的公共、政治和预算地位刚刚上升之际,陆军领袖们就开始担心,海军将在日本历史上首次超越陆军,成为日本最重要、接受资金最多的军事部门。陆、海军随后在政治精英层面的军事及预算主导地位之争对明治时代末期日本的国内政治产生了深远影响。

部门间竞争、预算谈判与努力
打造统一的帝国防卫计划

自从新明治国成立以来,部门之间的竞争在日本就一直存在。一开始受制于不同的战略理念及部门培训,后来从 19 世纪 80 年代起深受"萨长"宗族政治的影响,部门间竞争演变成有关预算及军事问题的直接对抗。由于每个

---

① 关于 Kure 的分支部门的信息介绍,可参见 Kure shishi hensan iinkai(Kure city history compilation association),*Kure shishi*(History of Kure city),6 vols.(Kure:Kure shiyakushō,1964 - 1995):3:226-232。

部门都追求更大的业务预算,这样他们担心对方的同一要求可能会妨碍自己部门所期待实现的发展。在日俄战争后财政吃紧的岁月里,每个部门的领导都担心,国会议员们会对两个军事部门所期待的大规模扩军计划提出质疑。鉴于此以及考虑到海军声望的提升,陆军总长田中义一将军在1906年拜会了政界元老山县,请求这位资深政治家让局面恢复到之前状态,即恢复陆军总长战时对日本所有军队的军事控制权。然而,这还不算完。由于担心两大部门之间越来越激烈的竞争及海军声望的不断提高可能会危及陆军扩军请求,田中将军还寻求打造一个统一的防卫政策,并且这一政策必须优先考虑陆军的战略理念和预算要求而不是海军。① 因此,在1906年当内阁讨论海军大臣西乡从道的海军扩军申请时,山县有朋和田中义一早就已经讨论过如何让陆军在战后预算问题上占得先机。

因此,在整个1906年的9月和10月,山县都在为打造日本整体防卫政策而尽心尽力。鉴于山县个人背景,他完全接受田中建议并不令人惊讶:日本恢复之前的统一指挥机制,其中海军总参受命于陆军总长。② 而且,为了更有利于陆军,山县和田中都将俄国确定为日本主要的潜在敌人,宣称俄国对日本的复仇之战是最有可能爆发的战争,它是日本近期所面临的威胁。山县清楚地意识到,日本需要更多士兵在陆上抵抗这样的进攻。他的结论是,组建新的陆军师团是最为紧迫的战备需要,它比海军要求购买和建造战舰更加关键。山县建议,当时正试图提高自身战略地位的海军,其主要作用应该是辅助陆军,主要职责是改善和提高其投送部队及通信方面的能力。

---

① 在战后初期,田中将军反复强调:海军的独立指挥权允许他们去追求战时的目标,即摧毁俄罗斯海军力量。但是同时也使得陆军要求海军提供的军事援助不再重要,特别是对军队的输送。相关讨论可参见"Nihon kaigun sandai no rekishi," 97‐98。在 Tsunoda 的专著 *Manshū mondai to kokubō hoshin*(Tokyo:Hara shobō,1967)中,作者声称:根据陆军副参谋长 Nagaoka Gaishi 所说,海军阻止了陆军试图在海军舰船的协助下抢占符拉迪沃斯托克的计划。而且,即使在打败俄罗斯波罗的海舰队后,海军也有意回避了对侵占库页岛的支援。引自 David Evans,"The Satsuma Faction,"248。

② Tsunoda,"Nihon kaigun sandai no rekishi,"98.参见国防政策草案 Bō eichō bō ei kenshū jō senshishitsu,*Kaigunbu Rengō kantai*,109‐110。

1906 年 12 月当山县将他的建议草案提交给由陆军元帅及海军舰队司令组成的联合委员会时,未出意料,海军领袖们迅速地做出了反应。海军总长东乡平八郎带头对山县进行了驳斥,这种驳斥对于海军极为重要。[①] 日俄战争英雄东乡平将军指出,海军在日俄战争中取得大胜,它从一定程度上证明了海军独立指挥机制的建立及运作是成功的。这位将军断称,海军无论如何都不会放弃其独立军事指挥权。[②] 东乡平将军是一位寡言少语的人,但一旦开口就极具权威性。其他在场的海军代表也加入到东乡平对陆军领袖的抨击中。他们宣称,海军对于日本安全拥有自己的战略视野,因而拥有选择自己假想敌的权力,正如政策草案中允许陆军拥有类似权力一样。海军领袖们特别担心,如果俄国被选作主要潜在对手,海军将没有足够理由提出打造代价高昂的八八舰队的请求,因为 1907 年的俄国海军对日本根本够不上任何威胁。为此,海军领袖们指出,海军总参必须保留其决定自身防卫原则以及为实现既定计划而进行必要的具体兵力规划的权力。东乡平最后指出,这个底线要求如果得不到满足,海军乃至整个日本的国家防卫将会遭到破坏。

山县最初低估了海军维持自己立场的决心和实力,他与海军官员们商讨了长达一个多月,希望达成能提交天皇的妥协性协议。但是,他试图打造一个统一的帝国防卫计划的努力并未成功。最后,山县默认了海军拥有独立防卫计划的要求,并同意了一项妥协性政策:两个军事部门都有权制定以各自假想敌为基础的防卫计划。[③] 结果,陆军选择俄国作为假想敌,并辩称与该国的未来战争需要日本追加 6 个陆军师,使其总数从 19 个上升到 25 个。然而,海军却选择了与其未结盟、拥有最强海军的美国作为假想敌。毫无疑问,这种选择出于战略考量,选择美国海军作为假想敌有利于将海军进行大规模扩军的要求合法化。正如历史学家麻田贞雄所说,1907 年的美国海军首先是日本海军

---

① 这一系列会议始于 1906 年 12 月 24 日。参见 Bō eichō bō ei kenshū jō senshishitsu, *Kaigunbu rengō kantai*, 110–111。

② Tsunoda, "Nihon kaigun sandai no rekishi," 98.

③ 关于 1907 年帝国国防政策的内容,可参见 Bō eichō bō ei kenshū jō senshishitsu, *Kaigunbu rengō kantai*, 112–118。

预算上的对手,其次才是军事上的对手。① 海军领袖们指出,在一场日美战争中获胜,要求日本拥有一支排水量达 50 万吨的海军,要实现这一规模,需要将1906 年日本海军的规模再扩大一倍。② 1907 年初,这份文件被完整地递交给了明治天皇并得到了他的批准。虽然 1907 年达成的协议(尽管在协议中陆军在顺次上排在首位)是为了加强防卫规划并阻止政治家们组成统一战线,但是除了让陆、海军在战略、政治及预算层面上的竞争更常态化之外,这次达成的协议作用甚微。由于陆军与海军各自拥有不同的假想敌、防卫及扩军计划,他们很难在战略或外交政策层面找到共同点。更重要的是,他们针对国家防卫需要所制定的不同计划加剧了有关军事预算方面的摩擦,这种摩擦进而又导致了日本明治末年激烈的政治争端和严重的紧张局势。山县、田中义一及陆军大臣寺内正毅早在 1906 年 9 月就准确地预计,军事扩张、部门间竞争及预算政治将会成为战后政策讨论的焦点。1906 年初,山本权兵卫在其作为海军大臣所做的最后一次公开声明中告诉记者们,虽然海军还未计划在 1907 年启动任何大规模的战后扩军行动,而只是"准备修补战时的损失",但是他最后指出,在完成此任务之后:"有必要考虑采取何种新的行动。"③在新行动中,山本想到了一件事:新无畏舰级的先进战舰,即 1906 年现役战舰中技术最为先进、成本最为高昂的战舰。④ 1906 年第 11 期的《东京冰球》刊登了两页漫画,幽默地描绘了这些成本高昂的战舰未来的模样,用以讽刺这种所谓的"未来战舰",包括它的体积,特别是它的成本。⑤ 该报"预测",这种战舰的排水量将达 325 万吨,装备 40 门可以从长崎直接攻击旧金山的 120 英寸大炮,还有 4 艘萨摩级战舰(作为救生艇用)、一所寄宿制学校、一个音乐厅、一个菜园、

---

① Asada Sadao 声称,在 1907 年美国还只是一个"预算上的敌人"。参见 Asada Sadao, "The Revolt against the Washington Treaty: The Imperial Japanese Navy and Naval Limitation, 1921-1927," *Naval War College Review*, 46:3(Summer 1993):83-84。

② 参见书名为 Kokubō shoyō heiryokuryō(The forces necessary for defense)的文件在 Bō eichō bō ei kenshū jō senshishitsu, Kaigunbu rengō kantai, 116-120 的。

③ Japan Weekly Mail, 13 Jan. 1906:28.

④ Evans 和 Peattie 的书,Kaigun, 152-154 中有无畏战舰的讨论。

⑤ Tokyo Puck(2:4), 10 Nov. 1906:384-385.

　　"明年的财政预算"。这张图片描述了脸色憔悴、愁容满面的西园寺公望首相正身处一间十分简陋的屋子里,试图编制预算方案。在他身旁象征着国库的那个保险箱里,现金已经所剩无几。在其背后等待的是一群雄心勃勃、手拿预算申请的日本各部门大臣,陆军大臣寺内正毅和海军大臣斋藤实冲在前面。
(Tokyo Puck,2:24,10 November 1906)

一家观众爆棚的戏院以及供同样驻扎在舰上的陆军师团使用的半年举行一次比赛的赛道。如同漫画里以一种极端夸张的方式描绘的那样，无畏舰级军舰的造价绝对不菲，加上陆军也要求提升其部队实力，日本政治领导人在 1906 年末不得不做出一些艰难的选择。

1906 年夏，精英阶层开始认真讨论有关军事预算问题。6 月 29 日，政友会领袖、西园寺公望的第一届内阁内政大臣原敬拜会了前首相桂太郎，见面后他们几乎马上就开始讨论防卫预算问题。[①] 桂太郎指出，海军当局将从 1907 年开始坚持要求扩军，政府出于政治及防卫方面的考虑将有可能不得不为其扩军提供资金。他预计，海军领袖们最终会做出妥协，他们不会因为所要求的扩军规模无法实现而逼迫西园寺内阁下台，但是，他也提醒原敬预算谈判会非常艰难。

西园寺内阁在讨论 1907 年预算计划时所遇到的困难印证了原敬在 1906 年秋所做的预测。但是，困难主要源自陆军而不是像原敬预测的那样出自海军。在 11 月 14 日西园寺、原敬及大藏大臣阪谷芳郎的一次会晤中，阪谷提出反对增加 1907 年的军事预算，宣称日本的财政状况太糟糕不能支撑任何新的军事安排。[②] 由于西园寺和原敬既不希望加剧内阁危机也不赞成进行军事扩军，因此他们都相信：解决问题的最佳方案是将所有军事要求推迟到 1908 年再考虑。山县及陆军大臣寺内正毅至少一开始拒绝考虑推迟扩军。寺内要求为 1907 年陆军扩军追加 1,000 万日元，用于创建及部署新的师团。[③] 西园寺的第一届内阁在平衡扩军要求及财政紧缩方面面临巨大困难，前者的支持者主要是政界元老山县有朋及陆军大臣寺内正毅，后者的支持者是财政大臣阪谷芳郎。西园寺很难做出决定，《东京冰球》杂志在 1906 年 11 月 10 日出版的那期封面上描绘了该首相的艰难处境：图画里的西园寺面容憔悴、神情忧虑，他正在一间陋室里努力编制预算计划，国家的保险柜里已经是囊中羞涩，但在陆军及海军大臣的带领下，雄心勃勃的国家大臣们带着长长的预算清单正在

① *Hara Kei nikki*,29 June 1906:2:183-184.

② *Hara Kei nikki*,14 Nov.1906:2:207.

③ *Hara Kei nikki*,22 Nov.1906:2:208.

大厅门外等候。①

　　原敬希望保全内阁,这是他在整个政治生涯中始终追求的目标。在桂太郎和井上馨的帮助下,这次原敬为问题的协商解决做出了很大贡献。11 月 29日,原敬和西园寺告知桂,除非陆军的立场有所退让,否则内阁将辞职,从而破坏 1905 年桂与西园寺所达成的默契,即由两人轮流担任首相。② 经过一星期周密细致的谈判,陆军领袖同意接受用于增加两个而不是三个师团的预算资金,海军同意接受能修理及重新装备被缴俄国战舰而不是购买或建造全新主力舰船所需预算资金。③ 如同之后的预算谈判一样,1906 年达成的妥协为西园寺内阁避免了一次灾难。正如原敬在日记里所记录的那样,重要的是,在讨论和谈判以及对预算的务实态度方面,斋藤实领导的海军比陆军表现得更加灵活,在这方面表现得与海军同样灵活的还有原敬及后来的政友会领袖们。④

　　但是,庆典活动只不过是昙花一现。次年,日本的预算状况更加糟糕,内阁不得不面临不受欢迎的两个选择:一是减少扩军规模,这势必会激怒军界;二是增加个人和企业税,这注定会触怒商人、金融专家、土地所有者和各政党。西园寺和原敬深知,直接取消之前通过的扩军计划将会引起军界的反对,而如果首相建议增加赋税,则会遭到议员及商界领袖们的抵制。因此,他们再次与军界实现了妥协。内阁原则上仍然同意为扩军提供资金,但要求陆军及海军推迟完成扩军计划。陆军同意推迟三年完成增加两个师团的计划,从而节省6,000 万日元;海军同意将购买价值 5,200 万日元的新战舰计划延长至 6年。⑤ 虽然海军接受了这份妥协计划,但是到 1909 年,海军大臣斋藤实引用美国、德国、英国及法国增加海军投入的事例来警告议员们,日本不能只靠翻

---

　　① *Tokyo Puck*(2:4),10 Nov.1906:377.

　　② *Hara Kei nikki*,29 Nov.1906:2:210.

　　③ Ohkawa Masazo, "The Armaments Expansion Budgets and the Japanese Economy after the Russo-Japanese War,"76-77.

　　④ *Hara Kei nikki*,3 Dec.1906:2:211-212.

　　⑤ Ohkawa Masazo, "The Armaments Expansion Budgets and the Japanese Economy after the Russo-Japanese War,"79-80.

新自己的旧军舰或在俄日战争中缴获的那些舰船。[①] 不久后，陆、海军采用了不同手段来满足各自的防卫需要，它们的不同追求从根本上改变了明治后期的日本政治。

通过出版物及新闻媒体宣传海军扩军

在 1906—1907 年间，海军领袖成功挫败了陆军试图制定统一防卫规划的努力。在那之后，他们加强了始于 1905 年的公关活动及对海军的宣传力度，以便让更多的精英人士及普通民众接受海军舰队的扩建。其中关键是要进一步打造和宣传一种富有说服力的海洋或海军至上主义的理念，它能成为、事实上也必然是一套完整的海军建设规划的基石。这与美国海军战略家阿尔弗雷德·T.马汉及德国海军元帅阿尔弗雷德·冯·提尔皮茨在西方的所作所为如出一辙。山本希望日本海军打造和采用的海军至上主义理念能与日本特殊的地理及经济状况相一致。[②] 为此，海军当局充分利用了佐藤铁太郎少校超凡卓越的才能及吃苦耐劳的品质。[③] 在很多方面，佐藤都是研究西方海军至上主义思想、海军政治及海军-国会关系并就此类话题进行著书立说的理想人选。首先，他精通英语和德语。另外，佐藤早在 19 世纪 90 年代就曾出版过一本支持海军的名为《国防之我见》的小册子，并引起了山本和海军总长伊藤裕子的注意，这些都证明佐藤是一位能力出众的亲海军的作家。鉴于佐藤写的这本小册子、他的专业能力及其对海军的热情，伊藤在 1899 年接见了这位年轻军官并委任他撰写一本官方海军史且进行公开发行。伊藤相信，在军力扩建再次成为政治敏感问题时，该书将会加大民众对海军扩军事业的支持。

---

① *Saitō shishaku kinen kai* (Viscount Saitō commemorative society), Saitō Makoto den (Biography of Saitō Makoto), 4 vols. (Tokyo：Saitō shishaku kinen kai，1941)：2：54–59.

② Eckart Kehr, *Battleship Building and Party Politics in Germany*, 1894–1901, ed., transl., and introd. Pauline R. Anderson and Eugene N. Anderson (Chicago：University of Chicago Press, 1973)：73–95.

③ 关于上尉指挥官佐藤铁太郎的简介可参见 Evans 和 Peattie，Kaigun，133–136。

这个项目一落实,佐藤就开始了其长达两年的欧洲及美国之行,其目的是为了研究海军至上主义的历史、思想内容以及外国海军采用的宣传技巧。1902 年返回日本后,佐藤就立即在推古沙的帮助下完成了该项目的首个成果,出版了一本名为《论帝国防卫》的专著。① 通过广泛使用历史事例作为佐证,佐藤得出了如下结论:一支强大的海军对于岛国的防卫来说至关重要,日本尤其如此。佐藤还明确指出,海军作为日本的第一道防线,对于国家安全比陆军要重要得多。他相信,该事实必定会迫使政客们支持海军舰队的扩建。

毫无疑问,很多海军人士及推古沙都认同佐藤的结论,并意识到他的著作不但信息量大而且很有趣,但佐藤所做的一切是为了让人们最终做出改变。如同他后来的著作一样,1902 年他所做的研究更多的是服务于政治目的。《论帝国防卫》一书的迅速出版恰逢有关军队预算拨款的激烈争论正如火如荼,这次的争论始于 1902 年并一直延续到 1903 年的大部分时间。由桂太郎领导的政府与国会政客们在海军扩军及降低土地税两个相互关联的问题上陷入了僵局,为了证明海军扩军的重要性,海军大臣山本将佐藤的著作寄给了众多国会议员、政界元老以及皇室成员。② 佐藤的著作对政友会干事长伊藤博文及其普通成员在接受最终达成妥协的预算方案时到底产生了多大的影响或者说有无影响始终不得而知,但是,山本的政治运作为海军大臣办公室利用文学作品来劝说日本领导人支持海军扩军开创了先例。

在 1907 年的防卫计划允许海、陆军有权选择自己的假想敌之后,海军当局继续出版了大量针对社会精英及平民市场的支持海军的文献。如同海军早期的出版工作一样,佐藤铁太郎在这次出版活动中同样做出了虽不是独有却是十分积极的贡献。虽然佐藤的著书立说被日俄战争所耽搁,但两国间的对抗一结束,他就立即再次积极投身到在日本打造及阐述海军至上主义意识形态的活动中。1908 年,佐藤以他在海军学院授课的内容为主出版了一部长达 900 页、名为《帝国防卫史》的巨著。通过引用成百上千的历史事例,特别是他

---

① Satō Tetsutarō, *Teikoku kokubō ron* (On imperial defense) (Tokyo:Suikō-sha,1902).

② Ko Hakushaku Yamamoto kaigun taishō denki hensankai, *Yamamoto Gonnohyōe den*, 1:505-507.

认为能够充分体现日本地缘形势的有关英国的事例，佐藤有力地论证了海军实力迄今为止是国家防卫中最重要组成部分。佐藤断言："即使世界列强联合起来与我们进行对抗，并在我们狭窄的海岸线陈兵百万，"但如果敌人的部队不能在日本的海岸成功登陆，那么日本仍然是坚不可摧的。因此："日本惧怕的不应该是敌人的陆军，"而是他们的海军实力。①

佐藤在整个明治晚期都在继续进行此方面的努力，但他的作品不再仅是旨在支持海军扩军的一些小册子了。他的很多后期著作展示了他对陆军试图控制世界大陆这一抱负越来越强烈的批评。同时，这些著作也开始折射出1905 年后陆军与海军之间在组织结构及预算方面的激烈竞争关系。在 1912年的研究成果《论国防政策》中，佐藤这样写道："我们对陆上所持的进攻性姿态是一个巨大的错误。……陆上会出现军事紧急事态是一种谬见。"②这种观点给了陆军当局当头一棒，他们当时正试图解释为什么要增加陆军师团。而且，佐藤还做出了如下结论："用以保护日本在满洲地位的陆军实力只能处于次要甚至更低的地位。"③只有海军实力才能确保日本的安全。鉴于此，佐藤指出，日本政客们在落实大规模海军扩军计划上有着义不容辞的责任。

佐藤的著作除了反映陆军与海军间不断加剧的竞争外，还揭示了日本明治晚期政治决策者不断多元化的过程；他不再把关注的对象仅局限在行政官员及执政寡头上，而是对那些以财政紧缩为由批评扩军的国会议员、日本商会成员、金融专家以及其他人士进行了驳斥，要求他们以更开放的姿态来看待海军扩充实力的必要性。佐藤恳求反对海军扩军的人士跨越自身狭隘的部门利益，鼓励他们支持海军扩充舰队，因为这是维护日本安全的唯一途径。针对国会议员及金融专家宣称海军宏大的扩军计划超出了日本脆弱经济所能支撑的财力范围，佐藤警告说，他们的短视使日本陷入危险境地："今天在我们国家里，'金融界'有些人士批评扩充军事装备，……（但是）简而言之，在历史上，

---

① Satō Tetsutarō, *Teikoku kokubōshi ron*（On the history of imperial defense），2 vols.，再印版（Tokyo：Hara shobō，1979）：1：144.引自 Evans 和 Peattie，Kaigun，138。

② Satō Tetsutarō, *Kokubō sakugi*（n.p.，1912）：19-20.

③ Satō, *Kokubō sakugi*，26-27.

没有哪个国家能够通过限制（海军）武器装备来确保自己的好运。"①佐藤理解官僚政治国家的现实以及各部门相互矛盾的诉求,他对此的评论是:"教育工作者们想为教育、宗教首领想为宗教、陆军人士想为陆军（获得更多的资金支持）,"尽管如此,他还是再次要求日本的政客们精诚团结,履行自己的爱国职责并支持海军扩军。②

在 1905 年之后的数年中,佐藤的著作不是唯一支持海军的出版物。除了针对政客及寡头执政者的著作之外,其他海军官员也努力出版一些读物,旨在让普通读者们对海军扩军的重要性及必要性留下深刻印象。③ 1905 年后,海军当局也为很多读者创作了一些以拥护海军扩军为主题的文献。除了《推古沙新闻》期刊,海军当局还创立了《海军》杂志。该杂志通过生动有趣的图片及包装有序的文章来揭示海军持续发展的重要性。正如推古沙出版的同名期刊一样,《海军》杂志也成为宣传海军扩军的喉舌。虽然这些出版物没有佐藤著作那样厚重和学术化,也没有那样以史实为依托,但它们都有着明确的政治动机,即宣传海军及其政治预算诉求。

与佐藤的方法及写作风格形成鲜明对比的是,其他海军人士利用不断扩大的通俗小说市场来向广大读者进一步宣传海军扩军的重要性。1906 年旧金山教育委员会决定不再将日裔儿童纳入常规公办学校教育范围之内,这引起了人们对 1907 年日美可能爆发战争的担忧。从那时开始一直到第一次世界大战结束,日本作者创作了大量战争科幻作品并将一些同样题材的外国小说译成了日文。其中有关该题材最流行也是最可信赖的著作之一是由海军部海军事务处的现役军官水野弘典以北原哲夫为笔名创作的。在 1913 年的作品《下一场战争》中,水野通过刻画一场虚构的美日战争,强调了海军舰队扩建的重要性。尽管水野的作品并非描写真正的现实,并且他于 1889 年作

---

① Satō, *Kokubō sakugi*, 36.

② Satō, *Kokubō sakugi*, 36.

③ 事实上,就像马汉和科洛姆的作品,佐藤铁太郎的作品是面向精英阶层读者的。关于 Mahan 和 Colomb 这样精英级作家的讨论可参见 Marder,"The Origins of Popular Interest in the Royal Navy,"768。

为海军学员在美国只有过短暂的停留，但是，他在美国的经历，特别是他在加利福尼亚所见证的所有亚洲人所遭受的歧视，对他的思想及未来创作产生了深远的影响。他的作品不仅对海军进行了详细及专业性的探讨，还就亚洲人与西方人之间的紧张关系进行了十分动情且耐人寻味的描述，这两个主题被他有趣地融合在一起。水野的著作向读者们展现了一幅幅未来日美战争的图景，它们充满想象力却令人沮丧。根据他的想象，由于日本政客没有支持海军扩建舰队的请求，这场战争将以美国海军战胜日本海军而告终。类似的战争幻想对海军具有重要意义，也明显暴露了出版该书背后的真正目的。

水野的这本书只是明治晚期及大正初期越来越受欢迎、题材各异的众多著作中的一本而已。① 盛田晓等其他日本作家也出版了一些有关未来战争的著作，它们刻画和反映了日本海军相比于其他国家海军来说不断增加的劣势。盛田在海军 1911 年为其出版的《帝国海军的危机》中引用了大量的图表、插图及支持性数据来证明以下观点：海军正处在一个紧要关头，公众及政客们应该联合起来支持它的发展。盛田反复告诫读者们，与世界其他海军强国相比，日本的海军劣势正在迅速增加，其速度之快迫使日本必须对其加以扩建，否则帝国命运危如累卵。盛田的这一观点呼应了之前报纸上诸多类似的报道。三年后，在一桩海军丑闻导致海军扩军在国内遭到严厉批评之后，盛田又出版了一本名为《海军战备与国防》的新书，该书再次强调了他之前所表达的关切。但是，1914 年出版的这本新书又有了新的突破，它勉励读者们支持海军努力争取类似于英国《海军舰队法》的相关法律的颁布，该法律规定海军扩军必须参照日本海军对手的行为来进行，从而消除海军扩军中的政治因素，或者至少

---

① Mark R.Peattie, "Forecasting a Pacific War, 1912-1933: The Idea of Conditional Japanese Victory," in James White, Michio Umegaki, and Thomas Havens, eds., *The Ambivalence of Nationalism* (New York: The University Press of America, 1990):119-120。也可以参见 Shō ichi Saeki, "Images of the United States as a Hypothetical Enemy," in Akira Iriye, ed., *Mutual Images: Essays in American-Japanese Relations* (Cambridge, Mass.: Harvard University Press, 1975):101-108。还能参见 John J.Stephan, *Hawaii under the Rising Sun* (Honolulu: University of Hawaii Press, 1984), 56-59。

能使之免遭民选官员愤怒的抨击。① 盛田指出,军舰会老化,最终会老到无法服役。如同山本于1898年所建议的那样,一部舰队法能确保日本海军永远不会失去其优势。

　　除了这些日本国内的出版物之外,国外出版的其他著作也加剧了明治晚期的战争恐惧。1911年问世的荷马李的著作《有勇无谋》被翻译成各种不同的版本,充分证明刻画日美未来战争的著作广受欢迎。② 与水野的著作比较起来,荷马李的著作在结尾处给予了日本更多肯定性的描述。但是,这些著作及海军部门所出版的其他书面宣传资料都在试图唤醒人们的军事意识,它们近似于向人们吹响的战斗号角而绝非仅仅迎合人们娱乐目的的通俗小说。李的著作虚构了一场日美未来战争,而1887—1906年间英国出版的一些作品则酷似水野书里所刻画的那个让日本脸面尽失的故事。③ 在1887年举行的那场大规模的皇家海军阅兵式之后,有关海军扩军的大辩论在英国正如火如荼,《圣詹姆斯报》连载刊登了艾伦·H.伯戈因和威廉莱尔德克洛斯创作的长篇小说《惊心动魄的1887年海战》。这部小说的主要作者伯戈因是1914年英国前重要海军时事评论家、保守党议员(1910—1922年,1924—1929年)及《海军联盟年鉴》的创始人和编辑,他创作该小说的唯一目的就是为了揭示海军扩军不力所导致的严重后果。于1903年出版的厄斯金·柴德斯的杰作《沙岸之谜》延续了同一个主题,1906年《每日邮报》以《1910年的入侵》为名连载刊登了H.W.威尔逊的小说《入侵英国》。虽然这些连载小说未被译成日文,但

---

① Morita Akatsuki, *Teikoku kaigun no kiki*(*Crisis of the Imperial Navy*)(Tokyo:Teikoku kaigun no kiki hakō jo,1912),和 *Kokubō to kaigun jujitsu*(*Naval preparedness and national defense*)(Tokyo:Teikoku kaigun no kiki hakō jo,1914)。

② Homer Lea 的原始作品于1909年被 Harper&Brothers 发布。两种相互竞争的日本翻译版本分别是 Mochizuki Kotarō 的 *Nichi-Bei hissen ron*(The inevitable Japanese-American War)和 Ike Kyō kichi 的 *Nichi-Bei sensō*(The Japanese-American War)。细节参见 Saeki,"Images of the United States as a Hypothetical Enemy,"102。关于 Homer Lea 的一个简短的个人传记可参见 Stephan,*Hawaii under the Rising Sun*,56-57。

③ 两场关于英国在这段时间的战争恐慌的精彩讨论可见于 Hamilton,*The Nation and the Navy*,166-168 和 Ignatius.F.Clarke,Voices Prophesying War,1763-1984(London:Oxford University Press,1966)。

是威尔逊及蔡尔德的小说为渐趋成熟且备受青睐的文学体裁又增添了一种新的流派，正是这些体裁的文学作品激发了民众对日本海军实力现状的关心。[①]

除了海军官员创作的小说以及由支持海军的热心人士和机构翻译而来的其他作品之外，报纸仍然是海军用来向更多公众宣传海军的最有效媒介之一。在 1905—1906 年间，受到海军支持的一些报刊在进行扩军宣传时呼吁确保日本在战后继续保持优势，但与之相比，1907 年后的宣传则带有更多不祥和威胁的口吻，它们试图借此操纵民意支持海军扩军。从 1907 年开始到 1910 年达到顶峰，海军官员经常给日本报界提供有关日本海军的分类信息。世纪之交，《泰晤士报》经常刊登一些故事，并如此询问英国民众："我们已经失去对海洋的控制了吗？"并回答道："是的……（但是）可能还没到不可挽回的地步。"无独有偶，日本的很多家重量级报纸在整个 1907—1910 年间也提出了类似的问题。[②] 虽然没有哪家报纸针对该问题毫不含糊地给予了肯定的答案，但是由一些海军军官所撰写的一系列未署名的报道大都宣称，参照国际标准，日本的海军实力处于一个相当低的水准上，这是非常危险的。例如，1907 年 2 月初，在海军大臣斋藤警告议员们很多日本主力战舰都在逐渐老化之前，一些报纸就已经刊登了相关数据及图表来证明日本战舰越来越陈旧，并指出，如果不尽快进行扩充，日本的大部分部队将会在 1912 年前变得老朽不堪，[③] 日本也会因此不再坚不可破。两年后，《大和新闻》和《万朝报》刊登了类似的一系列文章，宣称自 1905 年来日本海军的真正实力有了很大的下降，如果不补充新的舰船，海军实力还会以惊人的速度迅速衰退。[④] 不久之后，《东京朝日新闻》也加入了这次辩论并刊登了一张预测日本、美国、英国、德国及法国未来海军实力的图表，其依据是当时的排名和老化磨损程度。该家报纸宣称，

---

① 我要感谢墨尔本大学的历史教授 Elizabeth Malcom，因为他让我注意到了 *Childers* 的有关幻想战争的小说。

② The Times, 20 Oct.1900.引于 Hamilton, *The Nation and the Navy*, 75。

③ *Mainichi shinbun*, 6 Feb.to 9 Feb.1908。Saitō 在议会大厦讲话并且回答了关于日本舰队时代的问题。参见 *Japan Weekly Mail*, 15 Feb.1908：162。

④ *Yamato shinbun* 和 *Yorozu chōhō*, 18 and 19 Apr.1910。

这次的预测结果对于日本来说可谓触目惊心：到 1920 年，日本海军将只拥有 8 艘有作战能力的军舰和装甲巡洋舰。与美国所拥有的 26 艘、英国的 74 艘及德国的 37 艘战舰相比，日本的海军实力将是最弱小不堪的，它甚至都无法保卫其国土免遭外来的侵略。① 4 月 30 日的《时事新报》更是公然宣称，如果日本的海军实力继续衰退，在下一次大战中日本将遭受俄国和中国之前曾遭受过的同样命运，成为失败者。《时事新报》和《东京朝日新闻》在刊登了支持海军扩军的相关文章一个多星期后，敦促其读者们支持海军进行大幅度扩军，在 1910—1920 年期间增加 25 艘主力战舰，总成本预计达 4 亿至 4.5 亿日元。6 周后，海军大臣斋藤实向内阁正式提出了海军十年扩军计划，其预计成本也达 4 亿多日元。② 由于之前报纸的宣传和鼓动，此时的民众对此已经有了充分的心理准备。

小　结

到 1910 年，日本政治部门的高层人士开始意识到海军宣传活动越来越富有成效。与海军精英阶层及地方层面的公关活动有最直接利害关系的人当属陆军上将、首相桂太郎，他是在海军政治地位不断提升中损失最多的人，尤其是如果海军能得到政友会以及大部分民众的支持的话。桂是由诸多年长政治家组成的"政界元老会"这个非正式政治机构的最新成员，他之前能身居位高权重的职位，主要得益于他与政友会党领袖原敬、松田正久及西园寺公望之间在日俄战争期间所达成的妥协。桂作为首相在政府执掌大权，在议会也能获得多数党政友会的支持。作为对这种支持的交换，桂同意在自己离职后支持西园寺成为首相。③ 但是，海军在日本政治中发展成一股日趋活跃、颇受欢

---

① *Tokyo Asahi shinbun*，30 Apr.1910.此文章通过使用一艘战舰或者装甲巡洋舰的运行寿命大约是 12 到 15 年这样的准则来获取到这些数字。

② Ko Hakushaku Yamamoto kaigun taishō denki hensankai，*Yamamoto Gonnohyōe den*，2：1011.

③ 有关此类关系的更多描述细节，参见 Tetsuo Najita，*Hara Kei in the Politics of Compromise*（Cambridge，Mass.：Harvard University Press，1967）。

迎的政治力量对该局面形成了威胁，这一点桂和原敬都很明白。在 1910 年由《时事新报》和《东京朝日新闻》发起的支持海军扩军运动的鼎盛时期，桂向原敬吐露，他担心海军会像这些报纸所建议的那样提出一个庞大的扩军计划。令桂担忧的是，海军，具体说来应该是他的克星山本，是这次报界宣传运动的幕后指使。这位海军将领意在实现两个目标：进行政府财力无法承担的海军扩军；利用海军扩军问题离间桂与政友会之间的关系。[①] 正如 1910—1913 年间精英层面政治事件所揭示的，桂在这两方面的担忧随后被证明都是正确的。

　　比起其他事件，日俄战争中对马岛一战的取胜更能展示海军的威猛，也为海军这样一个级别不高的部门赢得了"杰出战斗部队"的荣誉。摧毁俄国强大海军的大部分精锐部队不仅挽救了日本帝国，还为海军在日本公众心目中崛起为一个更重要的军事机构打下了坚实的基础。海军领袖们充分利用了这次重要的机遇，在明治时期的最后几年不断努力提升海军的人气及声望，并将它们转化为政治资本及预算资金。因此，在日俄战争后，海军不仅成为一个强大的军事行为体，也成为一个熟谙政治权力、名望、预算与军事实力之间紧密关系、政治经验非常丰富的政府部门。通过盛典、炫耀、宣传以及纪念活动，海军部门不仅培养了草根民众对海军的兴趣，也赢得了他们的支持。海军评论、纪念仪式、出版物、军舰下水仪式以及海军节纪念活动极大地推动了海军至上主义理念和海权意识在日本的普及和发展。1905 年后，日本国民对于海军的兴趣及自豪感达到了一个全新的高度，展示日本现代海军实力、突显海军历史功绩的公共活动让民众见证了海军经费支出及扩军所带来的实实在在的好处。海军的名望得到了提升，一旦此目标得以实现，海军领袖们就开始将注意力转向了那些控制着日本"钱袋子"的政客。

---

① *Hara Kei nikki*,12 May 1910:3:23-26.

六、强制、务实及部门间对抗:精英政治与海军扩军(1910—1913年)

据说,山本大力提倡海军扩军。由于他是一位每出一张牌都要经过精心算计的政治家……现在唯一的问题是他是否能获得政友会的支持。

——《二六新闻》,1910 年 6 月 17 日①

陆军和海军不但要与外国的对手竞争,还要在国内相互角逐……他们几乎不考虑自己国家的财力。

——《东京朝日新闻》,1912 年 10 月 26 日②

政友会的大部分成员之所以反对(陆军扩军),并不是像国民党那样出于原则考虑,而是因为他们觉得有必要偏向海军。

——《时事日报》,1912 年 10 月 1 日③

1912 年的平安夜,也就是第 13 次国会会议召开的前一天,西园寺公望王子正在政友会的东京总部向与会党员发表演说。包括最高领导人原敬、松田

---

① *Niroku shinbun*,17 June 1910.1910 年 6 月 18 日 *Weekly Mail* 在日本再版,命名为"Political Forecast"1910:909。

② *Tokyo Asahi shinbun*,26 Oct.1912.

③ *Jiji shinpo*,1 Oct.1912.报纸认为以上言论出自一位匿名的政友会领袖,最有可能是原敬或西园寺公望。这些言论也被 5 Oct.1912:577.的 *Japan Weekly Mail* 引用。

"就要老旧了：可怜的小家伙！他的老爸斋藤弄不到钱来为他儿子买新船，而旧船却一直在年复一年地老化"；"无畏舰纷争：五月节正临近，有关是否要在无畏舰上悬挂彩旗出现了激烈的纷争。毋庸置疑，山姆大叔拥有最大的无畏舰。"（Tokyo Puck，7：13，1 May 1911）

正久、尾崎行雄、杉田佑以及元田肇在内的 250 多名党员都在认真聆听他们的党首西园寺就日本时局阐述自己的观点,这一时局后来被人们称之为"大正政治危机(Taisho seihen)"。尽管正是西园寺同意海军扩军却拒绝支持陆军扩军导致了陆军大臣上原勇作 12 月初的辞职,而上原的辞职又导致了西园寺上届内阁(1911 年 8 月至 1912 年 12 月)的倒台,但是西园寺这位政友会领袖告诉与会的党员们,他丝毫不为他所做的一切感到后悔①。相反,这位博学的贵族还敦促政友会按原计划缩减陆军开支,从而实现减税及与之同样重要的海军扩军目标。虽然西园寺的演说赢得了党员们雷鸣般的掌声和海军的支持,但并未得到陆军及新首相桂太郎的支持。在上原勇作刚刚辞职后,西园寺就发表以上言论,恰恰再次证明了以下事实:日俄战争中桂与西园寺及原敬之间建立起来的以实用主义导向的政治关系已不复存在,而正是他们之间的这种联盟关系才确保了 1905 年以来内阁与国会间关系的稳定。

虽然政友会与桂之间这种默契的工作关系已经不复存在,但这并不意味着精英阶层政治实用主义的结束。而且,这种默契的结束以及由它造成的政治旋涡在很大程度上可以归因于在日本日趋多元化的政体里另一个重量级政治行为体——海军的崛起。这样看来,西园寺接受并支持海军扩军并不像历史学家田哲夫所说的那样难以解释,因为它是一个重要的新政治联盟——海军-政友会联盟所产生的必然结果,该联盟从根本上改变了日本大正初期的精英政治。② 在日本的明治晚期及大正初期,海军基于战后日益增长的名望得以不断发展壮大。为了实现预算目标,这一时期的海军更加积极投身于精英政治,并逐渐崛起为国家政治中一个作风务实并能经常展示其强制力的重要机构。桂在 1910 年 5 月及 11 月分别向原敬及西园寺表达了以下担忧:海

---

① 这篇演讲引用于 Kobayashi Yugo, *Rikken Seiyu kai shi*(History of the Seiyukai) ,8 vols.(Tokyo:Rikken Seiyu kai shuppan kyoku,1925) :5:600−602。尽管西园寺在他的演讲中向天皇表达了他的歉意,但是他并没有向陆军的要求做出丝毫让步。

② Najita, *Hara Kei in the Politics of Compromise* ,96.Najita 写道,接受这份海军计划意味着与内阁的削减计划背道而驰,并且无法解释。西园寺的政策还在 Lesley Connors 的 *The Emperor's Adviser:Saionji Kinmochi and Pre−War Japanese Politics*(London:Croom Helm,1987) ,38−39 被提出并且讨论。

军与政友会领袖之间越来越紧密的关系将最终使双方受益匪浅,而陆军及桂将不得不为之遭受巨大损失。① 这种担忧最终成为现实。海军-政友会联盟得以形成,不仅因为双方都希望借此增强自己的政治权力及影响力,还因为他们希望借此来遏制"陆军-长州帮"对国家政治的控制,国家政治受制于"陆长帮"这一事实在大正政治危机期间广为人知。海军-政友会同盟让双方各得其所:海军在国会、政友会在官僚体制及萨摩派系中分别获得了更大的权力及影响力。而且,日益强大的海军-政友会同盟激励着双方更加大胆地追求各自利益,从而对第一次世界大战前的日本精英政治产生了巨大影响。

海军扩军与桂的第二届内阁,1908—1911 年

1910 年 5 月,在支持海军的报界发起了广泛的宣传运动之后,海军大臣斋藤实向桂的内阁提出了一项为期八年的海军扩军请求。② 具体说来,该计划请求内阁批准海军增添 15 艘主力战舰、26 艘驱逐舰及 10 艘潜水艇。这份计划的核心是增添 7 艘一流的无畏舰级战舰,这些新型舰船战力超群且价格昂贵,这将使诸如 1905 年东乡平将军的旗舰三笠号之类的老式主力战舰越来越相形见绌。在向内阁和议会分别提出该计划时,斋藤实宣称,日本海军和不断出现的外国新式军舰相比越来越落伍。他还重申,日俄战争后,没有任何一份重要的海军扩军计划得到过批准。③ 斋藤实最后指出,为了保卫日本帝国,增添新型战舰是必要的。保卫帝国的代价是昂贵的,这一点不足为奇,但是,该项计划的成本竟然高达 4.6 亿日元。

在海军提出上述扩军计划时,日本正经历着长时期的财政紧缩。虽然这份计划没有完全超出桂的预料,但仍然置桂于十分困难的境地。海军之前通过报界进行了广泛的公关活动,这使桂预感到,海军不久将会提出军费预算要

① *Hara Kei nikki*,12 May 1910:3:23-26;ibid.12 Nov.1910:3:53-54.

② 关于这份计划的具体内容参见 Ko Hakushaku Yamamoto kaigun taishō denki hensankai, *Yamamoto Gonnohyōe den*,2:1011-1015。

③ Saitō shishaku kinen kai,*Saitō Makoto den*,2:137-142.

求,他在 5 月初就向原坦承过这一预感。但是,海军所要求的资金额度还是让桂和政友会的政治掮客原深感震惊。① 桂因此面临十分棘手的政治和军事困境。一方面,他理解提高海军实力的重要性,并预计一旦扩军得不到实现,海军因此制造出的政治乱局会提前结束他的首相生涯。因此,扩军有助于帝国及政治稳定。另一方面,桂相信,尽管海军所要求的 4.6 亿日元预算是 8 年多的总额,但政府依然无法承担。桂的解决方案(至少是他向原吐露的方案)是,在"尽量推迟做出决定"的同时,努力抽调一笔少于海军预算要求的资金来安抚海军官员,哪怕只能算是权宜之计。②

桂认为,拖延战术从短期和长期来看都有缺陷。在 6、7 月的大部分时间里,海军官员加强了他们在海军内部和整个内阁层面的政治活动。许多海军人士认为,海军大臣斋藤实可能会接受桂倡议的折中性扩军计划,因而他们并不完全依赖斋藤。海军部及海军总参里的官员都积极参与精英政治层面的运作,希望整个海军扩军计划能得到全部通过。③ 7 月 9 日,在内阁预定讨论海军扩军计划的三天前,海军物资供应处处长松本和中将会见了海军副大臣、山本权兵卫的女婿财部彪,并向他表达了如下担忧:如果不向桂进行更多的施压,海军扩军计划可能会被削减甚至完全拒绝。④ 就在这次会晤之后,财部又立即拜见了山本关系圈的另一位核心成员、海军总长伊集院五郎上将。在简短的讨论之后,伊集院同意去拜会斋藤。他还暗示,根据与斋藤的会见结果,如果确有必要,他会亲自拜见桂。

得到了伊集院的承诺后,财部离开了海军总参总部,但这位海军副大臣的政治运作并未就此结束。第二天,也就是 7 月 10 日,财部又拜访了山本的私人住宅台町并向他陈述了前两天的相关情况。听完之后,山本立即对斋藤没

---

① *Hara Kei nikki*,12 May 1910:3:23-26.

② *Hara Kei nikki*,12 May 1910:3:23-26.

③ *Takarabe Takeshi nikki*,9 July 1910:1:109.

④ *Takarabe Takeshi nikki*,9 July 1910:1:109.一部分海军官员表达了以下担忧:被 Nomura Kichisaburowould 上将随后称为妥协大师的斋藤,可能会接受一份少于 4.02 亿元的削减版扩军计划。参见 Ikeda,*Nihonno kaigun*,2:21-22。

能从桂那儿获得支持海军全部扩军计划的坚定承诺进行了严厉的谴责。① 接着,山本列举了大量的历史事例,用以证明以前的海军大臣们在面临似乎难以跨越的政治障碍时是如何坚定维护海军利益的。他最后指出,(与陆军不同的是)海军为了实现政治及预算目标总是不得不拼尽全力。他还默许除了斋藤之外,包括伊集院在内的其他官员可以直接与桂接触一起讨论海军扩军计划。

次日上午,伊集院拜见桂并与他一起讨论完整的海军扩军计划,内阁已决定将在 7 月 12 日讨论该计划。不出人们所料,这位海军总长从军事及战略角度向桂论证了为什么海军扩军计划对于日本来说绝对是必不可少的。但是,伊集院不仅依靠军事论证,还充分利用他自己的个人魅力及政治睿智来试图说服桂。他指出,作为一名军人出身的官员,桂比任何一名前任首相都能更好地理解海军扩军请求。除了这些恭维之词以外,伊集院还声称,一旦海军扩军得以实现,它就会转而支持陆军的扩军计划。② 首相桂重申,海军总的预算要求不可能得到批准,但是内阁可能会接受一份缩减了预算的扩军计划。也许是为了保住自己的首相之位,桂还暗示,如果他还在位,他会在 1913 年后继续支持新一轮海军扩军。虽然没有完全如愿以偿,但是获得了在 1911—1913 年间进行适度扩军的坚定承诺足以避免伊集院或斋藤的辞职。③

在 7 月 12 日的内阁会议上,大臣们原则上同意一天前桂在与伊集院讨论时所暗示的折中方案。④ 在这次长达一天的会议上,桂批准了一份价值 8,200 万日元的海军扩军计划,这批资金只能支撑有限的海军建设及在建舰船的技术升级。在整体财政紧缩时期,出身于陆军上将的首相桂之所以批准这份扩军计划并且同时拒绝陆军更小规模的扩军要求,主要出于国家防卫及国内政

① *Takarabe Takeshi nikki*,10 July 1910:1:109-110.

② 财部将伊集院和桂的讨论转述给了山本。参见 *Takarabe Takeshi nikki*,11 July 1910:1:110-112。

③ 松本和财部都坚信,如果内阁在 1910 年搁置海军的扩军计划,那么海军部长斋藤和海军参谋总长都将辞职。*Takarabe Takeshi nikki*,9 July 1910:1:109。

④ Ko Hakushaku Yamamoto kaigun taishō denki hensankai,*Yamamoto Gonnohyōe den*,2:1011.

治两个方面的原因。显而易见,在无畏级军舰诞生后,桂再也不能无视以下事实:无论在数量还是在质量上,日本海军正日益落后于其他强国的海军。因而,对于报纸上披露以及包括伊集院在内的海军官员们提供的相关图表和数字,桂不可能不闻不问。然而,国内政治对于他在 1910 年的所作所为也起到了一定的影响,但这些影响不一定都是关键性的,桂在整个首相任期内的其他行为也同样如此。在 1910—1911 年间,桂一直在努力试图保住自己的首相之位,他采用的策略是有限度地支持海军扩军要求以防止海军大臣的辞职,因为如果海军拨款金额没有任何增加,很可能出现海军大臣辞职的局面。桂知道,在上述情况下,如果没有其他现役将级海军军官愿意担任海军大臣以填补空缺,那将会导致内阁的倒台。除此之外,桂还担心海军与政友会沆瀣一气。桂希望在英日盟约修订或上院选举结束之前,降低海军与政友会联手主宰内阁的可能性,而上述两大事件预计 1911 年上半年都将发生。根据田哲夫的理解,令桂最为担心的是:如果海军与政友会在上院选举前联手控制了内阁,那么该内阁就会向大批支持政友会或海军的人士授予爵位。① 当爵士们选举代表担任上院议员时,大批支持政友会或海军的新爵士们能够对选举结果及上院议员的构成产生影响,而在 1910 年,上院却属于山县派系的长州及亲陆军人士的势力范围。因此,经过一番政治考量,桂不得不在海军扩军问题上进行妥协。

桂担心在精英阶层会出现海军-政友会联盟,而 1910—1911 年间时局的发展则印证了他的担心。1910 年 11 月 11 日,床次竹二郎拜访了原,并一起讨论了当时的政治形势。由于床次竹是原的心腹朋友、政友会党员及萨摩人,毫无疑问他是撮合政友会与海军联姻的理想人选,而他确实在这个角色上干得非常出色。床次竹在讨论一开始就提到了山本权兵卫,原回应说,以山本为首的萨摩派"只有与一个政党结盟才会得以壮大",因为如果不结盟的话,他们"根本不是长州派的对手"。② 在那之后,床次竹坦承了他想促成两家联姻

① Najita, *Hara Kei in the Politics of Compromise*, 85—86.

② *Hara Kei nikki*, 11 Nov.1910:3:52—53.

的愿望，并告诉原双方需要进一步洽谈。一直都雄心勃勃的原很快就同意床次竹的想法，并承认"保持沟通对于双方（以床次竹作为代表的山本及原本人）都很重要"。①

两周后，当另一位与山本及政友会的关系都很融洽的萨摩官员拜访原的时候，这种沟通得以继续，他就是安乐剑道。② 与床次竹一样，安乐也是萨摩人，在原的提携及支持下，他被提拔为东京警察总署署长，表现非常优秀。在11 月 29 日的会晤中，安乐向原汇报了他最近一次与山本会见的情况。山本在这次会见中表示，不管下一届内阁由谁来领导，内阁成员都应该包括原和松田正久，后者是自 7 月以来与山本一直保持联系的政友会领袖。③ 山本的这一表态明确地表明了他很有兴趣与原进行会晤，关于这一点安乐在向原吐露时表达得最清楚："山本看上去雄心勃勃，"并且希望与原进行会晤一起讨论内阁政治。原对此的回应是："虽然我也很希望会见山本，但桂对我们的动向非常关注……因此，我认为在这个节骨眼上我们不大可能会面。"④尽管政友会领袖与海军高官之间的会面被推迟了，但他们通过萨摩中间人而进行的相互沟通一直持续到 1913 年新内阁的诞生，该内阁的主宰者正是已联合起来的山本和政友会。⑤

原在得知了海军-萨摩帮的雄心壮志并受到山本急于一起商讨未来新内阁组阁问题的鼓舞后，就加快了与其他政友会领袖讨论组建未来内阁的步伐。在与野田卯太郎（11 月 27 日，12 月 1、4、11 日）、松田正久（12 月 5、12、14、18日）以及西园寺（12 月 2、15、18 日）等其他党员的会晤中，原强调了两个重要观点：其一，一旦受到邀请，西园寺愿意领导下一届内阁；其二，桂拒绝下台令他和其他政友会领袖一样气愤，他们都乐见最迟于新年之初由西园寺领导的

---

① *Hara Kei nikki*，11 Nov. 1910：3：53.

② *Hara Kei nikki*，29 Nov. 1910：3：58.

③ 财部讨论了山本的谈话和会面。具体参见 *Takarabe Takeshi nikki*，9 July 1910 1：109。

④ *Hara Kei nikki*，29 Nov. 1910：3：58.

⑤ Yamamoto Shirō, *Yamamoto naikaku no kisōteki kenkyu*（Research into the formation of the Yamamoto cabinet）（Kyoto：Kyoto Joshi Daigaku，1982）：53—93.

新内阁组阁成功。① 而且，从他与其他政友会党员及萨摩中间人的沟通中，原很清楚地意识到，山本与政友会的很多领导人一样，对桂也心怀敌意。②

原在掌握了上述重要信息之后便参见了首相桂并就国家预算、海军扩军以及内阁现状等问题对他进行了敲打。在他们12月4日的会晤中，原很好地利用了桂之前向他表达的担忧：国会里的各党派会在海军扩军问题上制造麻烦。原直截了当地问桂为什么要支持海军扩军，对此桂很得意地回答说，通过有限度地同意海军扩军，他已经"掌控了海军"。但是，原对有关的事实却了解得更加准确，这主要得益于他之前与萨摩中间人的讨论及自己本人的观察。③ 让原很失望的是，桂并未表达出任何愿意为西园寺让位的打算。次日，原向桂的心腹之一井上馨坦承道："虽然我与桂之前是多年的朋友，但现在情况却变得如此糟糕，这确实令人遗憾……此时前途未卜，这势必会引起更多的猜疑。"④在12月4日会晤的10天后，原与桂再次就内阁政治交换了看法。桂表示，他希望一直任职至所有条约全部修订结束（或根据原的理解，在上院选举之前）。尽管原对此感到失望，但他在这次会晤结束时仍然得出了以下两个结论（其中前者是错误的）：桂将不会再次出任首相一职，也不会支持寺内将军作为他的继任者。⑤ 从表面上看，桂的拖延战术给国家政治带来了稳定。但是，事实是，桂在位的时间越长，原和山本就越发觉打造一个海军-政友

---

① 12月2日西园寺告知了原他想要担任新一届内阁首相的意愿。参见 *Hara Kei nikki*, 2 Dec.1910:3:59-60。

② 在1909年11月17日 Yamamoto Tatsuo, Anraku, 和原的会晤中，原回忆说："我听说山本权兵卫对山县和长州派系的破坏感到愤愤不平，并曾向伊藤抱怨过这种情况。"参见 *Hara Kei nikki*, 17 Nov.1909:2:385-386。

③ 原的日记记录了大量有关萨摩与长州以及海军与陆军之间的紧张关系。在1910年11月12日，原去参加了一个庆祝 Matsukata Masayoshi 夫妇结婚15周年的公园聚会。包括内阁成员在内的几百人参加了该聚会。原回忆说，看到长州人坐在一起（如桂，井上，寺内等），而萨摩人则坐在另一张桌子旁（如山本、桦山、东乡平等），这样的场面很可笑。参见 *Hara Kei nikki*, 22 Nov.1910:3:55-56。

④ *Hara Kei nikki*, 5 Dec.1910:3:64-65.

⑤ *Hara Kei nikki*, 14 Dec.1910:3:67-72.在这次会议中，桂承认现在的内阁将是他任职的最后一届内阁。

会联盟具有很强的吸引力。

1910 年末及 1911 年初,海军大臣斎藤在国会所做的一切在普通党员层面极大地促进了海军-政友会联盟的形成。实际上,削减版的价值为 8,200 万日元的扩军计划要想获得通过的最后一关是需要得到国会的批准。斎藤出色地完成了这一使命。斎藤 1910 年 6、7 月在内阁层面使用的过于务实的方法引起了公愤以及海军总参人士和其他海军部官员的政治介入,但他在国会所做的声援海军的努力却获得了海军同僚及议员们的一致赞许。曾经被誉为妥协大师的斎藤拥有一段非凡的海军生涯:1898—1906 年在山本手下任副海军大臣;1906 年起开始担任海军大臣,在这个职位上他一直干到 1914 年,成为在这个岗位上连续任职时间最长的官员。这些都归因于他的政治策略、务实作风及耐心的品质。在 1911 年 1 月 23 日的国会预算委员会会议上,斎藤很娴熟地回答了国民党改革派领袖大石正巳的询问。"海军,"斎藤直截了当地说道:"一直都在渴望进行扩军,"但是 1906—1909 年间日本的财政困难使它不得不放弃大幅提高海军经费的要求。① 取而代之的是,海军奉行了勤俭节约的路线,通过对缴获的俄国舰船进行改造升级来补充日本海军的实力。但是,当下的海军发展出现了重大的革新,无畏级战舰已经完成了试验阶段并成为了战舰的标杆,因此,日本需要迎头赶上。尽管海军希望在 1910—1911 年间进行大幅扩军,但是斎藤认为,考虑到日本经济及财政现状,海军部只要求获得削减版的 8,200 万日元的扩军经费。在整个议会会议期间,斎藤一直保持着这种中肯的态度,语言坦诚且平和,这一切使海军受益匪浅。议会两院在通过海军提出的要求时几乎没有遭遇多少异议。②

在议员们批准 8,200 万日元的扩军计划几个月后,斎藤关于海军一直渴望进行扩军的坦率言论得到了证实。1911 年 5 月,斎藤提出了一份总成本达 3.52 亿日元的 7 年扩军计划,此计划并不包括之前国会已经批准的扩军经费。③ 对于首相桂来说,这不仅是一个爆炸性的事件,而且海军提出该计

① Saitō shishaku kinenkai, *Saitō Makoto den*, 2:137-139.

② Saitō shishaku kinenkai, *Saitō Makoto den*, 2:139-141.

③ Ko Hakushaku Yamamoto kaigun taishō denki hensankai, *Yamamoto Gonnohyōe den*, 2:1012.

划的时机也是最不合时宜的。作为回应，他拒绝在完成条约修改及上院选举之前处理该事件。原因之一是，桂深知，如果他断然拒绝海军的要求，斋藤很有可能引咎辞职或迫于海军的压力而辞职。另一原因是，如果他接受该计划，甚至是批准削减过的计划，就会遭到来自两大阵营的强烈批评：1911 年也提出过扩军计划却遭到桂置之不理的陆军以及不希望大幅度提高军费的议员们。因此，桂采取了回避的策略，即不介入内阁就该问题举行的讨论。至少对于桂本人来说，该策略较为成功。当桂在 8 月正式提出辞职的时候，海军问题仍悬而未决，还需等待新首相西园寺公望的指示。

海军扩军与西园寺第二届内阁，1911 — 1912 年

8 月在桂辞职及西园寺接受任命之后，海军就开始争分夺秒地推动当局对 5 月提交的总计达 3.52 亿日元的扩军申请进行讨论。在西园寺正式就任首相的当天，斋藤就拜访了他并向他提交了海军扩军计划。[①] 斋藤一如既往地秉承务实的态度，承认海军提出的扩军计划所带来的财政困难，但同时重申，如果不进行扩军，海军将在帝国防卫上面临严重的困难。在国会同意追加8,200 万日元拨款的数月后，海军再次提出扩军申请，这使东京贵族西园寺大吃一惊，但妥协大师斋藤提出了另一种解决方案。如果西园寺原则上同意海军需要进一步扩军，斋藤表示愿意暂时取消计划中的部分资金。首相拒绝了该项建议，他深知，在 11 月预算谈判正式开始之后，该建议会成为人们攻击他的工具。西园寺只提出了以下观点：只有在对国家财政状况进行更彻底的调查之后，才能就扩军原则及实际计划做出决策。[②] 首相希望政府的每个部级机关都将自己的行政经费减少 10% 至 15%，但他同时也承认，这将是一件艰

---

① *Hara Kei nikki*, 29 Aug.1911; 3; 160-161; 以及 Saitō shishaku kinenkai, *Saitō Makoto den*, 2; 168. 有关这份计划中军事部分的详细内容可参见 Ko Hakushaku Yamamoto kaigun taishō denki hensankai, *Yamamoto Gonnohyōe den*, 2; 1012。

② 与向原转达的一样。参见 *Hara Kei nikki*, 29 Aug.1911; 3; 160-161。

巨的任务。①

日本第 14 任首相西园寺除了希望削减预算外，还在就职后的第一天就不得不面对他的前任们同样倍感困扰的问题：在一个赋予军事大臣诸多政治特权的政治体制内，如何实现扩军申请与其他预算需求之间的平衡。西园寺和原在讨论斋藤的建议时都一致认为，如果不允许这位海军大臣向全体内阁成员提出他的扩军计划，他极有可能辞职，这会使内阁面临垮台的危险。而且，即使能在数量有限的现役将级军官中物色到一位新海军大臣的人选，这位新大臣还会提出同样的扩军计划。② 因此，西园寺和原两人一致同意允许斋藤向全体内阁成员正式提出扩军申请。原还补充说："如果没有足够的预算资金来支撑这份计划，我们会召开一次会议并邀请天皇亲自参加。"③尽管正如斋藤所料，原和西园寺对海军扩军所需财政资金非常担忧，但他们两人皆意识到，给斋藤一个在内阁提出扩军计划的机会是保全内阁的最好方法。斋藤在接到向内阁提出全部预算请求的通知之后欣然应允。

11 月 2 日，斋藤以惯常的务实风格向全体内阁成员提出了完整的海军扩军计划。④ 这位海军大臣充分意识到日本所面临的财政困难（更不用说如果对此不做出某种形式的认同，他将会在国内面临的政治困境了），他在发言开始就承认，在目前的形势下，提出高达 3.52 亿日元的扩军计划确实有些夸张。他接着说道，这种大幅度的扩军虽说必要但不太切合实际。在那之后，斋藤提出了一份总计达 9,000 万日元用于购买 3 艘新战舰的削减版的计划。斋藤声称，9,000 万日元的扩军计划不需要在 1912 年追加新的拨款。当这一观点招致了很多怀疑的目光时，斋藤告知内阁大臣们，启动战舰建造合同所需的 1,500 万日元可以通过海军内部削减行政经费来弥补。斋藤最后指出，希望本

---

① Roger Hackett，"Yamagata and the Taishō Crisis, 1912 - 1913," in Sidney D. Brown, ed., *Studies on Asia* (Lincoln：University of Nebraska Press,1962)：22.

② Ritsumeikan daigaku, *Saionji Kinmochi den*, 3：123 - 124；*Hara Kei nikki*, 29 Aug. 1911：3：160-161.

③ *Hara Kei nikki*, 29 Aug. 1911：3：161.

④ *Takarabe Takeshi nikki*, 2 Nov. 1911：1：280；*Hara Kei nikki*, 2 Nov. 1911：3：182-183.

届内阁能够批准始于 1913 年总计约 8,850 万的预算拨款,用于完成合同约定的舰船建造。虽然没有大臣完全反对这项提案,但所有大臣一致认为,尽管该项提案并不要求对 1912 财年追加新的经费支出,但必须首先对国家财政状况进行进一步的调查,然后才能考虑是否批准。①

在第一次内阁预算会议结束后不久,为了为扩军计划赢得更多的支持者,各级各类海军人士在精英阶层开始了广泛的游说活动。11 月 8 日,斋藤试图说服首相,他再次宣称海军可以设法提供 1912 年的经费支出,而海军副大臣财部则号召民间人士重视这次大辩论并对其施加更大的影响力。11 月 21 日,财部在和海军同事们进行了一上午猎鸭活动之后,得知并同意松本中将邀请加藤宽治上将去游说松方正义,以获取他对海军扩军计划的支持。重要的是,加藤和松本决定通过松方之子,即松方幸次郎,来联系老松方。② 幸次郎不仅是萨摩政界元老、前首相及财政大臣的三儿子,也是海军扩军的利益相关方。这位小松方时任川崎造船厂厂长,而该造船厂是日本两大可以建造主力战舰(除了无畏级舰船之外)的私营造船厂之一。显然,海军扩军将会使小松方的公司从中受益。很多海军人士相信,老松方在财政界的影响力对于海军申请扩军来说将具有决定性的意义。

财部奉行的是 1882 年海军大臣川村住吉首次制定的行动路线,即在大臣们未做最后决定之前,先展开对萨摩内阁成员们的游说。海军副大臣财部在与松方父子进行讨论的第二天,又写信给植村上将,请他负责联系农业大臣牧野伸显和司法大臣松田九郎。虽然松田不像牧野那样来自萨摩,但他是政友会九州派系(它包含萨摩派系)的领袖,该派系是在国会中越来越支持海军扩军的政友会里的一个强大分支。实际上,自 1904 年以来,九州派系已经成为政友会的势力堡垒。在 1904—1917 年间,政友会每一个选举委员会的席位都会给鹿儿岛县。

11 月 24 日,当内阁开会讨论 1912 年最终预算方案时,海军的计谋显露

---

① 内阁的讨论内容参见 *Hara Kei nikki*,2 Nov.1911:3:182–183。

② *Takarabe Takeshi nikki*,21 Nov.1911:1:287.

无遗。对于海军及为海军扩军方案的通过而付出了大量的努力和时间的那些官员们来说，这是一个十分紧张的时刻。财部也非常看重这次内阁会议，他甚至放弃了去横须贺沿岸观看实弹演习的机会，目的是为了防止"在当天的预算评估会上出现一些紧急情况。"①后来证明财部的决定是正确的。内阁大臣们就预算中的海军部分达成一致后，斋藤马上召见财部，并在他到达首相官邸后向他出示了一份手写的备忘录，上面这样写道：②

> 内阁决定，在明治 45 年（1912 年）行政改革完成以后，将考虑海军向本次会议提交的海军扩军计划。本决定将会公布于众。但是一项初步的决定是，在明治 46 年（1913 年）才正式启动该项扩军计划。在未来开始签订秘密合同应该没有问题，但在此之前必须获得内阁的批准。这些决定属于绝对机密，只有相关负责人知晓。

财部看完后一言不发。对于他来说，因为内阁没有为 1912 年追加额外预算资金以马上开始建造新舰船，所以该决定看上去意味着失败。那天晚上，他向前吴海军部司令（1905—1909 年）、现任日本钢厂厂长的山内鳟二上将坦承了自己的异议，并建议为了维护海军的威望，斋藤或者他的一名海军部下属（暗指他自己）必须为没能争取到内阁批准立即进行扩军而辞职。山内却提出了不同的建议。

山内指出，这算不上失败。虽然内阁大臣拒绝在 1912 年拨款购买军舰，但他们同意，海军可以签订添置军舰的合同，且从 1913 年起提供合同所需资金。内阁的以上决定不仅使国会在 1912 年无须讨论扩军问题，而且自己还做出了重要承诺：在随后的数年里无论日本陷入多大的政治及财政困境，都会支持海军扩军。而且，如果内阁在次年出尔反尔违背该决定，必将会导致海军的抗议及官员们的辞职，这样势必会使未来新内阁处于危险之中，而新内阁注定

① *Takarabe Takeshi nikki*，24 Nov.1911：1：288-289.

② *Takarabe Takeshi nikki*，24 Nov.1911：1：288-289；相关讨论可见于 *Hara Kei nikki*，24 Nov.1911：3：188-189。

会延续他们前任同样的行动策略。

海军里的其他人士赞同山内的以上评价。斋藤把 11 月 24 日内阁达成的一致意见视为一种胜利。11 月 25 日在与财部进行讨论时,斋藤重申了该观点,并声称为了海军扩军"现在应该制定详细计划"。① 财部勉强接受了他的观点,并鼓励斋藤为了节约资金必须立即开始精简行政,节省出的 150 多万日元可以用来建造计划中的三艘军舰。但是,财部所采取的行动远不止这些。由于他希望得到内阁有关自 1913 年起支持海军扩军的书面保证,就让松本中将写了一份所有内阁大臣都将签章的决议书,以此表示他们的赞同。② 重要的是,财部希望这份决议书包含具体预算拨款金额并承诺批准之前 8 月申请的 3.52 亿日元海军扩军所需资金总额。松本撰写的决议书这样写道:③

> 认同本计划所阐述的海军扩军的必要性。但是,鉴于目前的财政现状,帝国政府的财力无法承受扩军所需 3.519 亿日元的成本。因此,已就从明治 46 年(1913 年)开始拨款 9,000 万日元做出了非正式决定,该项预算金额用于建造三艘急需的战舰。扩军所需其他资金将于明治 49 年(1916 年)开始进行拨款。在政府的行政改革全部完成之后,将决定上述 9,000 万日元的年度拨款的拨付批次。在获得内阁批准后,通过秘密签订建造合同,海军大臣可以在明治 45 年(1912 年)启动上述三艘战舰的建造。

在松本将以上决议书呈交给全体内阁大臣(内务大臣原敬除外)之后,大臣们进行了短时间的辩论,随即同意在原则上按照 1911 年达成的一致观点支持海军扩军。但是,大臣们反对在印有"通过秘密签订建造合同"这样表述的文件上签章,因此海军在终稿中删除了该表述。④ 三天后,当内阁再次讨论海

---

① *Takarabe Takeshi nikki*,25 Nov.1911:1:289.

② *Takarabe Takeshi nikki*,26 Nov.1911:1:290.

③ *Takarabe Takeshi nikki*,26 Nov.1911:1:290.

④ *Takarabe Takeshi nikki*,28 Nov.1911:1:291.

军的决议书时,内务大臣原敬也在场,他完全同意删除"秘密"这样的字样,但是他极力支持海军将具体预算金额写进该文件。①

但是,在有关海军扩军的讨论结束前,又有一个新的议题出现了(最终被证明具有很大的破坏性):陆军扩军。当海军为未来扩军获得了政治承诺时,陆军大臣石本新六当然不希望自己的部门一直被边缘化,他提出了陆军的扩军申请并最后成功获得了内阁的承诺:将于 1912 年晚些时候批准陆军在次年扩增两个师团的兵力。② 在这个突如其来的申请被提出并获得同意之后,原询问是否将陆军扩军计划公布于众。西园寺回答道:"当然公布。"石本却提出了相反的建议,他认为在陆军完成了机构精简之后再将之公布于众效果会更好。该观点得到了原的赞同。因此,1912 年底,内阁就支持两大部门进行扩军做出了政治承诺,无疑它得益于精英政治层面的运作。

1910—1911 年间海军的政治运作使其在预算拨款上获得了相当大的回报。在内阁层面强制与说服并用,在国会展现宽宏大量,在日本政治中动员一切可以利用的重要人脉,所有以上策略使海军在国家财政紧缩时期获得了预算拨款的一次次胜利。但对于西园寺和桂来说,至少从长远角度来看,结果似乎并不尽如人意。两位高官都将未来寄托在同一策略上:对未来的扩军给予政治承诺,以此来换取当前内阁的稳定。正如 1912 年发生的一系列事件所揭示的,军事大臣拥有一些特殊的政治特权。当他们认为内阁违背了之前所做的支持扩军的政治承诺时,内阁的稳定局面就会随之灰飞烟灭了。

1912 年的整个夏天,西园寺越来越为即将举行的内阁谈判忧心忡忡,该谈判事关 1913 年及之后的预算拨款问题,他的担忧是有根据的。两个军部不仅都获得了可以于 1913 年进行扩军的政治承诺,还进行了机构精简来减少日常开支。两位军部大臣都相信,机构精简会使各自的扩军在政治及财政上更容易被接受。其实,他们的这一观点并不正确。除了上述情况外,在石本新六将军去世后,上原勇作将军在 4 月被任命为陆军部大臣,这使西园寺、原及很

---

① *Hara Kei nikki*,1 Dec.1911;3;190.

② *Hara Kei nikki*,1 Dec.1911;3;190.

多海军官员感到担忧。① 许多政府及军中人士都将上原视为鹰派人物，他在推进陆军扩军计划时很少有妥协的空间。② 这些预测后来被证明是完全正确的。

鉴于上原决心不让海军或内阁在策略上占据上风，人们期待他也许会是这次预算战的发起者，但是实际上，海军却于 1912 年秋首先向内阁提出了它的扩军计划。③ 11 月 5 日，正好是海军在横滨沿岸举行盛大阅兵的一周之前，该计划在内阁得以公布，斋藤请求内阁批准一份 9 年 3.52 亿日元的扩军计划，它与一年前其提交的计划不无二致。斋藤将对这份计划的批准视为 1911 年已达成的预算总协议的一部分，他最后要求尽快解决该问题，并提醒说上一年已经就该问题进行过辩论并在随后得到了圆满的解决。大臣们虽然原则上同意斋藤的申请，却回避其中 3.52 亿日元的成本。最终，内阁还是支持之前就已经获得批准的始于 1913 年的 9,000 万日元的扩军方案。

虽然海军问题得到了顺利的解决（至少海军是这样看的），但是有一个重要因素却妨碍了整个预算问题的快速及顺利解决：陆军扩军。1912 年夏末，西园寺和海军开始注意到，陆军领袖们在不遗余力地推进自己的扩军要求。8 月，在原的建议下，西园寺与桂一起讨论了陆军扩军问题，后者在 7 月从欧洲归来后被任命为大正新天皇枢密院的侍从长及掌玺大臣。④ 桂暗示说，他在皇室中的新职位使他作为一名经验丰富的政治家没法替西园寺抛头露面了。这是很不幸的，因为桂之前曾多次成功阻拦了陆军扩军申请，并因此避免了由于该申请的提出而造成内阁政治的不稳。虽然不能亲自出面干涉，桂还是建议西园寺亲自去拜会山县有朋元帅以阻止陆军提出扩军要求，或者至少将其推迟一年，但是，桂对山县是否愿意将内阁稳定置于陆军扩军之上持有太过乐观的看法。8 月 30 日，山县拒绝出面调解甚至拒绝支持就新增两个师团问题

---

① *Takarabe Takeshi niiki*，29 Oct.1911：2：95-96.

② *Hara Kei nikki*，17，18，30 Aug.1912：3：246-250.

③ 这份计划的详细内容参见 Ko Hakushaku Yamamoto kaigun taishō denki hensankai，*Yamamoto Gonnohyōe den*，2：1013。

④ Lone，*Katsura Taro*，177.

作出任何让步,①如同他后来对首相说的那样:"国家防卫是第一位的;财政政策是最后一位的。"②

到了早秋时节,海军官员们担心,陆军的不妥协态度将会导致各方在预算问题上摊牌,从而使海、陆军都不得不推迟扩军或减少为扩军申请的预算额度。更糟糕的是,斋藤、财部及山本预计,在如此大的压力下,西园寺的内阁可能会垮台,取而代之的可能是一个亲陆军、来自山县派系的首相,最有可能的人选不是田中义一就是寺内。海军领袖们相信,以上人士一旦当选,必定会在陆军扩军与海军扩军之间优先考虑前者。10 月 29 日,海军副大臣财部拜见安乐,以了解他对陆军所采用一系列计谋的看法,其结果使他更加不安。安乐预计,上原固执地坚持要不惜一切政治和经济代价获取对扩军的批准,此举必将导致西园寺内阁在有关海军问题达成任何一致意见之前就已垮台。③ 虽然安乐像以前一样再次暗示,山县显然会接替西园寺的职位,但是财部对形势的判断却更加现实,告别安乐时他显得郁郁寡欢。这位海军副大臣相信,陆军派系永远不可能支持山本作为首相的候选人。11 月 26 日,在会见内阁官房长官南弘时,财部的担忧得到了证实。交谈中,南弘坦承,在他看来,陆军扩军问题已经变得更为棘手。南弘相信,山县已经拒绝西园寺最终的请求——对陆军内部支持扩军的强硬派进行约束,④此举使局势变得更加明朗。

海军官员意识到,一旦陆军大臣辞职,不久之后内阁势必垮台。因此,他们进一步加强了各种政治活动以便能获得内阁对扩军申请的批准。11 月 14日,山本会见了西园寺首相并鼓励他"这次一定要全力以赴",对此西园寺欣然应允。⑤ 9 天后,财部再次利用他与松方幸次郎之间的工作关系获得了备受尊重的政界元老老松方的支持。11 月 25 日,财部与亲海军的小松方讨论完

---

① *Hara Kei nikki*,30 Aug.1912;3;250.

② Takakura Tetsu'ichi,*Tanaka Gi'ichi denki* (Biography of Tanaka Gi'ichi),2vols.(Tokyo:Tanaka Gi'ichi denki kanko sha,1958):1:497.也选自 Najita,*Hara Kei in the Politics of Compromise*,90。

③ *Takarabe Takeshi nikki*,29 Oct.1912;2:95-96.

④ *Takarabe Takeshi nikki*,26 Nov.1912;2:106.

⑤ *Takarabe Takeshi nikki*,22 Nov.1912;2:103-104.

之后,幸次郎就与他的父亲进行了沟通。次日,老松方要求农业大臣牧野在内阁提出折中的建议。在那之后,牧野建议内阁同时批准海军及陆军的扩军申请,但鉴于国家的财政状况,必须将陆军扩军计划的实施推迟至少一年。① 次日,财部拜见了西园寺首相,再次苦口婆心地从军事角度向他证明,对于国家防卫来说,海军扩军比陆军增加两个师团重要得多。财部最后指出,陆军扩军就像"在棋盘上添加了更多的卒却忽略了王、后及其他重要棋子"②。尽管西园寺首相已接受财部的观点,但后者还是向他侃侃而谈。但是,西园寺首相在两个军部都同时向他提出扩军要求的情况下,无法再通过军事妥协来保持内阁的稳定。在评价西园寺首相在任期的最后阶段做出的一些决策时,山本没有手下留情。他声称,西园寺的优柔寡断被陆军所利用,最后导致了"无法挽回的局面"。③

　　1912 年 11 月及 12 月初,有关扩军问题的争议愈演愈烈。11 月 9 日,陆军事务局局长田中义一向原敬、西园寺及财政大臣山本达雄解释了为什么陆军觉得有必要增加两个师团,④但这三位文职官员对他的解释没有留下多少印象。次日,西园寺在山县位于小田原的私人官邸拜见了他,山县暗示说,精简陆军机构节约出来的资金可以用于陆军扩军。⑤ 而且,由于这位长州政治家已经得知内阁在前一年已同意支持海军及陆军扩军请求,他提醒西园寺:"如果海军扩军得到实施而陆军扩军计划却遭到拒绝,那么陆军会感到很不舒服。"⑥"很不舒服"只能算是一种低调陈述。尽管如此,西园寺、松田和原在会议后经过商议,仍然决定不支持陆军的请求。

　　原感觉到一场政治风暴已经来临,随即于 11 月 16 日拜见了桂,想知道这

　　① *Takarabe Takeshi nikki*,23 and 25 Nov.1912:2:104-106.

　　② *Takarabe Takeshi nikki*,26 Nov.1912:2:106.

　　③ *Takarabe Takeshi nikki*,27 Nov.1912:2:107.

　　④ *Hara Kei nikki*,9 Nov.1912:3:260-261.

　　⑤ *Hara Kei nikki*,11 Nov.1912:3:261.

　　⑥ *Hara Kei nikki*,11 Nov.1912:3:261.Tanaka 记录了以下言论:"仅仅允许海军扩军是不合理的。我认为这是一起极端严重的事件,它可能会导致严重的后果。"参见 Takakura,*Tanaka Gi'ichi denki*,1:497。

位将军出身的前首相是否能在内阁与陆军之间进行斡旋。原向桂坦承,陆军要求增加两个师团是他从未遇到过的政治问题,他希望得到桂的帮助。[①] 但是,桂表达了异议。与此同时,山县也在私下努力赢得松方和其他政界元老对于陆军立场的支持。[②] 但是,原和山县的努力都成了徒劳,内阁还是拒绝批准陆军扩军。11 月 22 日,陆军大臣上原向内阁提交了一份扩军请求。具体说来,上原寻求获得足够资金用于新增两个师团,并最终部署朝鲜。陆军人士认为,此举在 1911 年中国爆发辛亥革命后变得至关重要,而且,它是 1907 年举行有关帝国防卫的谈判期间就已经做出的决定。虽然陆军申请的扩军成本比之前已经获得支持的海军扩军成本低廉得多,但是在讨论时,内阁对它所表现出的兴趣却要小得多。内阁声称上原的论证缺乏说服力,因而拒绝在 11 月 22 日做出任何正式的决定。6 天后的 11 月 28 日,该问题再次被提出,西园寺又要求上原就为什么于 1913 年开始陆军扩军这一至关重要问题进行解释。由于早就得知海军扩军已经获得批准,向来务实的斋藤此时插话说,陆军扩军可以在下一年实施,因为到那时它所完成的机构精简已经削减了日常开支。[③]上原断然拒绝了这一建议。谈判再次陷入僵局后,内阁同意次日再对该问题进行进一步讨论,但是仍然未能就此达成一致。由于对内阁未批准陆军扩军颇感愤怒,12 月 2 日上原辞职,3 天后,西园寺的内阁垮台。用田中将军的话说,是否要增加"两个师团问题"已经"演变成了高层政治问题",它进一步加强了政友会与"海萨帮"(山本领导的海军与萨摩族联盟)之间的团结,以共同对抗"陆长帮"(陆军与长州藩联盟)和桂。[④] 实际上,在西园寺辞职的数小时后,日本时局出现了两大新进展:海军更加坚定了实现自己政治目标的决心;在各政党的鼓励下,民众开始公开反对"陆长帮"。时局的这些变化对日本的国内政治及大正时代初期的海军发展产生了深远的影响。

---

① *Hara Kei nikki*,16 Nov.1912;3:262-263.

② *Hara Kei nikki*,23,24,25 Nov.1912:3:264-266.关于山县策略的讨论可见于 Hacket,"Yamagata and the Taishō Crisis,1912-1913,"23。

③ *Hara Kei nikki*,28 Nov.1912;3:267-268.

④ 引自 Najita,*Hara Kei in the Politics of Compromise*,100。

海军政治与大正政治危机

西园寺内阁一垮台,山本及其他海军高级官员就开始潜心于有关新首相的物色及任命的政治工作中,因为海军领袖们需要新首相将之前业已认可的9,000万日元预算的扩军计划提交给国会。但是,谁也无法保证下一个首相肯定会支持或捍卫海军的利益。自1901年以来,日本的政界元老们第一次开会审议下一任首相的人选。这次审议始于12月6日,共持续近10天。虽然海军人士对这次审议无法施加多少影响,但所有海军高级领袖一直都在密切关注着审议的进展。虽然伊藤伊集院及财部两位上将都担心,如果一位亲陆军的人士担任首相,这样会威胁到海军1913年扩军计划的实施,但是山本不遗余力地为阻止任何一位海军上将,特别是他自己,在1912年12月出任首相。在12初至中旬期间,山本两次断然拒绝担任首相,并阻止包括松方正义在内的亲海军官员出任日本的第15任首相。[①] 但是,在12月7日尾山岩尾及井上馨这两位政界元老在三田住所拜访了松方之后,后者对首相职位表现出了特别的兴趣。三天后,松方又与桂进行了详谈。最终,山本奉劝松方:"当萨摩政治家担任首相时,山县及他的政党却在皇宫里(暗示桂担任的侍从长一职)为所欲为,这绝非好事。"[②]松方最终接受了他的劝告。

这位前海军大臣之所以拒绝担任首相这一担负国家重要政治职责的职位,主要有以下几个原因。首先,山本相信,在山县或桂在陆军内部有效阻止或成功放弃增加两个师团的要求之前,内阁政治还会像以前一样不稳定。如果山本在陆军扩军问题没有得到解决的情况下就出任首相一职,那么这位作为首相的萨摩上将将会面临三种可以选择的行动路线。其一,山本可以立即拒绝陆军扩军请求,如同西园寺之前于11月末所做的那样,但山本很清楚,这

---

① *Takarabe Takeshi nikki*,4 Dec.1912:2:111.松方幸次郎告诉财部,在12月12日他的父亲松方正义极力游说山本接受首相的职位,但是遭到了山本的断然拒绝。*Takarabe Takeshi nikki*,12 Dec.1912:2:115-116。

② *Takarabe Takeshi nikki*,9 Dec.1912:2:114.

势必会导致陆军大臣的辞职。这样,上一届西园寺内阁所发生的事件将会重演,对于日本首位上将出身的首相来说,以此方式开启其政治生涯并不理想。其二,新任首相可以接受陆军要求并努力在政友会控制的国会强行通过该要求。该项政策注定会失败,原因有两点:一是西园寺政府垮台所引起的民众抗议;二是上述强制策略可能会破坏山本与政友会之间关系,而该关系却是山本1912 年希望努力进行强化的。最后,在政界元老会的敦促下,出身于海军或亲海军人士的首相可能将不得不在 1913 年暂时推迟海、陆军的扩军,从而使军队、内阁及国会在 1914 年前达成妥协。尽管对于包括松方在内的日本年长的政治家来说,最后一种选择更具吸引力,但是如果山本和海军做出此选择,不仅会一无所获还会失去很多。由于西园寺的上一届内阁已经同意支持海军扩军,而且原也承诺让政友会在国会给予海军扩军同样的支持,因而山本不会愿意充当陆军与政党之间的调解人,从而将海军置于危险境地,他也不会同意为了平息陆军官员们的愤怒而推迟之前已经获得一致同意的海军扩军。虽然山本希望扩大自己的权力,但他所拥有的敏锐的政治本能和远见提醒他,不要在政治纷争刚刚出现且还未解决的时候就过早地陷进去。"长州帮的领袖们应该对当前的政治乱局负责",山本对松方及山县说:"让他们去负责恢复秩序。"①最后,从纯粹部门利益的角度看:"陆长帮"与各政党之间关系的恶化只会使山本及海军从中获利。正是由于是否需要增加两个陆军师团问题所引起的长期纷争,使得海军与政友会之间的正式联盟关系对双方具有了更大的吸引力。

1912 年 12 月,虽然山本尽力回避担任肩负国家重任的任何职位,但是他却不遗余力地激励海军大臣,坚决挫败任何旨在削减或撤销总开支达 9,000万日元扩军计划的企图,该计划已获得批准并定于 1913 年开始实施。山本预计,在皇室的支持下,由政界元老指定的下任首相可能会与斋藤接触以寻求达成一份折中方案,内阁会根据该方案将陆、海军的扩军请求推迟至 1914 年。

---

① Tokutomi Ichirō, *Yamagata Aritomo den*(Biography of Yamagata Aritomo), vol 3. (Tokyo: 1934);3:817-818.可见于 Hackett,"Yamagata and theTaishō Crisis,"25。

山本相信,该政策有可能会受到新首相的青睐,因为它能结束当前由军事扩军问题引起的政治对立,并极大地平息陆军的愤怒和嫉妒,毕竟这些情绪是由政府因财政紧缩而拒绝为他们增加两个师团所引起的。山本在 12 月 14 日写给斋藤实及财部上将的一封信函中明确表达了这些忧虑,他这样写道:①

> 鉴于目前很难组建新内阁,有可能最终任职的是一位二流或三流的政客。果真如此,可能会因为要同时推迟海军扩军及增加陆军师团而出现争论。但是,海军是否应该扩军或者是否应该推迟增加陆军师团,应该由国家大臣来决定。据我所知,政界元老不应该干涉该类问题,甚至连天皇都不应该对此进行干预。这个问题需要认真考虑。我们不应该在没有经过全面考虑的情况下就赞同以下观点:海军扩军与增加陆军师团是同一类性质的问题。我希望你们对此十分谨慎,否则就会被对手抓住把柄从而陷入十分困难的境地。

后来形势的发展证明山本是很有预见力的。12 月 17 日,政界元老会选择桂作为下任首相。上午 11 点整,桂收到天皇敕令再次出任首相一职。几个小时后,桂就要求正式会见斋藤,他不仅是为了与斋藤讨论海军扩军的问题,还想了解这位前海军大臣是否愿意留任海军大臣或推荐另一位上将担任该职。山本已经提前预计到了桂的这一举措,并向斋藤传达了比 12 月 14 日提出的更为严肃的忠告,他如此告知这位海军实用主义者:"你与桂进行会晤时,如果他提出关于你的继任者问题,绝对不要向他推荐任何人选。考虑到海军内部的权力竞争,这样做是上策。"②这些忠告是由海军副大臣、山本的女婿财部传达给海军大臣的。除此之外,山本还警告斋藤(并通过斋藤传达给桂):海军扩军问题是不可以谈判的,如果海军在该问题上遭到逼迫,它就会像陆军月初所做的那样,抵制任命海军大臣。

---

① *Takarabe Takeshi nikki*,14 Dec.1912;2;117.

② Saitō shishaku kinenkai,*Saitō Makoto den*,2:216-218;*Takarabe Takeshi nikki*,17 Dec.1912;2:118-119.

从当天起,桂与斋藤开始讨论预算问题,此次讨论持续了该周的大部分时间。正如山本所预计的那样,桂首先会见了西园寺并向他简单介绍了政治折中方案。① 桂先建议将海、陆军的扩军都推迟一年。② 当斋藤对该建议表达不满时,诡计多端的桂向他保证,在没有获得 3.5 亿日元扩军计划全额拨款甚至没有得到之前获准的定于 1913 年划拨的 9,000 万日元的情况下,舰船的建造仍可以继续进行。这与西园寺内阁之前提出却遭到拒绝的建议非常相似。根据该建议,海军将签订一些秘密合同,以确保款项可以先通过一个活期账户进行垫付,在国会第二年批准整个扩军计划后再进行付还。在斋藤断然拒绝了该建议后,桂又提出了另一个解决方案。他向斋藤保证,在下一次国会会议上,内阁将提出一份耗资 300 万日元的扩军方案为海军建造三艘战舰。桂指出,鉴于扩军请求当前所面临的政治形势及财政状况,目前绝对不可能通过全额高达 3.5 亿日元的一揽子扩军计划,其中也包括上届内阁批准的、始于 1913 年的 9,000 万日元拨款。桂还暗示说,预算政治需要改革。他还略谈了通过成立军事防务委员会来实现改革目标的计划。该委员会由陆军、海军、财政部及内阁等部门的代表组成,在理论上,它至少可以在扩军计划提交国会之前协调陆军和海军的相关请求。③ 桂相信,一个类似的机构不仅可以消除军事拨款问题导致的政治不稳定,还可以消除自 1907 年帝国防务会议召开以来越来越严重的部门间对立。持此观点的不止桂一人。在大正政治危机爆发之初,原曾将由拨款问题引起的越来越白热化的部门间对立称为"邪恶的行径,正是它促成了西园寺内阁的垮台"④。

可想而知,当斋藤将他与桂一起讨论的情况告诉其他海军高级官员时,他们做出了迅速反应。财部立即辩称,想要海军支持桂提出的所谓折中方案是不可思议的。伊集院上将也马上向桂传达了同样的信息。不久,山本也表示

① 关于预算讨论的细节详见 Saitō shishaku kinenkai, *Saitō Makoto den*, 2:216-225。*Tokyo Asahi shinbun* 等报纸也开办了关于这场讨论的每日专栏。

② *Takarabe Takeshi nikki*, 19 Dec.1912:2:121-122.

③ 有关国防委员会的相关讨论可见于 *Takarabe Takeshi nikki*, 18 Dec.1912:2:119-120。

④ *Hara Kei nikki*, 1 Dec.1912:3:190.

支持两位下属所持的强硬立场。面对来自海军内部的强烈反对及山本含蓄的威胁,斋藤告知桂,他无法接受他所提出的折中方案。① 尽管如此,折中方案已经在斋藤及桂的脉搏里跳动。次日,斋藤和财政大臣松方幸次郎拜会了桂,他们对外界说,此次会面的目的是告知桂,他们不能在已被提名的内阁中任职。告别海军部的下属后,斋藤无法抵挡桂强大的个人魅力和说服力,终于接受了之前提出的折中方案:1914年初在国会提出成本达3.5亿日元的扩军计划,1913年拨款300万日元开始建造三艘战舰。② 当天晚上的晚些时候,当海军部的下属批评斋藤的时候,他宣布自己已经改变主意,并同意接受桂的提议。他说道:"本来我下决心要辞职,但桂就此与我商谈了两个多小时。我们最终达成了一个基本意向,即从下一年开始启动海军扩军计划,而我则继续担任海军大臣。"③财部立即质疑接受这份折中方案是否明智和妥当。他指出,海军很难在1914年获得对整个3.5亿日元扩军计划的支持,而且,在下一年桂很可能就很轻易地违背自己的诺言。④ 松本补充说,没有任何公司的资金担保几乎不可能签下战舰建造合同,而且300万日元只能算是杯水车薪。

由于遭遇如此巨大的阻力,斋藤当天下午就离开了海军部去和桂会面。在这个关键时刻,斋藤收回了他之前做出的将在内阁中任职的承诺。对此桂早已有所预料并拒绝接受斋藤的辞职。当斋藤坚持要辞职时,桂告知这位上将,他已经将这位海军大臣的早先决定禀告了大正天皇,如果他反悔,后果将会很严重。⑤ 在下午11点返回海军部时,斋藤发现财部、伊集院及松本上将都在焦急地等待,他们都急于知道桂对斋藤提出辞职会做出如何反应。当斋藤告知这些上将桂已经挫败了他辞职的企图时,财部和松本马上提出了辞职

①　*Takarabe Takeshi nikki*,18 Dec.1912:2:120.

②　Saitō shishaku kinenkai,*Saitō Makoto den*,2:216.

③　*Takarabe Takeshi nikki*,18 Dec.1912:2:120-121.

④　*Takarabe Takeshi nikki*,18 Dec.1912:2:121.

⑤　如同斋藤转达给财部的那样。*Takarabe Takeshi nikki*,19 Dec.1912:2:122。

请求。斋藤拒绝接受两位下属的辞职并鼓励他们仔细考虑一下辞职的决定。① 次日,《东京时事新闻》刊登了一篇援引自一名匿名海军高官的文章,据说该篇文章代表了众多知名海军军官的观点:桂的折中方案是极具侮辱性的。②

面对一群桀骜不驯、意志坚定的下属和一位诡计多端的首相已经使斋藤招架不住,而次日面临的情况更让他感到棘手。在下午 11 点会见了斋藤之后,财部向山本通报了斋藤的政治失策,这迫使海军最德高望重的上将不得不介入此事。12 月 20 日,山本会见了斋藤,这位日本海军之父坚定地告诉海军大臣:"鉴于当前海军内部的政治氛围,他不适合继续担任海军大臣。"③斋藤默认了山本的要求并在当天下午告知桂他的"最终决定"。④ 但桂不为所动,这位将军出身的首相对此举动已有所预料并已提前获得了一份要求斋藤留任内阁海军大臣的天皇敕令。这样,海军就无法通过抵制对海军大臣的任命而强迫桂接受海军的要求。⑤ 桂使出的这一招非常果敢而且史无前例,它使山本及海军没有任何可以操作的空间,至少从官方角度来看如此。作为对该局势的回应,山本让人向斋藤转达了如下信息:⑥

> 你与桂的谈判一直都在幕后进行。从现在开始,你必须在内阁会议上提出我们的原始计划,并强调内阁应该批准该计划。既然你已经接到了天皇的命令,你就应该服从命令;否则你就没有充分履行效忠天皇的职

---

① 如同斋藤转达给财部的那样。*Takarabe Takeshi nikki*,19 Dec.1912:2:122。

② 1912 年 12 月 20 日的 *Tokyo Asahi shinbun* 这样写道:"在很久之前就制定了海军的扩军计划,他不能衍变成陆军扩军计划的交换条件。海军的计划源自桂的第二届内阁,因而现在抛弃该计划并不合理。"这段话在 *Japan Weekly Mail* 21 Dec.1912,725 中有所提及。

③ *Takarabe Takeshi nikki*,20 Dec.1912:2:123-124.

④ 斋藤的官方档案声称,因桂在 12 月 20 日剔除了 1913 年预算提案中 300 万日元的要求,海军部长决定辞职。因而即使桂昨天已就条款内容清楚地表明了态度,但他想和海军达成妥协的愿望几乎难以实现。参见 Saitō shishaku kinenkai,*Saitō Makoto den*,2:217-18。

⑤ Tokutomi,*Koshaku Katsura Taro den*,2:613-619.

⑥ *Takarabe Takeshi nikki*,21 Dec.1912:2:124.

责。桂已经开始考虑将300万日元的拨款提高至600万甚至1,000万日元,因而如果你竭力强调扩军计划的重要性,我们就能获得拨款,并开始准备建造三艘战舰。这样,海军的尊严就可以得以保全。

次日,山本在海军部召集关东地区的所有将级军官,并告诉他们,遵从天皇的意愿,海军必须在斋藤的领导下,为实现未来海军的成功扩军而共同努力。由于无法对桂继续采用强制手段,山本鼓励海军采用务实的方法,他勉励海军官员们集中精力,努力争取将海军的启动资金从300万日元提高到1,000万日元。12月22日,桂同意为1913年开始的战舰建造计划追加300万日元。虽然与之前西园寺内阁同意的9,000万日元相比相去甚远,但海军领袖们不得不坚持务实主义的路线,因为桂已从天皇那里获得了海军的政治服从。正如在天皇发布敕令的第二天财部在其日记中所写:"桂是一个非常精明的人。"①但是,桂虽取得胜利但也为此付出了很大的代价。他重回政坛,虽然凭借天皇敕令成功在扩军问题上和海军的纷争中保住了自己的相位,但也因此引起了民众的强烈抗议和愤怒,海军也利用这种局面在政友会内部获得了更多的支持。虽然好运的眷顾还有待时日,虽然之前山本就曾被要求出任首相,但是总会有一天,山本和海军会受到命运的垂青。

民众抗议与山本的政治崛起

桂利用天皇敕令阻止斋藤的辞职,这一举动进一步推动了拥有政党支持、业已高涨的民众反政府抗议运动的兴起。自从西园寺内阁12月初垮台以来,《时事新报》《中央新闻》《东京朝日新闻》以及《东京日日新闻》等都市报不仅将勇敢抵制陆军要求的西园寺偶像化,还强烈批评陆军的违宪行为。12月初及中旬的大部分时间,正值政界元老会开会并最终确定下任首相之际,民众变得更加愤怒。在近两周的时间里,政友会各分部成员都涌向东京总部,参加抗

---

① *Takarabe Takeshi nikki*,22 Dec.1912:2:126.

议"派系政府"滥用职权的请愿活动,并鼓励国家领袖们坚决支持立宪政府的原则。① 选择桂作为下任内阁首相使反对派势力的决心变得更加坚定,他们之前在支持立宪政府运动中就已经成为政治盟友。在东京的歌舞伎座的一次公众聚会上,在政友会及国民党的领袖如尾崎行雄、犬养毅及杉田佑的领导下,反对派政客和普通民众集合起来,正式发起了反对桂的政治运动。② 尾崎和犬利用政友会的党内机关在全国组织民众聚会,打着"保护宪法"及"打倒派系政府"等口号,号召人民在桂解散国会的情况下重新选举他们的国会代表。桂为了确保斋藤的留任而采取的一些偏激行动进一步加强了海军与政友会之间的联盟,这极大地破坏了桂的整个行动计划。新近成立的保护宪法运动党成员,尤其是政友会成员,都多次提及海军和陆军为了实现自身目标分别采取了不同方法,海军因与上届西园寺内阁所开展的务实合作而受到高度赞扬。尾崎12月底在一次公众集会上说道:"海军现在已经意识到过去所犯的错误,""它现在倚靠的是人民的信心。而陆军则不同,它服从的是长州宗族的意愿。"③尾崎和其他人并未在公开场合下提及海军之前对西园寺采取的一些强制性措施,也未提及海军不主动提供内阁大臣人选这样的违宪行为。而且,在由斋藤任命问题所引发的危机爆发之初,许多报纸社论都是支持海军、海军领袖和海军扩军的。④ 对很多议员来说,与陆军扩军相比,海军扩军更受欢迎且鲜有争议,而且,在大正政治危机期间,长州派系的所作所为使海军的务实主义形象更加深入人心。正如11月山县在警告田中、上原及桂时预计的那样,政党人士将"利用类似于以下的口号轻而易举地攻击我们:'与人民对立的陆军'、'与人民对立的统治集团'以及'与人民对立的官僚主义者',并且会坚持不懈地全身心投入到这场斗争中"。围绕军事拨款而进行的斗争已经

① 在 Seiyu kai,*Seiyu*48(Dec.1912):45-54.官方新闻日报上刊登了。对大众的抗议游行活动进行更广泛的讨论参见 Najita,*Hara Kei in the Politics of Compromise*,101-106。

② Najita,*Hara Kei in the Politics of Compromise*,107-119。

③ *Japan Weekly Mail*,28 Dec.1912:760。

④ *Jiji shinpo* 和 *Chuo shinbun*,21 Dec.1912。

演变成一场全国范围内的政治大辩论。①

　　在定于 1 月召开的国会会议之前,面对国会和海军的强烈反对,桂一直竭力提高自己在与议会斗争中的优势地位。他意识到,在即将召开的国会会议期间,反对派政友会及保护宪法运动党很有可能阻止政府的一切努力,因此他采取了两个颇有争议的策略。首先,在新天皇的帮助下,作为首相的他将国会会议召开日期从 1 月 21 日推迟到 2 月 5 日,②因为他相信,随着时间的推移,他所领导的内阁获得非政友会议员们支持的概率会增加。另外,为了实现上述目标,桂宣布成立一个新的政治党派,即道志会,他希望该新党能最终遏制政友会在国会中一家独大的局面。但是,这两个举措招来了各阵营广泛批评,政党人士质疑首相推迟国会会议的初衷,山县派系则对桂希望组建新党表达了不满,不管该新党是否支持政府。而且,桂决定组建新党,以此来对抗政友会,这个决定使西园寺、松田及原对建立政友会-海军-萨摩联盟的兴趣倍增。

　　12 月初,原一直相信,桂会尽力与他的政党及西园寺达成妥协,但是桂的所作所为不久却使他相信,这位首相将"向我们政党"发起一场激烈的政治斗争。③ 原的预测是正确的,当桂的道志会吸引了 44 名国民党党员的加入时,原和西园寺开始更认真地考虑与海军-萨摩帮结盟能带来的好处。④

　　使国会休会及组建新政党这些大胆的举措都无法阻挡随之而来的事情。在 2 月初召开的国会会议上,政友会和国民党代表对桂进行了责问。会议的第一天,代表们就公开质疑首相的动机,谴责他不断利用天皇敕令来实现政府所期盼的政治目标的行为。政党人士声称,桂的所作所为不仅是对新天皇的不尊也是对立宪政府的侮辱。如果引证这些道德原则还达不到理想的效果,代表们还从技术和法律层面责问了桂。他们辩称,用来推迟国会会议召开的

①　Quoted in Najita, *Hara Kei in the Politics of Compromise*, 99.

②　关于深入的讨论参见 Najita, *Hara Kei in the Politics of Compromise*, 125–129。

③　*Hara Kei nikki*, 17 Dec. 1912:3:273–274.

④　*Hara Kei nikki*, 10 Feb. 1913:3:287–289.

敕令并未得到国务大臣或掌玺大臣的连署签字。① 政党人士公开质问，首相这样做是否有越权的嫌疑？ 显然，政党人士对该问题的回答绝对是肯定的。由于桂对反对派的责问未做任何回应，当天下午政友会提交了由原和元田肇 1 月 16 日就起草好的不信任案。② 它这样写道：③

> 桂太郎王子在接到首相任命后经常向天皇无理索要敕令。他不仅扰乱了皇室及政府的工作，还滥用职权结党营私，并在国会即将召开会议时擅自休会。他的所作所为违反了立宪政府的原则，妨碍了国家的正常运转，与保护皇室尊严及促进人民福祉的目标完全相悖。 因此，兹决议如下：本国会不信任现任内阁。

在政友会提交不信任案后，尾崎议员发表了慷慨激昂的讲话，他在讲话中质问道："难道他们没有企图用天皇作为保护伞、用敕令作为子弹来消灭自己的敌人吗？"对此，现场国会代表们报以雷鸣般的掌声和热情的尖叫声。除伊藤洋三之外，原召集了包括高龄的长谷场纯子在内的所有政友会代表参会。④在经历了 2 月 5 日那次极其混乱的国会会议后，财部称赞原确实有着非常强大的号召力。⑤ 桂在意识到这场令人尴尬的失败之后，拒绝让代表们就不信任案进行投票。这位首相再次利用天皇敕令将国会议程向后推迟了五天。桂确实擅长随机应变，但已是强弩之末。

首相在不信任案提交之后迫使国会休会的行为引起了大规模的抗议。在东京和大阪的公众聚会推动了民众情绪的爆发，进而使政友会的立场更加坚定。政府的为所欲为和争强好胜的行径招致了更强烈的批评，通过谈判来寻

---

① 关于讨论的内容，参见 Hackett, "Yamagata and the Taishō Political Crisis," 31；Najita, *Hara Kei in the Politics of Compromise*, 148-152；以及 Stephen S.Large, *Emperors of the Rising Sun*（London：Kodansha International, 1997）：90-92。

② *Hara Kei nikki*, 16 Jan.1913：3：277-278.

③ 此引用可见于 *Japan Weekly Mail*, 15 Feb.1913：197。

④ Otsu Junichiro, *Dai Nihon kensei shi*, 6：788-794.

⑤ *Takarabe Takeshi nikki*, 5 Feb.1912：2：146.

求解决问题的成功概率消失殆尽。结果,首相几乎无力解决这次危机,仅有的不多选项也前景暗淡、充满争议。第一种选项是,桂解散国会并希望通过重新选举来改变政友会的多数党地位。除非桂愿意效仿1892年所作所为,利用内务省来左右大选结果,否则该方法成功的概率很小。第二种选项是,在国会进行针锋相对的斗争,但这种做法成功的可能性更小。最后一种选项是发布另一份天皇敕令。2月9日,桂获得了一份敕令,要求政友会的党首西园寺撤回2月5日政党领袖们提出的不信任案投票。西园寺同意服从敕令,并预计桂会在此次斗争中的取胜。按照常理,政友会党员们不得不接受西园寺的决定,但他们是否真会如此却不得而知。

在这个紧要关头,山本卷入了大正政治危机的旋涡。1月在桂试图努力与政友会大臣达成妥协失败之后,秋山定辅代表首相拜会了山本并请他告知西园寺,有必要"不过分强烈反对桂的政策"。山本既没有理由也不希望充当调解人,他对秋山说:"请求第三方的帮助为时已晚。"山本最后还说,如果此时通过双方的让步或妥协来解决问题,那么这次政治危机很可能导致"两败俱伤"。① 山本寻求的并不是实现桂、西园寺以及政友会三方达成一致,而是要利用当时的时局加强与政友会之间的联系,从而推进他本人及海军政治目标的实现。1913年2月9日至10日,日本国内政治事件发展到了顶峰,山本更加坚定了自己的决心。2月9日,经过政友会领袖们的激烈讨论,原及该党执行委员会同意服从桂所获得的最新天皇敕令。当天晚上,在政友会党员就该问题投票表决前,萨摩联系人床次竹二郎拜会了原并告知这位党首,他将像以前那样去参见山本并了解一下这位萨摩上将是否有能力解决此次危机。在前一天晚上,山本从床次竹那里得知桂获得了最新天皇敕令。② 次日清晨,山本就赶去与桂进行了会晤。山本对他的老敌人及政治对手进行了抨击,谴责他是造成全国政治动乱的罪魁祸首。③ 面容憔悴、身体虚弱的桂回应说,他准备要么重新安排大选并接受大选结果,要么在找到合适继任者的情况下立即

---

① 该引用出自 *Takarabe Takeshi nikki*,28 Jan.1913:2:144。

② *Hara Kei nikki*,9 Feb.1913:3:286–287.

③ *Takarabe Takeshi nikki*,10 Feb.1913:2:148–149.

辞职。这种回应马上使山本本能地开始思考对策。带着这些重要信息,山本快速返回政友会总部,党员们正在那里讨论不信任案,山本的到来使他们精神振奋。山本所传达的信息以及西园寺对之所做的反应不仅进一步坚定了政友会的决心,也激励着山本及所有党员们更勇敢地去挑战桂。西园寺告知山本,他不会重新出任首相,却鼓励这位萨摩上将"挺身而出,上台执政"①。山本随后又返回首相的住处,但他刚到,桂就开始谴责他干预国家政治。山本随即离开首相公馆,但他的所作所为已给首相造成了伤害。在得知桂可能会愿意辞职后,政友会的党员们以压倒性的优势投票决定:无视桂所获得的最新天皇敕令并在那天晚些时候召开的国会会议上再次提交不信任案。但是,在这种令人尴尬的事件还没发生之前,桂就辞职了。次日,政界元老会再次开会确定首相人选。西园寺深知,山县派系将会拒绝他提出的由政友会来组建一个受该党控制的内阁的建议,因此,他随即提名了山本和尾山岩尾分别作为第一、第二候选人。政界元老会一致同意由这位萨摩上将、日本海军之父来组建下届内阁。在那之后,本次政界元老会会议随之结束。西园寺很清楚,在下届内阁,山本和政友会有责任在工作中形成一种合作关系,以避免类似于上届桂领导的内阁所引发的政治和社会动乱的再次发生。在政界元老会会议结束后,西园寺告知山本,他被确定为新首相,这位海军泰斗"在接受该任命时好像非常兴奋"。② 山本的政治谋略加快了日本明治-大正时期任职时间最短、最富有争议的内阁寿终正寝的步伐。山本将会尽快努力获得政友会对内阁的支持。他相信,他的内阁将会给海军、政友会以及日本国带来一个更加辉煌的明天。

小　结

西园寺与桂之间的结盟主宰了1905—1912年间的精英政治,它的崩溃为

---

① *Takarabe Takeshi nikki*,10 Feb.1913:2:141.

② *Hara Kei nikki*,11 Feb.1913:3:289.

山本、海军、萨摩派系及政友会打开了一个充满机遇的崭新世界。借助海军在日俄战争中所获得的人气和威望，海军领袖们为把海军打造成日本精英级并能与其海上军事实力相匹配的政治势力打下了坚实的基础。在精英政治层面，海军通过强制、妥协、务实及宣传等手段努力追求自己的目标，并在此过程中加强了与日益崛起的政友会之间的密切联系。但是，海军在先前预算上获得的成功使其与陆军在政治及预算上的对抗越发激烈，这种对抗不仅没有妨碍反而极大地促进了政友会与海军的最终结盟。在西园寺第二届内阁垮台的过程中，与陆军的所作所为相比，海军在国内政治中的表现堪称温和，至少在外界看来如此。而且，随着陆军越来越不愿妥协和陆军上将、长州人桂重返政坛并希望组建一个新的政党来对抗政友会等时局的新变化，大多数政友会人士及海军官员都认为，组建海军-政友会同盟不仅合乎逻辑也是众望所归。作为政治盟友，政友会和海军都不是完美无缺的，但在第二次世界大战之前，日本国内很少存在这样的政治合作关系。虽然1913年2月初组阁的山本-政友会内阁的政治前景一片辉煌，但是正如后来1914年所发生的诸多事件所显示的那样，这种合作关系同样会带来很多政治风险。

七、海军政治命运的兴衰(1913—1914年)

我想借此机会向你们致敬,并向你们保证,我完全尊重贵党所持原则和所做声明,同时我也想表明我的观点:应该本着这些原则所体现的精神来管理政治事务。[1]

——山本权兵卫对立宪党如是说

出于对山本内阁的不满,议院提议削减海军预算7,000万美元。[2]

——村田恒德

如果我们落入对手的陷阱,任由内阁被推翻,那就太荒唐了。让我们竭尽所能、共渡时艰,一同拯救内阁的未来。[3]

——山本权兵卫对原敬如是说

1913年2月22日,山本权兵卫发表了他政治生涯中感情最丰富的一次演讲,该演讲主题突出、条理清晰。这位自信、海军上将出身的首相,公开表示坚决"支持立宪党的原则和声明",他的这一举动受到了超过200名政友会成

---

① 参见 Kobayashi,*Rikken Seiyūkai shi*,3:680。

② 参议院议员 Murata Tsuneyoshi(一位退休的上将)于1914年3月13日在议会上院所作讲话。参见 Saitōshishaku kinenkai,*SaitōMakoto den*,2:330。该演讲在《日本邮报》再次刊登(Japan Weekly Mail,21 *Mar.*1914:338)。

③ 参见 *Hara Kei nikki*,14 Mar.1914:3:401-402。

员的赞扬。① 山本权势的崛起离不开政友会的支持,也标志着海军和政友会之间正式确立联盟关系,这种关系给双方都带来了他们梦寐以求的权力和影响力,他们也因此享有了更高的政治地位。1913 年的一年间,海军和政友会通过勤政、实干和妥协,在行政管理、官僚任命,以及政友会成员们翘首以待的财政改革方面,掌握了一系列他们期盼已久的主动权。而预算的增长也为海军组建他们梦寐以求的"八八舰队"提供了资金。在随后的大正政治危机中,海军和政友会在日本日益多元的政体中,都扮演了颇具影响力的政治角色,他们组建的联盟引领着大正时代政治的新方向。

然而,海军-政友会联盟却十分短命。1914 年 1 月,海军的腐败问题,即当年的西门子丑闻被揭露,这一事件在 2 月到 3 月初持续发酵,致使民众举行大规模示威,抗议由海军和政友会支持的政府。并且,由于初步调查之后人们发现,海军腐败问题的严重性远比最初的报道更加惊人,反对派政客们纷纷叫嚣要求海军-政友会政府下台,以"保护"日本的"立宪政府"精神。这些人中很多曾在 1912 年底极力谴责上原的辞职和桂太郎的复任。此外,反对派国会成员在 1914 年再次要求"廉洁"海军,以防其为扩充势力而挪用专用资金。这一要求与他们在 1891 年至 1893 年间在议会上发出的声音异曲同声。为向山本内阁施压,反对派和国会两大政治集团联合起来在东京组织了大规模的民众集会,他们一个想保护立宪政府,一个则只是希望重组海军。② 民众对这一新兴联盟的支持浪潮随之消退,政论家、记者、海军和政友会高级官员们关心的是,普通政友会议员对西门子丑闻和随之而来的群众抗议会作何反应。人们纷纷开始猜测,那些普通政友会议员是会倒戈加入反对派,并通过对山本内阁的不信任投票以推翻第一届山本多数内阁,还是会继续支持本届政府。毕竟,他们曾对国家政治具有的空前的巨大影响力,都是这届政府赋予的。

---

① 参见 Kobayashi,*Rikken Seiyūkai shi*,3:680–681。

② 日本畅销期刊 *Taiyō* 在 1914 年 2 月刊中报道了"西门子丑闻"这一事件,以及政友会对山本内阁的支持。

如果说这些来自公众和议会下院的攻击以及蓄意设下的政治陷阱还不足以对山本-政友会联盟构成威胁的话,那么,那些更加强势而坚决的反对势力,则足以对其形成威胁:"陆长帮"(陆军与长州藩组成的派系)就是其中之一,这一由山县支持的派系被视作海军-政友会联盟的最大敌对势力。而西门子丑闻和其引发的民众抗议使"陆长帮"得以在贵族院里对这个新兴政治联盟发起攻击,且不论海军还是政友会都得不到贵族院的任何支持。贵族们的目标是推翻山本-政友会内阁,山县派则利用西门子丑闻攻击海军的扩军计划,而在海军看来,扩军正是其与政友会缔结协约的目的所在。如果说大正政治危机使军队的两派之争演变为"陆长帮"对抗整个日本国的高层政治,那么西门子丑闻同样把一次海军内部腐败事件转化成了海军-政友会内阁对抗另一大联盟的高层政治,而这一联盟的特殊之处在于,它是由民众中的煽动者、反对派国会成员和议会上院的贵族们共同组成的。在日本日益多元化的大正时代,政治事件很容易被扩大化,如同 1912—1913 年间的政治事件曾给了"陆长帮"致命一击,1914 年的这场政治危机也给日本海军和政友会带来了灾难性的影响。

精英政治与山本-立宪政友会内阁的形成,
1913 年 2 月

虽然几乎每个政友会成员都为 1913 年 2 月初桂太郎内阁的倒台而欢呼雀跃,但对原、松田和西园寺提出的组建以海军上将山本为首的内阁的计划,并不是所有普通党员都义无反顾地拥护。在 2 月 12 日之后的十天里,政友会领袖们大部分时间都在思忖一个问题:是否有必要跟海军-萨摩集团共享权力,以及这样做能给他们带来哪些好处。然而,许多政治抗议者和煽动者都对此提出质疑:桂太郎的下台难道不应意味着寡头统治和宗族政治的结束,标志着大正民主时代的到来吗?就连政友会内部的强硬派成员,如尾崎和冈崎,也反对原和松田提出的实用主义的政治战术,他们奔走呼告,重申大正政治危机中护宪运动党的口号,力图组建一个纯粹的政党内阁。由此可见,原和政友会其他实用派成员所面临的任务十分艰巨,他们既要维护党内团结、坚持其政治主张,同时又要与海军-萨摩派共同努力,组建一个政治联盟。令政友会领袖感到庆幸的是,山本也是一个实用主义者,后来的事实证明,他的确能满足政友会的很多需求。

就在山本得到皇室支持的第二天,也就是 2 月 12 日,原和山本之间正式展开了关于组建内阁的讨论。① 这次会晤一开始,山本就明确表达了想要原和松田二人在新政府担任内阁大臣的意愿。这位深谋远虑的上将对未来的政治形势有着准确的推断:一旦这二人与内阁建立了密切的政治关系,他们就不太可能煽动下院来反对政府。这对山本来说十分重要,因为他的首要政治目标就是让海军梦寐以求的总额达 3.5 亿日元扩军计划最终能在下院通过。起初原和松田拒绝进入内阁,他们声称只有置身政府之外才能更好地领导政友会,此外他们还担心,一旦正式加入内阁,一些激进的政友会成员可能会对此不满并辞职,但山本仍然坚持自己的意见。最终,原和松田同意了山本的要求。山本表示,原和松田分别是担任内政大臣和司法大臣的最佳人选。

在达成上述协议之后,双方之间的讨论却变得越发矛盾重重。在确保得到原和松田的支持后,山本接着选定了其他几位他心仪的内阁大臣人选。其中,他计划任命横滨正金银行行长三岛弥太郎为财政大臣;日本驻美大使珍田舍巳担任外交大臣;以及牧野伸显担任宫内大臣。② 然而,政友会内的实用派成员纷纷对山本的设想进行阻挠。其中一个原因是,原和松田想组建的是一个除服务大臣外完全由政友会党成员构成的内阁(法律规定服务大臣不得隶属任何党派);第二,这两位政友会党领袖都认为,有必要把立宪政府的支持者犬养毅拉入内阁,内阁需要这样敢于直抒己见的人。尽管山本宣称他在许多内阁职位的任命上会表现出一定的灵活性,但他还是断然否决了这一提议。③ 作为国会中一个中型政党的领袖,山本认为,即便犬养毅所领导的党派

---

① 参见 *Takarabe Takeshi nikki*,11 Feb.1913:2:149。

② Yamamoto Shirō,*Yamamoto naikaku no kisōteki kenkyū*(是一本研究山本内阁组建的著作)(*Kyoto*:*Kyoto Joshi Daigaku*,1982):55-56。后文将该著作简称为 YNKK。

③ 参见 *Hara Kei nikki*,12 Feb.1913:3:289-290。

与新成立的立宪同志会站到同一阵营,他进入内阁后会比在议会时制造出更多的麻烦,更何况犬养毅所领导的党派不可能在大正政治危机后如此短的时间里就能与新成立的立宪同志会站在同一阵营。然而,政友会成员却不这么认为。原和松田二人都担心,如果犬养毅没能在内阁获得一席之地,他会继续诽谤政府,甚至可能会煽动政友会中的不满分子,鼓动他们叛党。① 虽然山本后来同意在财政大臣、外交大臣和宫内大臣的人选上做出让步,但在是否将犬养毅纳入内阁成员这一底线问题上,他仍旧毫不松口。几个小时的讨论最终陷入僵局,随后,山本于下午三点回到了海军司令部。

山本虽然离开了西园寺的私人住宅,但关于组阁的讨论并没有因此结束。一回到海军司令部,山本就和斋藤仔细分析了这次谈判。接着,他又邀请萨摩复辟运动的领导人大久保利通的次子牧野伸显来司令部,一同商讨如何才能打破眼前的僵局。② 一到司令部,牧野就建议山本,对政友会提出的在内阁中占有三个席位的要求予以让步,但在是否任命犬养毅的问题上,他并没有给出什么建议。在这之后不久,山内井伏上将和副司令财部也附议了牧野的意见,他们认为,如果这种让步可以促使双方尽快妥协一致,山本就应该答应原的条件。他们断言,没有政友会的支持,海军扩军计划即使不流产,也很难顺利实现。短暂的讨论之后,山本最终接受了牧野的建议。

然而,山本在组建联合政府这条路上还是遇到了重重阻碍。当天牧野离开后,种种问题很快就一一暴露出来。在原的敦促下,两名与海军和萨摩都有联系的政友会人士——前九州铁路总务长菊池武德和北海道煤矿轮船公司东京代理福泽桃之助不请自来。二人先是向山本分析了组建联合政府能带给海军的潜在利益,接着便开始游说山本加入政友会,以政友会党人的身份领导内阁。当然,山本要加入政友会必须先从海军离职,但两人表示,山本这样做能将所有政友会成员团结在自己周围,从而为政治改革和海军扩军打下坚实基础。作为一名有政治头脑的海军上将,对政友会邀请他加入其政党,山本并不

① 参见 *YNKK*,60。
② 参见 *Takarabe Takeshi nikki*,12 Feb.1913;2:148。

感到意外,他断然拒绝了他们的请求,并且第二天,他再次向政友会的强硬派明确表态,无论如何他都不会辞去在海军的现役职位。山本是位实用主义者,他可以答应政友会提出的某些条件,但他骨子里仍然是一名海军人士,不会像桂太郎那样为了成为政党领袖而从海军退役。①

山本在和他的几位密友面谈之后,又听取了政友会强硬派代表们的意见。与此同时,原和松田也在紧锣密鼓地谋划着下一步的行动。当天早些时候,他们在西园寺的住所里进行了组阁讨论,来自政友会八个分支地区的代表们会面了,他们最终达成一致决议:新内阁成员必须以政友会党人为主。并且,山本必须从海军退役、加入政友会,才能出任首相。② 然而,正是这一条件,随后引发了政友会的内部分歧。在当晚的政友会常务会议上,原和松田提出向山本做出妥协的号召,得到了大奥繁三郎、元田肇和伊藤大八的支持。而冈崎邦介和尾崎行雄却以有违政党和宪法原则为由加以反对,政友会发生了内讧。③这次会议结束后,一个摆在原和松田面前的现实是:要和山本达成折中方案,远比他们一开始想象的困难。

政友会内部温和派与强硬派之间的分歧持续扩大,如果说这已经让这两位实用主义领导人烦心不已的话,那么接下来发生的事则更让人忧心。当晚10点左右,一群年轻的强硬派党员来到了原家中,他们一起对当天早些时候两位领导人与山本进行的谈判表示愤怒。④ 面对原的质问,这群人向这位政友会领导人递交了一份决心书,上面要求在即将组建的以政友会为基础的内阁中,犬养毅、尾崎和冈崎必须担任一定职位。另外,这份决心书还表示,在即将成立的内阁中,包括首相在内的所有内阁大臣必须全部是政友会党人,否则,他们将拒绝支持这一联合内阁。⑤ 决心书的最后一点也是最棘手的一点

---

① 参见 *YNKK*,63。

② 参见 *YNKK*,55-56。

③ 参见 *YNKK*,56-57。

④ 这群年轻的强硬派党员包括 Kikuchi Takenori, Matsuda Genji, Nakamura Junkurō, Yamamoto Teijirō 和 Fukuzawa Momosuke。

⑤ 参见 *YNKK*,60。

是:他们声称,如果联合政府是依照山本开出的条件建立起来的,他们将极力反对。原在请这群人离开他家之后,在日记中写道:反对向山本妥协的人已经蠢蠢欲动。同时这位忧心忡忡的领导人也担心,如果双方不能迅速达成共识,那结果不是政友会面临分裂的危险,就是山本失去组建联合内阁的机会。①原推断,一旦这样的情况出现,即使建立了正式同盟,对双方也没有任何意义了。

原和松田担心如果政友会不能迅速与山本达成一致,那么即将组建的内阁会沦为一个官僚性质的内阁。于是,为了实行他们的实用主义策略,两人加大了争取强硬派的努力。2 月 13 日上午,两人再次与山本进行了谈话。当天下午晚些时候,他们又会见了党内的议员和非议会人士。在这次会见中,松田劝告参会代表们,党的执政计划并没有背叛他们;也不要以宪法和政党原则为由阻挠与山本的协商。对于那些最为直言不讳地批判政友会与山本之间谈判的反对派人士,松田更是自告奋勇与他们进行一对一的谈话,向他们保证他和原没有"出卖"政友会的原则②,并且他们始终将政友会的最高利益牢记于心。他还表示,他们与山本合作,不仅是为了推动立宪政府事业的发展,更重要的是为了增强政友会的权势。

第二天,原也开始了其争取强硬派支持的努力,但他所采取的方式与松田的多少有些不同。松田的方式是试图感化那些顽固的强硬派,引导他们看到与山本合作的中长期战略利益,而原则用简单、富有战术性和政治性的方式去改变强硬派的立场,甚至威胁他们。在与政友会东北支部成员的讨论中,原向正在聚精会神聆听他讲话的在场人士发出了态度鲜明的警告:如果各方对于组建联合内阁一事不能迅速达成一致,那桂太郎就很可能东山再起。如果说这一启示还不够具有警示作用的话,那么松田还重申道,一旦与山本的协商失败,政界元老们也不会推荐原或松田出任下届首相,这样的事实则更有警示作用,要知道,没有他们的支持,要组建一个以政党为核心的内阁是不可能的。

---

① 参见 *Hara Kei nikki*,12 and 13 Feb.1913:3:289-290。

② 松田采取的行动可参见 *YNKK*,62-64;在 Najita,*Hara Kei in the Politics of Compromise*,170-171 一书中也有简要提及。

此外,原还进一步指出,山本是西园寺在政界元老理事会上推荐的人选,如果政友会不支持他,西园寺和政友会在政界的权力和影响力都会大受影响。基于这些事实,原得出如下结论:要想使政友会掌握更多的主动权、拥有更大的权力,除了与山本合作组建联合内阁、在内阁机制内努力推动政党各项计划的实现并追求更大权力之外,别无他法。① 而且当前正是最好的时机,一旦山本组阁失败,短期内不太可能再有这样的机会。虽然原的游说可谓动之以情、晓之以理,但这种战略性的政治说辞还是没能说服所有强硬派分子去支持领导层的立场。当晚晚些时候,激进分子们联合起来向政友会领导人再次递交了一份决心书,重申要求建立纯粹的政党内阁。见此情形,尾崎、冈崎与犬养毅会面了。② 然而事情并没有按照原或松田的计划向前发展。

2月16日,原再次与冈崎、尾崎会面,而在此前一天,强硬派们仍在不断地向原和松田表达他们的挫败感,宣泄他们的愤怒。③ 在这次会面中,双方再次重申了各自的立场,但仅在一小时后,强硬派就向原提出了三个具体条件,并指出只有满足这三个条件,他们才会支持山本内阁:第一,所有内阁大臣,包括陆军大臣、海军大臣和首相,都必须是政友会党员;第二,犬养毅必须进入内阁;第三,内阁必须制定政策以革除官僚制、限制枢密院的权力。虽然原接受了上述条件,并且告诉尾崎和冈崎他会在下次与山本会面时提出这些条件,但同时他也坦率地说,他不能保证山本能够答应这些条件。在双方谈判的过程中,一群年轻的政友会闹事者聚集到了会议厅外,这更给强硬派们壮了胆,他们告诉原,除非原能保证满足这些条件,否则他们将要求原、松田和元田肇三人辞职。在得知事情的发展后,财部彪不无肯定地说:"事态变得严重了。"④

2月17日至18日的大部分时间里,原和松田都在努力推动党内人士达成一致意见,他们希望达成党内一致后再去找山本谈判,好尽快打破目前的政

① 参见 *YNKK*,64—68。

② 参见 *YNKK*,68。

③ 参见 *Hara Kei nikki*,13—19 Feb.1913:3:290—293;以及 *YNKK*,70—73。

④ 参见 *Takarabe Takeshi nikki*,17 Feb.1913:2:151。

治僵局。① 17 日,国会委员会内的政友会领导人就强硬派前一天对原和松田提出的条件在一起商讨了一个多小时,最终他们同意将这些条件作为与山本谈判的前提。萨摩上将山本也接受了支持政友会政策的提议,但他对犬养毅的事并没有松口。因为山本不想让犬养毅进入内阁,他甚至坚称外交大臣、军务大臣和首相这些职位都不能与政友会有一点关系,这是这位上将提出的最后条件。萨摩上将这种断然拒绝的态度让原十分担忧。接下来,政友会领导人离开之后,一名来自长野的政友会下院议员小川平吉来到了海军司令部。他表示,政友会最终还是会妥协,他们会接受非政友会党人担任未来的外交大臣,因此他劝请山本不要退出谈判。② 小川平吉的一席话令山本感到十分欣慰,因为如果能说服政友会的普通成员接受这种安排,那么双方就有可能达成和解。

第二天,在政友会常务会议上,原汇报了山本对强硬派提出的三个条件所作的回应。"总的来说,山本已经做出了退让,增加了达成一致的可能性,"原说道。接着,他又具体说明了山本答应的几个条件:首先,他同意遵守政友会的政党原则;第二,他同意在政友会中任命三人出任内阁成员;第三,他将要求除两位军务大臣、外交大臣、首相以外的所有内阁大臣加入政友会。③ 这可以说是政友会所期望的最好结果,原最后总结道:这次和解是政友会历史上意义重大的一次胜利。虽然当天下午的讨论持续了很久,但在下午四点十分召开的政友会全体党员大会上,大多数成员投赞成票接受这一和解。这样一来,双方最终达成了一致。愤怒的尾崎和冈崎与其他 24 名强硬派核心成员一起辞去了政友会的职务,并组建了政友俱乐部。这 26 名叛党者的离开虽然给政友会造成了损失,使其失去了议会中的绝对多数地位,但还没有严重到削弱其在国会中多数党地位的程度。④ 两天以后,山本在政友会总部正式承诺他将尊

① 参见 Kobayashi, Rikken Seiyūkai shi, 3:673–674; YNKK, 76–77; Hara Kei nikki, 以及 13–19 Feb.1913;3:290–293。

② 参见 Takarabe Takeshi nikki, 17 Feb.1913;2:151。

③ 参见 YNKK, 84–85。

④ 在国会的 381 个席位中,政友会成员所占席位从 207 个减少到 181 个。

重政友会原则和政策。之后他举办了一场丰盛的晚宴宴请他的新同盟者,这场晚宴令许多人印象深刻。① 然而具有讽刺意义的是,就在当天,冈崎就开始筹划他的回归;而且在一个月内,已经有超过一半的叛党者回到了他们实用主义"母党"——政友会的怀抱,即使是态度最鲜明、立场最强硬的党员也经受不住巨大的政治权力和丰厚的政治回报的诱惑。

虽然山本-政友会内阁是海军和日本第一政党采取的精英政治手段的产物,它的诞生顺理成章,但并非一帆风顺。在"快速掌权"行动中,原和松田为了尽快与新兴的海军-萨摩派达成一致,忽略了政友会内部一小部分成员的意愿并激怒了他们。② 对于许多自诩原则分明的政友会成员来说,原的实用主义策略沉重打击了他们在反对上届桂内阁运动中为之奋斗的伟大目标。原与他们看待政治的方式是完全不同的,松田在某种程度上也是如此。这二人都认为,相比于保持持续的敌对立场,这种务实的合作更能够使双方接近各自的目标;对于海军来说,这种合作更能使其接近自己的目标,毕竟海军无论在政治影响还是财政预算上一直都处于第二大军种的地位。双方都相信,这一新兴联盟能够带来可观的政治和财政利益,这些利益足以抵消由党内激进分子的不满情绪和抗议活动所带来的所有短期困难。而与政友会不同的是,海军内部没有一个人反对与政党达成和解。虽然 1878 年的《对士兵和海军的告诫》和 1882 年的《朝廷告士兵和海军书》都警告军人不得参与政治活动或加入政治党派,但政治决定财务预算,而预算决定了日本海军作为一支军事力量的发展速度和成果。幸运的是,当时的日本海军领导者是日本两位最有能力的实用主义官僚——斋藤和山本,他们在政界崭露头角,在大正日本时期多元化的环境中迅速脱颖而出。考虑到预算拨款的实质,海军的二线领导人,如财部、伊集院、藤井和松本,比许多军界官僚更能理解与这一日本第一政党建立联盟所带来的潜在经济回报,要知道,这个政党可是能够主宰下院的,而下院则掌握日本帝国的财政大权。政友会是日本国会的第一大党,也是海军自日

---

① 参见 *Takarabe Takeshi nikki*,22 Feb.1913:2:153;以及 *Hara Kei nikki*,22 Feb.1913:3:294。

② "快速掌权行动"一词是尾崎在一次反思历史的访谈中所使用的,参见 *Jiji shinpō*,3 Jan. 1914.在 Najita,*Hara Kei in the Politics of Compromise*,172.中也被引用。

俄战争后长期以来一直想得到的盟友。海军-政友会这一新兴同盟即将面临的第一次真正考验与海军提出的扩军预算有关,对此人们并未感到诧异。

国会的第一次考验:海军扩军

作为日本第一位出任首相的军中上将,山本在政友会掌控下院之前就第一时间把海军扩军预算提上了日程。2月27日国会重开的两天后,山本就在国会下院的预算大会上将海军的总价达600万日元的扩军计划提交大会讨论。[1] 海军大臣斋藤在会上要求国会尽快同意这一提案,理由是前任桂内阁已认同了实施海军扩军计划的紧迫性。此外,财会大臣也提醒到场的议员,如果不是1912年陆军大臣上原辞职,之前的西园寺内阁认可的扩军预算远比现在的大。因此,支持这一项目,也就是与支持政友会的上届内阁保持立场一致。一部分政友会成员接受这种说辞,然而其他人却持相反态度。几乎同时,国民党代表守谷幸之助提问道,这600万日元的预算申请是不是政府希望在下次立法大会上提出的35亿到40亿日元巨额预算计划的第一步呢?守谷说,如果是这样,那么政府就应该首先坦承这一野心勃勃、耗资巨大的长期计划。简而言之,海军领导人应该在下次国会大会上出面说明他们未来的海军扩军计划,并明确解释扩军能给他们带来什么。针对人们对海军扩军必要性的质疑,斋藤试图用模棱两可的套话来回应,但被守谷打断,他尖锐地问道,政府认可1913年的这600万日元扩军计划,这是否意味着也要求国会成员支持政府后续的一系列计划呢?这名活跃的国会议员还问道,如果这600万日元只是用于战舰的初期建造,那完全造好需要多少钱呢?面对如此多的质疑,斋藤承认,这600万日元确实是用作1914年至1921年之间的大规模舰队扩张计划的种子基金,而这项计划预计将耗费总计35亿日元。虽然守谷这位国民党的雄辩家得到了明确的答复,但随着政友会成员加入这场辩论,他想要更多国民党代表继续质问斋藤的期望化为泡影,或者更准确地说,政友会成员加入

---

[1] 国会接下来的讨论在 Saitōshishaku kinenkai, *Saitō Makoto den*,3:230-232 中再次谈及。

的那一刻,这场辩论就结束了。虽然政友会主张对海陆军两支部队都实行紧缩政策,但对于经验丰富的日本海军大臣提出的这项耗资巨大的扩军计划,却没有一个政友会成员提出异议。山本的权势和海军的广受欢迎此时此刻战胜了原则。

三天以后,国会代表们再一次提起了海军扩军计划,这一次他们将其置于更大的国防框架内。同样,政友会成员们对海军扩军的作用以及如何为这项浩大工程买单只字未提,甚至没有进行任何相关提问。因此反对方只好另辟蹊径展开攻势。在一次下院预算小组委员会议上,反对政友会的小组代表犬养毅和大石正美就政府的全盘国防政策和两大军种之间的关系发出质问。①大石,这名桂太郎同志会的新追随者无疑是想要新政府难堪,才如此声色俱厉地对新任陆军大臣木越安纲的扩军计划提出质疑。木越安纲辩解道,现任政府承认《1907年帝国国防政策》,该政策明确规定增加陆军师团数量。对此,大石正美继续质问道,政府提出这一政策是基于怎样的军事或战略形势呢?陆军大臣木越回答道,中国的形势发展使陆军扩军成为必要。大石正美又立即抛出疑问,如果是战略需要,那为什么政府没有及时提出陆军扩军计划呢?是不是当时政府没有履行职责呢? 很明显,大石是想挑拨军队和山本内阁之间的关系,或者说,他是在想方设法加剧陆军和海军之间的紧张态势,从而达到分裂内阁的目的。察觉到大石的这些动机,山本亲自加入了这场辩论,他掷地有声地说,陆军扩军在当时就已被明确提出,之所以1913年不实施只是因为资金不足。而在当时,海军扩军更为紧迫,因此在当时资金有限的情况下必须将海军扩军放在首位。为了防止国会或陆军提出更多批评意见,山本总结道:内阁会对1913年是否能够筹集相关资金以便能于1914年开始陆军扩军进行研究。山本政府的意图是:表明自己同意陆军扩军,但它受到国家财政的限制,而海军扩军则没有这种限制。

因为对山本内阁的攻击——被击破,反对派国会议员们又开始攻击山本的财政预算,并试图破坏政友会的团结。在3月10日一次下院预算小组委员

---

① 参见 *Takarabe Takeshi nikki*,4 Mar.1913:2:156。

会议上,当会议再次讨论起海军的扩军提案时,上面提到的对山本的抨击开始
了。① 在这次会议上,国民党代表高木益太郎首先发起了进攻,他明确问道,
需要多少资金才能确保海军的全盘预算计划在未来几年得以实施? 他们担
心,一旦通过了这项计划,海军领导层就会像他们以前那样寻求进一步扩军,
因此,为完成 1914—1921 年 35 亿日元的扩军计划,海军每年究竟需要多少资
金,高木要求斋藤给出具体数字,或者至少给出一个大致估算的数额。斋藤拒
绝给出准确数字,但他告诉国会成员,除非发生特殊情况,否则海军每年需要
的经费不会超过 6,000 万日元。但事实上,6,000 万日元并不是一笔小数目,
它是 1913 年海军总运营经费预算的 60%。为了使高木放心,斋藤承诺当国会
成员 1914 年投票表决海军的总预算计划时,他将就海军长期扩军计划的开销
给出准确数字。

在对海军预算的最终讨论中,政友会成员再一次没有提出任何批评或质
疑。总的来说,在山本组阁后的第一次议会上,政友会成员给予了他一贯的支
持,而后来的事实证明这对海军的预算计划成功通过十分关键。除非政友会
改变态度,否则国会反对派成员不可能成功阻止政友会或海军行使主动权。3
月 13 日,预算小组委员会以 5∶3 的票数投票通过了海军的提案,第二天预算
委员会的投票结果是 31∶30,仅一票之差。② 次日,3 月 15 日,整个下院以
186∶181 的票数通过了政府的预算提案。③ 事实证明政友会的支持具有决定
性意义。3 月 29 日,海军预算在国会上下院都获得了通过,海军得到了额外
的 600 万日元经费。④ 为了答谢新缔结的国会同盟的支持,在预算获得下院
通过的第二天,山本设宴款待了所有政友会国会议员,这位表情严肃的首相感
谢每一个人所给予的支持。⑤ 山本保住了政友会的支持并利用它保全了海军

---

① 参见 Saitōshishaku kinenkai, *SaitōMakoto den*, 3:233-234。

② 参见 *Takarabe Takeshi nikki*, 13 和 14 Mar.1913:2:158-159。

③ 参见 *Hara Kei nikki*, 15 Mar.1913:3:299 和 *Takarabe Takeshi nikki*, 15 Mar.1913:2:159。

④ 参见 Ko Hakushaku Yamamoto kaigun taishōdenki hensankai, *Yamamoto Gonnohyōe den*, 2:
1013-1014。

⑤ 参见 *Hara Kei nikki*, 16 Mar.1913:3:299 和 *Takarabe Takeshi nikki*, 16 Mar.1913:2:159。

扩军计划,但对他能否与政友会有效合作,这仅仅是考验的第一步。接下来,山本把精力转向了一系列政治和行政改革,由于这是政友会领导层和普通成员都期望的,山本希望借此来巩固政友会对他的支持。对政友会而言,官僚、行政和财政方面的改革是至关重要的,同时也是他们决定是否会继续支持山本的重要因素。而对山本来说,由于 1913 年秋天将进行第二轮预算谈判,实行政友会期望的这些改革是他为赢得政友会支持的一种手段。从海军的立场来看,这些谈判将意义重大,因为山本打算在其间再次提出总价值达 35 亿日元的海军一揽子扩军计划,实际上这一计划早在 1911 年就已经提出。

巩固海军-政友会同盟关系:行政改革和开支紧缩

1913 年 3 月间,当斋藤忙着说服国会成员支持海军的预算请求时,山本则与原和松田一起为政友会最看重的改革之一保驾护航,这项改革针对的是军务大臣任命法令。1913 年,能担任陆军和海军大臣的只有现役部队的陆军将军或海军上将,这一惯例是 1899 年在山县的促成下写进法律的。这种对候选人任职资格的限制从两个方面激怒了政友会的政客们。第一,根据早前的一条帝国法令,现役军人不得与任何政治党派有从属关系,而这条法令正是由山县起草制定的。第二,这一限制使得军队对政府有了更大的影响,甚至可能以此威胁内阁支持扩军,因为没有各部大臣,内阁就不可能正常运作。因此,如果首相遇到了一名顽固的军务大臣,他既不肯继续留任,又不肯从现役军人中推荐继任者,那么首相将被迫面临三个选择:要么对军方的要求保持缄默;要么辞职;要么修改帝国法令,迫使一名海军上将或陆军将军担任军务大臣。在 1910—1913 年间,西园寺和桂都面临过这种政局,也不得不从上面提到的三种办法中做出选择。政友会领导人相信,扩大军务大臣候选人资格范围可以限制军队胁迫内阁,从而增强以政友会为基础的立宪政府的权势。

原和松田料到军队可能会极力阻挠这场改革,但他们认为,军队出身的山本作为首相,应该有能力去修改这一法令。令两人感到庆幸的是,山本确实有这个能力。3 月 6 日,也就是下院预算小组委员会讨论海军扩军的第二天,原和松田同山本会面，向其诠释修改这一法令的理由。① 虽然双方都认同这一举措将有助于政府的平稳运行，但原同时也指出，要想平息大正政治危机中民众产生的对军队的敌意，这次官僚体制改革之路相当漫长。山本也同意这一观点，并且透露，他已经与陆、海军大臣斋藤真琴及木越安纲探讨过这个问题，他还需要几天时间来考虑实施修改法令的最佳方案。

抱着趁热打铁的想法，原一鼓作气，在两天后就把这个议题提上了讨论日程。3 月 8 日，原再次询问山本对这件事的看法，山本回答说，他已经就修改军务大臣任命法令征得了陆军大臣和海军大臣的同意，在定于 3 月 10 日的下一次内阁会议上，将会有一份关于此事的正式声明。② 原听到这里又惊又喜，他询问山本能不能把这个消息透露给党内成员，因为他推测这将能促使政府预算计划在国会获得通过。他甚至相信只要能确保这次改革的成功实施，冈崎就一定会回到政友会，一旦冈崎回归，其他许多离开的成员也将被迫回归。所以说，这次的改革和这份及时声明将有助于他们实现许多政治目标。虽然山本对原的这一请求没有回应，但原还是在当晚和安乐山碰面，他们讨论了如何利用这次改革来招募新成员、壮大政友会。

然而，好景不长。在 3 月 10 日的内阁会议上，讨论并没有按计划进行。尽管海军大臣斋藤爽快地同意了修改法令，但陆军大臣木越提出了异议。他表示，在与陆军参谋部总司令长谷川吉光进行进一步商讨之前，他拒绝接受这项提案。而众所周知的是，长谷川吉光旗帜鲜明地反对修改这条法令。③ 在犹豫不决中，木越发现自己所处的境地十分尴尬：一边是寻求变革的内阁和大众，一边是坚决反对改革的军队领袖。虽然他随后请求陆军之父山县支持他这一改革，声称陆军不应该再卷入一场政治争端之中，但山县拒绝插手。④

山本清楚地认识到陆军内部是存在分歧的，如果这些分歧浮出水面，那么一旦木越顺从了长谷的意志，内阁就很可能受到威胁。所以当年 4 月里的大

---

① 参见 *Hara Kei nikki*，6 Mar.1913：3：297。

② 参见 *Hara Kei nikki*，8 Mar.1913：3：297。

③ 参见 *Hara Kei nikki*，10 Mar.1913：3：298。

④ 参见 Najita，*Hara Kei in the Politics of Compromise*，179-180。

部分时间,山本都在为推动修改法令提案获得通过而奔走。山本与一些陆军部和陆军总参谋部人士见过面,试图说服他们支持上述提案。结果这些努力都成为徒劳。4月17日,木越告知山本,他没能说服陆军强硬派,并且长谷威胁说,如果政府实施这项改革,他就辞职。① 不幸的是,这还不是最糟糕的。那个星期的早些时候,在木越宣告失败之前,财部从内阁秘书山之内一次处得知,陆军内部其他成员正计划利用这次争端扳倒山本内阁。② 山之内还说,这一计划的始作俑者是陆军第十六师团司令官长冈外史。由于担心木越会转而支持山本的计划,长冈和陆军总参谋部成员还起草了一份要求保留现行法令的备忘录,并绕过内阁、陆军大臣和首相将其直接呈送给了天皇。③ 这一行动无疑使得原本就紧张复杂的局势雪上加霜。

由于木越缺乏领导才能并无法掌控陆军强硬派,山本对其严加训诫了一番。山本不久认识到,要想保证改革方案获得批准并保住内阁,他仅有一个很实用的选择。5月8日,山本向天皇递交了一份抗诉书,他在其中详细说明了支持修改计划中的法令的原因。除此之外,他还建议年轻的天皇彻底无视陆军官员之前提交的立场文件。④ 这一举动可谓棋出险招,大大增加了这次争端的潜在风险。山本知道,如果他失败了,那么作为首相,他的权威将受到很大的削弱;但是一旦成功,他就能彻底粉碎陆军阻挠改革、扳倒内阁的企图。结果,这位声名远扬的军人果然不负众望,他成功了。有了天皇的支持,枢密院和陆军最终接受了山本提出的改革。可以看出,山本的介入在其中起到了关键作用,他以极大的努力保证了这次改革战役的胜利,而这正是政友会梦寐以求的。通过这次胜利,山本进一步加强了与政友会的关系。而值得注意的是,政府和长州藩之间的关系也因此变得更加紧张。

正如大众媒体和政友会内部成员称赞的那样,对军队大臣候选人资格所做出的修改具有很大的象征意义,但后来的事实证明,山本的其他改革方案对

---

① 参见 *Takarabe Takeshi nikki*,18 Apr.1913:2:169。

② 参见 *Takarabe Takeshi nikki*,11 Apr.1913:2:167。

③ 参见 *Takarabe Takeshi nikki*,26 Apr.1913:2:171。

④ 参见 *Hara Kei nikki*,8 May 1913:3:309。

壮大政友会的势力更为关键。准确地说,政友会是想在日本的官僚体制内获得更多增加权势的机会,而那里正是山县集团的权力中心。山本支持改革官僚体制再次显示出了关键性的意义。从 1899 年开始,日本副部以下的职位人选一直是通过公务员考试选拔的,原和政友会其他领导人想开放这些职位的任免权,让内阁大臣们亲自挑选副大臣和其他职位更低的官员,如秘书长、局长和来自各阶层的议员。① 原想,如果某个大臣是某个党派成员,并且他有自由选拔人才的权力,那么这个部门里那些有能力、有野心的官僚就可能会加入该大臣所在的党派,因为他们会担心如果置身于党派政治之外,在部门选拔人才时可能会遭到无视并因此失去依靠党派关系坐上更高职位的机会。原相信,时间一长,这种改革将会改变日本官僚体系的构成。原希望,这样一来公职人员的职位将不再被官僚独占,而是将全部由各个党派的政客担任。

认识到这一点的可不止原一人。山县派也意识到了这一点,并企图阻止山本的改革提案,因为该提案是基于政友会的利益的。在 1913 年初夏的第十一次国会会议上,负责所有有关公务员规章修改的枢密院讨论了山本的提案。但该提案每次一提出就被全盘否决。作为对这种不配合行为的回应,山本暗示他会再次直接向天皇进谏,就像上次在修改军务大臣任命法令时所做的那样。他还表示,如果枢密院依旧要否决这项有必要实施的全面性改革,他将迫于事态发展向天皇建议撤换枢密院的部分成员——这等于加大了赌注。面对山本的坚持和隐含的威胁,加上认识到否决改革可能导致舆论哗然,枢密院在此后一个月内接受了山本的提案。就这样,山本实现了政友会另一个梦寐以求的目标。许多政友会人士认为,这是对山县集团的致命一击。到 9 月初,已经有七名副部级官僚加入政友会,并且如同原推测的那样,一批次要官员也随之效仿。

山本实施的最后一项政策重点针对的是财政领域,而这巩固了他在政友会内获得的大规模支持。早在山本组阁之初,他就公开表示认同政友会的财

---

① 详见 Najita,*Hara Kei in the Politics of Compromise*,176–177。

政紧缩政策。他在作为首相站在国会前的第一天,就表示支持削减中央政府的行政开支,并且更重要的是要全面减轻个人所得税负担。① 这种表态对于政友会成员们来说美妙得犹如天籁之音。同时山本还声称,他将着手消除存在已久的政府机构管理人员的权力滥用问题,而他也确实说到做到了。1913年6月,山本宣布了有计划的行政紧缩项目,并且强调了节约的重要性。财政削减力度达6,600万日元,其中包括一般性支出减少3,500万日元(包括部队支出减少的1,400万日元)和额外支出中减少3,150万日元。山本政府也通过减少5,000个公务员职位对人员编制进行了精简。首相的紧缩和裁员计划一经推出就得到了政友会人士的一致称赞,此外,东京商会和大阪商会,包括《东京朝日新闻》《时事新闻》《东京日报》和《报知新闻》在内的几乎每家日本都市报纸都对此举赞赏有加。② 而对于政友会国会代表来说更重要的是,由于政府一般性支出减少了3,500万日元,山本就能把政府的个人所得税收入减少将近700万日元。③ 自从1890年日本国会诞生起,日本各政党就在不断地为减免税收而奔走游说,但总是受到政府和各级官员的阻挠。但是山本这位出身于海军上将的国家政客,虽在政府内部一直坚持党派原则,却再一次实现了长久以来看似不可能实现的政治设想。

巩固与政友会的关系:分肥拨款政策下的 海军开支、盛典和预算谈判

虽然山本在实现政友会的政治目标上获得了成功,但这位海军上将毕竟深谋远虑,他并不认为单靠这些就能为他最终的扩军计划获得必要支持,因此他没有止步不前。相反,他开始积极地代表海军立场展开各种活动。此外,私

---

① 参见 *Tokyo Asashi shinbun*, 27 and 28 Feb. 1913 以及 Hayashi Shigeru and Tsuji Kiyochi, eds., *Nihon naikaku shiroku*, 2:174-183。

② 在1913年的6月13日至20日间,各大报纸都对山本首相的财政紧缩计划大加赞扬。只有《二六新闻》作为 Dōshikai 党的代言人,在其报道中批判了山本的财政紧缩计划。

③ 详见 Najita, *Hara Kei in the Politics of Compromise*, 278 n.37。

人海军工业企业也帮了山本一把,由于它们的出现,政友会的政客们便更乐意为海军扩军筹款了,因为他们正是想通过积极的工业政策获得选民支持。渐渐地,越来越多的政友会政客开始把海军扩军看成一种发展日本工业的途径,特别是在三菱造船所的原在地九州,该地区的政治力量处在政友会的掌控之中。① 权力,还有权力的扩张,正是政友会开展政治活动的基础。

在明治时代后期、大正时代初期,日本造船业经历了一次变革,其主要动因是海军建设。1906—1910 年间,日本海军战舰的 78% 是由日本造船厂制造的。这一比重很大,但带有一些误导性。因为这些战舰中仅有 2% 由私人造船厂建造,其他 76% 都是产自海军所有的军械所,它们分布在横须贺市、佐世保市、吴市和舞鹤市。② 然而到 1913 年为止,私人造船企业建造的舰艇已经达到总数的 37%,比海军拥有和经营的军械所制造的多 5%。作为两个最大的私营造船企业,长崎的三菱造船厂和神户的川崎造船厂自然就成了最大的受益者。他们收到海军的巨额订单,提供了就业机会,为下院议员提供了竞选资金,还刺激了与造船相关产业的发展。对于那些想依靠积极的工业政策来赢得更多支持的政友会领导人来说,支持海军对私人企业注资是既能刺激经济增长,又能赢得政治支持的理想方式。③ 这项计划与政友会支持的其他扩展项目配合良好,如海港建设、铁路扩建和其他一些工业企业的发展。另外,私营造船厂为完成海军订单扩大了经营规模,这也为未来非军用船只建造业的发展奠定了基础。④ 最终,在海军部队大量订单的刺激下,造

① 1904 年到 1924 年间,在鹿儿岛区的国会中,政友会成员占有全部九个席位;而在长崎地区,直到 1915 年选举之后,政友会得以在全部八个席位中占到多数。三菱公司作为日本最大的两家私营造船所之一,其所在地曾设在长崎。另一家私营造船所位于神户市的川崎,它的所有者和管理者皆是海军和政友会的中间人 Matsukata Kōjirō。

② 参见 Zōsen kyōkai(造船协会),*Nihon kinsei zōsen shi*(日本现代造船业发展史)(Tokyo: Hara shobō,1973):44-59。

③ 参见 *Hara Kei nikki*,7 Feb.1914:3:387-388.

④ 参见 Kawasaki jūkōgyō(川崎重工),*Kawasaki jūkōgyō kabushiki kaisha shi*(川崎重工企业发展史)(Kobe:Kawasaki jūkōgyō,1959):70;以及 Mitsubishi jūkōgyō(三菱重工),*Mitsubishi zōsen sōgyō hyakunen no Nagasaki zōsenjo tlkushū*(长崎造船业的百年成就)(Tokyo:Mitsubishi zōsen,1957):48-55。

船工艺技术从国有海军军械所传播到了私营造船厂,从国外造船厂传到了日本造船厂。1911 年,海军派遣了一批川崎造船厂的造船工程师去英格兰和威格士的造船师们一起建造金刚号舰艇;在那里,工程师们获得了宝贵的经验,这些经验后来被用于建造超级无畏级战舰榛名号。① 按照海军和政友会领导人的理解,提高私营造船厂的产能和产量对双方来说都是双赢的。

政友会对日本私营造船厂制造的舰艇比重格外关注,这一点在国会讨论海军扩军时得到了证实。早在 1910 年,海军大臣斋藤就曾就日本来自私营造船厂生产舰艇的比重回答过各方质疑。② 斋藤回答道,虽然海军希望把尽可能多的舰艇制造任务交给国内造船厂,但目前日本国内造船厂的产能还无法满足海军的需求;而海军的扩军能刺激日本国内造船业的发展。另外一次有关国内制造业的质问发生在 1912 年,当时政友会成员中村纯黑问斋藤,海军经费中有多少被用于从私营造船厂订购舰艇。不管是在下院预算委员会还是预算小组委员会,或者是议会全体大会上,每当这种问题在讨论中被问及时,斋藤的回答都是:海军的政策是把尽可能多的舰艇建造任务交给私营造船厂,以此增大日本造船业的产能。第二年,海军副大臣财部在一次下院预算小组委员会上重申了同一观点,他还强调了海军的以下政策:海军制造的舰艇要尽可能多地采购私营企业生产的零部件,包括铁板。③因此,强化海军也就是强化日本的工业实力。两年以后,也就是 1915 年,政友会领导人野田宇太郎再次附和了这些观点,并敦促海军进一步推进舰艇建造的私营化,以造福于国家和经济发展。④ 由于日本工业产能实在太低,跟第一次世界大战时期的德国相比,日本的工业、海军和国会之间的关系并没有

---

① 参见 Kawasaki jūkōgyō,*Kawasaki jūkōgyōkabushiki kaisha shi*,200-205。

② 参见东京《朝日新闻》1910 年 2 月 4 日刊;在《日本每周邮报》12 Feb.1910:208 上再次刊登。

③ 海军政策的详细解读刊印在《日本每周邮报》15 Mar.1913:328。

④ 参见 Yamamoto Shirō,"Dai ichiji sekai taisen ni okeru Amerika no sansen to Nihon:Terauchi naikaku no keizai to seiji"(America's entry into World War I and Japan:Politics and economics of the Terauchi cabinet),*Hisutoria* 43(March1966):37。

那么紧密,因此政友会人士也更有理由去接受海军扩军,毕竟与陆军相比,海军扩军可以带动私营工业企业和科技的发展,而陆军在此方面能做的几乎微乎其微。①

山本希望继续利用海军的阅兵盛况作为加强政友会和民众对海军扩军支持的最后手段。1913年11月和12月(在这期间,内阁和国会开始讨论政府提出的1914年预算),山本以首相身份组织了一系列令人印象深刻的支持海军的庆祝活动。12月1日,海军举行了具有纪念意义的庆祝仪式,以此标志无畏级战舰雾岛号在长崎三菱造船厂的首次下水。所有的九州派政友会成员作为贵宾被邀请到长崎三菱造船厂。在不到两周之后(即12月14日),海军组织了一场更为盛大的庆祝活动,以作为无畏级战舰榛名号在神户川崎造船厂的下水仪式。在每个庆祝活动上,海军领袖都公开感谢那些曾经为海军扩军做出贡献的政治家、实业家和劳动者,并向全国重申海军的价值理念。与其他下水仪式一样,包括许多政友会代表在内的特殊要员们都获得了标志着这次下水活动的纪念性奖章。在此类场合下,这些要员和军事领袖、官僚及皇室成员代表的出席使政友会成员们获得了更大的政治影响力和更高的政治地位。② 1913年11月进行了一些同样的庆祝活动,为了迎接英国建造的战舰金刚号(当时海上最大的战舰)的到来,海军举行了一场人人皆知的庆祝仪式。③ 11月5日,金刚号战舰到达日本。为此,海军举行了为期两天的庆祝活动。在此期间,记者和优秀的政党官员可以与前来迎接金刚号战舰的海军大臣一起登上战舰。

虽然这些活动令人印象深刻,但与11月10日进行的那次盛大规模的海军演习相比仍相形失色,在横须贺港附近参加该演习的帝国海军战舰(包括

---

① 关于德国实业家在游说他们的政党支持海军扩军的过程中所起的作用,参见 Kehr, *Battleship Building and Party Politics in Germany*, 1894-1901, 200-212, 306-359。

② 参见《日本每周邮报》6 Dec.1913:715; and ibid., 20 Dec.1913:782。包括《东京朝日新闻》和时事通信社在内的日本各大媒体都竞相对这一系列的下水活动逐一报道。

③ 金刚号战舰的设计者是英国杰出的军舰工程师乔治·瑟斯顿。有关金刚号战舰的具体性能,可参见 Evans and Peattie, *Kaigun*, 160-163。

新到达的金刚号战舰)总计达到了 55 艘。与以往的大规模演习一样,天皇在海军高官、重要内阁大臣(包括原敬)以及许多地方要员和政友会官员的陪同下乘坐列车从东京赶到横须贺港观摩演习。① 作为舰队演习的一部分,天皇在万人瞩目、富有象征意义的仪式上授予海军上将伊藤裕子大勋位菊花大绶章,以表彰他为日本帝国所做出的贡献。之后,大正天皇仿效明治天皇,也登上香取号战舰观看演习。最后,该演习以宣布自 1913 年起每年海军都将为天皇和民众举行一场类似的舰队演习而结束。听完了该宣告后,一名《东京朝日新闻》报的记者作出了如下评论:此类演习过去是,将来还会是海军为扩军争取大众及各方政治支持的一种手段。② 从很多方面来看,他的评价都是正确的。

与前一年举行的海军阅兵相同,1913 年 11 月的海军阅兵与海军的预算日程安排完全契合。10 月初,斋藤向山本提交了总额达 3.52 亿日元的预算计划,该计划涵盖海军 1913—1921 年间的预算。③ 具体来说,该计划要求建造 7 艘无畏级战舰(在 600 万日元的预算额于 3 月获得批准之后,其中的 3 艘战舰已开始建造)、2 艘一等的巡洋舰、5 艘二等的巡洋舰、26 艘驱逐舰和 10 艘潜水艇。1921 年建造完成时,日本将拥有一支"八—六"舰队。果不其然,山本立即同意了该项计划,并告知斋藤他将在 11 月初(海军预定的庆祝活动前)向内阁提出海军的请求。11 月 4 日,内阁就初步预算进行了讨论,其中包括斋藤的预算计划。在此次会议上,财务大臣高桥是清原则上支持海军的计划,他告诉斋藤,将会在权衡其他大臣的要求后给予明确的答复。④ 从斋藤、财部和山本的立场来看,海军预算计划的通过大有希望。

---

① 辅佐大正天皇的内阁大臣的完整名单如下:山本权兵卫出任首相,斋藤实任海军大臣,牧野伸显任外交大臣,楠濑幸彦任陆军大臣,原敬担任内政大臣,以及财部诚一担任副海军大臣。

② 参见东京《朝日新闻》1913 年 11 月 10 日刊,以及《日本时报》11 Nov.1913:8。

③ 参见 Saitōshishaku kinenkai,*SaitōMakoto den*,2:244-247。

④ 参见 *Takarabe Takeshi nikki*,4 Nov.1913:2:227;以及 *Hara Kei nikki*,4 Nov.1913:3:357。

表 4　1906—1914 年日本陆军、海军及国家支出和军事人员

（支出单位：日元）

年份	陆军支出	海军支出	国家支出	陆军人员	海军人员
1906	￥67,870,000	￥61,876,000	￥464,276,000	200,000	46,676
1907	126,043,000	72,272,000	602,401,000	220,000	51,551
1908	141,803,000	71,579,000	636,361,000	225,000	52,824
1909	106,803,000	71,046,000	523,894,000	225,000	52,687
1910	101,323,000	83,840,000	569,154,000	225,000	54,731
1911	105,000,000	100,463,000	585,375,000	225,000	56,887
1912	104,125,000	95,486,000	593,596,000	227,861	59,777
1913	95,440,000	96,446,000	573,634,000	227,260	55,940
1914	87,700,000	83,700,000	648,420,000	231,411	60,914

资料来源：National expenditures and army and navy personnel are found in Statistics Bureau, *Historical Statistics of Japan*, 5 vols. (Tokyo: Japan Statistical Association, 1987): 5: 525, 528. Army and navy expenditure figures are taken from Naikaku to keikyoku (Cabinet statistics bureau), *Nihon teikoku to kei nenakan* (Statistical yearbook of the Japanese empire), 59 vols. (Tokyo: Tokyo ripurinto shuppansha, 1962-1967): 43: 507 (1924).

　　然而,原对此看法稍显不同,他总是对政友会事务及国家政治心系两头。5 天后的 11 月 9 日,内务大臣原在会见斋藤时,对海军预算一事表达了自己谨慎的态度。① 原的担忧来源于陆军而不是自身政党的异见。但原坦率承认:国会和海军"关系良好,不同于国会与陆军的关系"。政友会领袖担心陆军反对该预算方案,因为它为海军的大规模扩军提供资金,却对陆军要求更小规模的扩军请求置若罔闻。虽然斋藤对此辩称,政府将于 1915 年开始实施陆军扩军计划,但原还是提醒这位海军大臣对其自身军队的请求要有更多的耐心,以保持军队间的和谐。原明确希望山本内阁能够避免上届西园寺内阁的厄运,该内阁因其固执、妒忌心强的陆军大臣死心塌地地要求增加陆军预算而

_____

① 参见 *Hara Kei nikki*, 9 Nov. 1913: 3: 358-359。

倒台。

因此,不出所料,在 11 月 21、25 和 27 日举行的内阁预算会议上,就海军扩军问题的讨论成为会议的重头戏。① 在向每位大臣分发了极为详细的立场文件以证明海军扩军请求的合理性后,斋藤获得了财务大臣高桥的支持。② 虽然高桥认为花费昂贵的扩军请求可分为三个部分:第一部分可全盘接受;第二、三部分可在原则上获得认可,但原再次表露出自己的担忧,并建议将海军扩军预算额降为约 9,000 万日元。③ 斋藤随之却提出了 2.3 亿日元的提案来作为回应。随后,首相提出 1.6 亿日元的折中方案,该方案涵盖 1914—1919 年间海军扩军的所有费用。④ 该预算额得到了众人的一致赞同。虽然 1.6 亿日元比海军原先请求的数额要少;但它仍是自日俄战争以来获得批准的最高一次性增加额。海军领袖和政友会内阁官员预计,因海军与政友会之间的关系日益密切,国会议员将只会象征性地反对一下政府的预算方案,如果真能如此就是最好不过的事了。然而,后来发生的事件表明,尽管内阁未高估政友会普通成员给予政府的支持度,但双方均低估了海军-政友会同盟在长州藩官僚派、陆军和刚组建的同志会政党内部引起的仇恨程度。鉴于各方势力之间政治关系紧张,贿赂和勒索丑闻频出绝非偶然,这不仅使政府提议的海军扩军预算遭到否决,也再次改变了日本大正初期国家政治的发展方向。

西门子—海军丑闻

1914 年 1 月,当山本将政府预算方案提交至国会时,这位海军上将有理

① 参见 Saitōshishaku kinenkai, *Saitō Makoto den*, 2:247, 21, 25; *Takarabe Takeshi nikki*, 27 Nov.1913:2:231-234;以及 *Hara Kei nikki*, 27 Nov.1913:3:367。

② Saitōshishaku kinenkai, *Saitō* Makoto den, 2:247-253.再次刊登了斋藤的立场文件。

③ 参见 *Hara Kei nikki*, 27 Nov.1913:3:367。

④ 参见 Ko Hakushaku Yamamoto kaigun taishōdenki hensankai, *Yamamoto Gonnohyōe den*, 2:1015。

由充分相信他的立法议程(包括由内阁一致同意的大规模海军扩军计划)将在国会顺利通过,因为下院仍由政友会控制,而且原曾向首相保证过,政友会成员将服从内阁的领导并支持政府所有举措。1914年1月23日,下院预算委员会开始正式考虑山本的大规模海军扩军计划,但不久以下两大希望皆化为泡影:政府的预算方案能很快通过;本届议会会议将会一帆风顺。当天早晨,东京的报纸报道了德国法院宣布的对卡尔·里克特(西门子东京分公司前雇员)的判决结果。① 德国法院因里克特偷窃并敲诈勒索西门子日本分公司同事而判处其两年的劳役拘禁。里克特从西门子东京办事处盗窃了一系列文件,它们披露了西门子官员与日本海军高官的商业腐败行为。具体说来,文件详细说明了西门子支付给日本海军人士的佣金问题,这些海军官员利用职务之便帮助西门子公司获取订单。有关里克特的判决及其在审讯期间间接提到并出示所偷窃文件的细节的披露不仅使某些日本海军官员的道德品质受到了质疑,也使人们怀疑拨款给涉嫌腐败的海军是否合理。正如人们后来知悉的那样,西门子—里克特丑闻为政友会—海军同盟的敌对势力提供了他们梦寐以求的攻击政府的机会,事实上他们不仅抓住了这一机会,还对政府不依不饶。

简而言之,导致海军腐败最终曝光的那些事件可追溯至1913年早春。那时候,速记员里克特不仅对自己125日元的月薪,也对整个西门子公司越来越不满意。因此,他披露了能够证明西门子公司向日本海军官员支付佣金的相关材料,正是这些官员帮助总部位于德国的公司获取了海军的订单。在得知这些文件潜在的价值后,里克特从公司办事处拿走这些文件并将其藏匿于东京的住所。里克特绝不是一位好员工,他因经常迟到并且工作表现持续不佳,1913年10月17日被西门子公司解雇。对于自己被解雇,里克特感到非常愤怒。10月18日,里克特来到公司总部筑地,欲恐吓公司老板。具体来说,这位心怀不满的速记员要求与前任老板维克多·赫尔曼见面,后者时任西门子

① 参见 Ōshima Tarō, "Shiimensu-Vikkaasu jiken" (The Siemens-Vickers incident), in Wagatsuma Sakai et al., eds., *Nihon seiji saiban shiroku: Taishō*, 5 vols. (Historical records of the political trials in Japan: Taishō) (Tokyo: Dai ichi hōkishuppan, 1981): 1:56-57.cccc。

公司东京办事处的总经理。① 由于赫尔曼出差在外,里克特同意与代理主管高木长三郎见面。在双方交流过程中,里克特公开了自己所持有文件的内容,就此要挟公司支付 25,000 日元作为其将文件安全返还西门子公司的条件。如果高木不同意或者威胁他,他将出售文件或移交给媒体。面对这一突如其来的事态,高木不知如何应对,但他清楚这是违反法律的,并且带有潜在破坏性。因此,高木要求里克特等待总经理返回公司处理此事。然而,出差遭遇突发事件延误了赫尔曼的返程日期,里克特急不可耐,只好另寻出路。② 由于担心高木将自己企图敲诈的行径告知警方,里克特开始寻找文件的其他买家,他找到了路透社记者安得鲁·梅布尔·普利。11 月 3 日,普利和里克特在东京京桥日本新闻社大楼路透社办公室见面并就里克特持有的文件内容进行了讨论。傍晚时刻,在看完材料后,普利立即向里克特出价 750 日元,并告知里克特可在 24 小时内完成付款。虽然比自己预期的数额少很多,但里克特仍同意普利的报价,因为他希望尽快结束自己深陷的勒索事件并离开日本。两人就价格达成一致后,普利立即约见路透社驻东京的主管乔治·布兰戴尔,并说服他批准商定的交易金额以确保交易顺利进行。布兰戴尔信任普利,因此,他同意了普利的请求。11 月 4 日,普利和里克特进行了交易,双方一手交钱一手交文件。

普利和布兰戴尔都意识到文件本身可能带来的轰动效应,因此,他们想将文件转移出日本执法机构管辖的区域。11 月 5 日,他们将文件邮寄至路透社上海分社。文件一到达上海,普利就于 11 月 14 日亲自登门拜访西门子公司并约见近期出差返回公司的维克多·赫尔曼。与里克特之前所做的如出一辙,普利威胁道:除非西门子公司支付 250,000 日元作为交换文件的条件,否

---

① 以下叙述引自对西门子丑闻进行报道的新闻报纸以及事件相关人士的法庭证词。维克多·赫尔曼的证词笔录详见 Mori Zenkichi, ed., *Shiimensu jiken*:*Kiroku to shiryō*(The Siemens incident:Documents and materials)(Tokyo:Tokuma shoten,1976):219-260。理查德·米切尔也在他的一部英文著作中,对西门子丑闻进行了非常简要的回顾,可参见 Richard Mitchell, *Political Bribery in Japan*(Honolulu:University of Hawaii Press,1996):28-30。

② 以下叙述摘自审讯笔录,详见 Mori Zenkichi, ed., *Shiimensu jiken*:*Kiroku to shiryō*, 219-260。

则将揭露西门子公司与海军进行的一系列腐败交易。之前，赫尔曼曾将里克特视为一个小麻烦，但现在赫尔曼感觉到，由于安得鲁·梅布尔·普利与媒体有着密切联系，显然他对西门子公司与某些海军官员之间所建立的特殊关系形成了重大威胁。虽然赫尔曼一开始对普利过高的要价倍感诧异，但他还是同意一旦文件返还至东京办事处，他将出具横滨德华银行 250,000 日元的汇票。

普利认为谈判已成功完成，便派遣路透社代理人桥口次平从上海取回文件。然而，赫尔曼对此次协议却没有那么满意。由于不希望东京办事处支付全部款项，赫尔曼密谋制定了一项计划，该计划旨在让西门子公司得到至少部分补偿资金。为达此目的，11 月 17 日，赫尔曼约见海军大臣斋藤并将事件详情向他进行了通报。① 为从海军处获得资金以补偿支付的 250,000 日元，赫尔曼暗示斋藤，此类文件的公布将对海军的政治地位带来毁灭性的影响，更别提海军与西门子公司之间的未来交易了。然而，该策略并未引起斋藤对此事的重视，最后这位海军大臣拒绝支付与勒索事件相关的任何费用。后来，财部还通知东京警署总长安乐，如果赫尔曼坚持要求海军支付给普利部分资金，必须对其进行严厉处置。

赫尔曼单独联系普利并告诉他需要商定一个新的交易价格。与海军大臣商讨此事逾一个星期后，西门子公司总经理告知普利他只能支付 50,000 日元。由于别无他法并意欲结束自己卷入的勒索事件，普利不得不以更低的价格交换窃取的文件。在告知斋藤事情已圆满解决后，赫尔曼前往德国领事馆并就地烧毁了文件，他坚信事情已就此结束，并且他相信自身的行为成功维持了与日本海军高级官员先前建立的秘密却不法的关系。11 月 27 日，赫尔曼告知安乐他已与普利完成友好协商。在那之后，安乐将此好消息传达给了海军部。卷入此次丑闻事件的每个人顿时如释重负，都感觉避免了一场政治灾难的发生。

如果赫尔曼和海军部官员真的这样想，那就大错特错了。里克特再次施

---

① 参见 *Takarabe Takeshi nikki*，26 and 27 Nov.1913：2：233-234。

以计谋取胜了西门子公司。他于 11 月 3 日在东京平野摄影室复印了相关文件之后,才将它们卖给普利。赫尔曼不知道里克特复印了文件,便将里克特写的勒索信寄给了德国官员,并要求只要里克特一回到德国就拘捕他。德国官员答应照办,因此,里克特一到德国便遭到逮捕。在庭审过程中,作为其辩护策略之一,里克特出示了文件影印副本,这无疑给了德国公司最后一重击。对所有参与者而言,不幸的是,这些文件明确揭露了赫尔曼通过两位中介人,即西门子公司前雇员吉田周吉及日本海军上校泽崎武广,与若干身居要职的海军官员建立特殊关系的事实,而且,派驻柏林和伦敦的多家报社记者将绝大部分文件的细节在日本的报纸上进行了详细披露。下面将简单介绍一下这种特殊关系的由来:1909 年,海军计划在千叶县建造船桥无线电报站,西门子公司随即进行了投标,投标金额约为 750,000 日元。为了在竞标中获得优势,西门子主管通过中介人泽崎武广和吉田周吉,承诺根据原始承包合同中的估算金额给予参与评选的两位海军上将松本(海军补给品部门主管)和村上格一(海军建设部首领)一定比例的佣金。① 除此之外,里克特文件中还提到了西门子也打通了与负责监督日本战舰建造和装配的驻欧日本海军官员之间的关系。卷入上述事件的海军上将藤井三津五郎便是一个典型的实例。根据文件中的阐述,藤井三津五郎非常热衷于佣金并且是西门子公司的好朋友。当然,这种亲密关系是靠西门子公司经常进行打点才得以维持的。对于藤井三津五郎来说,情况同样如此。藤井是 1914 年吴市海军基地的负责人,他不仅从威格士处为战舰金刚号的建造安排订单(为此藤井从中获取逾 400,000 日元),还在采购日本生产战舰所需涡轮发动机时接受佣金贿赂。里克特的文件还涉及了其他海军官员,如海军物资补给部门上校泽崎博武。报纸对这些幕后的秘密交易进行广泛披露后,人们感到,海军里到处充斥着腐败官员;一家报纸将他们戏称为"造舰造就的百万富翁"②。

---

① 参见 Mori, ed., *Shiimensu jiken:Kiroku to shiryō*, 58-64。

② 参见 *Tokyo Nichi nichi shinbun*, 25 Jan.1914。

西门子—海军丑闻：抗议和高层政治活动

对山本、海军和政友会而言，西门子丑闻的传来太不合时宜了，因为在此之前形势对于他们极为有利。现在，国会刚刚召开会议并开始讨论海军新的预算方案，而反对派国会议员则抓住此次的腐败事件攻击政府，并就海军扩军计划的可行性提出质疑。① 在 1 月 23 日召开的下院预算委员会会议上，同志会成员岛田三郎强烈抨击海军。岛田宣称，国内外媒体对此丑闻的报道不仅让人对日本海军的廉洁性产生怀疑，也玷污了日本在海外的声誉。让政府更为担忧的是，岛田在国会前将腐败事件与海军扩军请求联系在一起，并大声质问道，如果国会同意给涉嫌腐败的海军增加拨款，日本市民将如何看待？ 之后，岛田坦承，除非腐败问题得以解决，否则即使国家收入盈余，他作为人民的代表也不会支持海军的扩军计划。最后，这位同志会代表要求海军大臣公开与丑闻相关的所有信息并保证上述腐败事件只是个案，至此他才结束了慷慨激昂的演讲。海军大臣斋藤向同志会代表保证，虽然他在 11 月与维克多·赫尔曼见面时了解到西门子文件被盗事件，但此次行贿只是个别事件，海军已就此事展开调查。②

斋藤坦承 11 月与赫尔曼见过面，这使得反对派更加大肆抨击政府。花井角野（宪政会）1 月 29 日在下院一般会议上质问了以下问题：在赫尔曼接触海军大臣后，政府为什么不报警？③ 之后，岛田和林砷陆地继续以此方式质问海军大臣斋藤：11 月份，西门子公司代表与斋藤见面时究竟发生了什么？ 西门子代表要求海军付款了吗？ 海军真的照做了吗？ 作为事件的后续发展，国会议员质问内务大臣原为什么没有在调查中发挥更坚决、积极主动的作用，为什么不公开透明地进行调查。原和斋藤回应道，由于 11 月份信息掌握不充分，不能进行任何的逮捕行动，但目前正在对此事进行全面的调查。之

---

① 参见 Saitōshishaku kinenkai，*SaitōMakoto den*，2：271-280；以及 *DNTG*，9：252-258。

② 参见 *Takarabe Takeshi nikki*，23 Jan.1914：2：252。

③ 参见 Saitōshishaku kinenkai，*SaitōMakoto den*，2：288；以及 *DNTG*，9：256-266。

后,尾崎行雄(宪政会)质问政府:国会议员如何相信腐败的海军能够真正去调查自身的腐败行为?① 之后,尾崎又对自己提出的问题作出了以下回答:不能相信政府能够调查此事,并支持人们早些时候提出的建立国会调查委员会的要求。②

由于受到公众日渐不安以及其他海军官员不法行为被进一步披露等因素的驱使,反对派国会议员对政府的敌对态度越来越强烈。2 月 5 日,继安得鲁·梅布尔·普利和维克多·赫尔曼被东京警视厅官员逮捕后,同志会、国民新党和宪政会的领袖开始起草针对山本内阁的不信任决议。③ 司法大臣奥田义人意识到大众日益不满的情绪、反对派的强硬态度和海军腐败事件进一步曝光所造成的恶劣影响,他提醒原:政友会对给予海军无条件的支持应慎之又慎。④ 第二天,在政友会预算会议上,国会代表询问原有关政府提议的海军扩军预算问题。⑤ 虽然一些国会议员建议政党响应反对派的号召:在争议平息、免除对海军的指控或完成全面整改前,应减少海军预算或至少推迟实施增加海军预算的计划,但大多数议员同意追随原的领导。

原已经意识到党内出现的担忧情绪,次日,他开始与山本和斋藤讨论预算问题。⑥ 在首相官邸内,原预言虽然他已获得政友会大多数成员的支持,但从长远来看,投票赞成整个扩军计划可能会破坏政友会的团结,从而破坏海军—政友会之间的合作关系。原直截了当地问山本是否愿意降低原先的扩军预算额。山本试探性地回答道,海军可能不会满意这样的结果。原立即反击道:"你是希望事情发展只对海军有利,还是愿意通过选择一条可以避免政友会党内产生嫌隙的道路从而确保(政治)安全?你需要对此进行认真的考虑。"

---

① 参见 Saitōshishaku kinenkai, *Saitō Makoto den*, 2:288-296。

② 参见 *Hara Kei nikki*, 29 Jan.1914:3:385。

③ 参见 *Hochi shinbun*, 6 Feb.1914。

④ 参见 *Hara Kei nikki*, 5 Feb.1914:3:387。

⑤ 参见 *Hara Kei nikki*, 6 Feb.1914:3:387。

⑥ 参见 *Hara Kei nikki*, 7 Feb.1914:3:387-388。

在原直截了当地进行反驳后,山本建议原直接与斋藤交谈。务实主义者斋藤就原的建议提出了一项折中方案。虽然斋藤坦承希望整个估算方案获得通过,但这位海军政治家也表示,他愿意接受削减 3,000 万日元的修改方案,这相当于 1917 年建造一艘战舰的费用。① 原认为此番调解可使政友会代表更愿意投票支持政府。第二天,原告知政友会执委会他与斋藤讨论的结果并获得一致支持。② 2 月 9 日,政友会向下院预算小组委员会提出在海军提议的预算基础上减少 3,000 万日元的方案。

原此举适时出色地削弱了反对派的气势。2 月 10 日,反对山本内阁的势力开始从两个方面对政府进行反击。首先,反对派成员发动 35,000 多名市民聚集起来抗议政府。被保护宪法并整顿海军的号召团结起来的人群聚集在国会外,要求反对派成员对政府提出不信任投票提案。而国会内部的反对派议员的确那么做了。国民新党领袖犬养毅提出对政府的不信任提案,以此要求山本对海军腐败交易案以及此事曝光引起的公愤和骚乱一事负责。③ 虽然山本疲态尽显,但仍然坚持质疑反对派的提案,宣称在相关调查正在进行之时任何政府官员的辞职都是不负责任的行为。虽然山本的自我辩护绵软无力,但他仍没有必要担心。正如他预期的那样,政友会以 205 对 164 的投票结果支持政府,否决了不信任提案。④ 在海军腐败事件曝光引发的第一场政治危机中,政府幸存了下来。

虽然政府最终幸存,但也付出了相应的代价。2 月 12 日,下院通过了修改后的海军扩军预算,该扩军预算将政友会提议的减少 3,000 万日元预算融入决议中。此次减少预算额仅仅只是海军预算问题的开始。2 月 14 日,上院开始审议政府提出的预算计划,在此期间,埃吉钱司、田健治郎和村田常吉依据以下两点理由抨击政府:未能承担腐败丑闻的责任;对陆军要求增加两个师

---

① 参见 *Hara Kei nikki*,7 Mar.1914:3:387-388。

② 参见 *Hara Kei nikki*,8 Mar.1914:3:388-389;以及 *Takarabe Takeshi nikki*,9 Mar.1914:2:303-304。

③ 参见 Saitōshishaku kinenkai,*Saitō Makoto den*,2:303-304。

④ 参见 Saitōshishaku kinenkai,*Saitō Makoto den*,2:303-305;以及 *DNTG*,9:316-319。

团的请求置若罔闻,以使海军享受到政府中更多的财政资源。① 上院贵族们执意挑战政府并让原和山本相信,上院会试图进一步降低海军的预算额,其降低幅度会超过2月初下院业已确定的额度。② 如果上院贵族坚持这一行动路线,那么势必会成立一个两院预算委员会来做出最终的决定。

原和山本的预测是正确的。出于惩罚海军、破坏海军—政友会间团结的目的,贵族院预算小组委员会将海军提议的扩军请求减少了7,000万日元,超出下院预定额度4,000万日元。③ 四天后,上议院预算委员会以48对7的投票结果表示赞同,3月13日,全院以240对44的巨大投票差额支持上述决议。④ 为了复仇,贵族们对海军最珍视的政治目标施以沉重的一击。由于新提出的预算削减额超出下院商定的削减额度,贵族们修改过的预算方案被强制返回由政友会主导的下院。由于下院议员拒绝接受该修改版的预算方案,他们不得不召开两院联合预算委员会会议来解决预算争端。

接下来发生的事情值得政友会和海军为之庆祝。联合预算委员会以10对9的投票结果同意下院提议的预算方案,该方案只要求减少3,000万日元。⑤ 当下院预算方案提交两院审议时,两院代表马上表示赞同早前提议的预算。然而,值得庆祝的事件到此结束,因为不同寻常的是,上议院拒绝遵守联合预算委员会的提案。⑥ 由于未能获得国会两院的一致认同,预算没有获得通过。这样,留给山本的只有两种选择:依据宪法,他可用上年度的预算代替当年的财政预算;他还可以辞职,以期新政府能在预算方面获得成功。由于1913年预算方案并不包含有关海军所期待的增加支出方面的条款,因此,3月

---

① 参见 *Takarabe Takeshi nikki*,14 Feb.1914:2:259-260;以及 Saitōshishaku kinenkai,*Saitō Makoto den*,2:305-309。

② 参见 *Hara Kei nikki*,18 Feb.1914:3:393-394。

③ 参见 *Takarabe Takeshi nikki*,5 Mar.1914:2:265。

④ 参见 *Hara Kei nikki*,9 Mar.1914:3:359;以及 Saitōshishaku kinenkai,*Saitō Makoto den*,2:327-329。

⑤ 参见 *Takarabe Takeshi nikki*,19 Mar.1914:2:268。

⑥ 参见 Saitōshishaku kinenkai,*Saitō Makoto den*,2:332;以及 *Takarabe Takeshi nikki*,23 Mar.1914:2:270。

24 日，山本向天皇提交辞呈，宣称未能确保预算顺利通过是他这一生中"最遗憾的事情之一"。① 山本付出的辛劳和努力使其成功获得国会下院的支持，但贵族院（保守派大本营、亲山县派的追随者）将其完美的计划化为泡影，这些人强烈反对海军—政友会联盟及其代表的一切和实施的所有改革。

虽然山本辞职和海军腐败事件的曝光削弱了海军政治影响力，但海军领袖仍试图影响国家政治，希望借此来推进海军预算目标的实现。山本向天皇提交辞呈时，推荐原敬作为下一任首相。② 山本宣称，他和桂认为，超党派内阁（非党内阁）时代已经结束。山本还表示，原（作为国会下院多数党领袖）是领导下届政府的最佳人选。山本暗自坚信，原和政友会将继续支持海军的扩军计划，并相信首相原会抗击山县派势力，正是这些势力造成了他本人内阁的垮台。听说山本推荐自己为下任首相，原欣喜若狂；实现他长期以来梦寐以求的愿望似乎指日可待了。

对原而言，不幸的是，不是每个人都赞同山本的提议。在西门子丑闻后，山县试图整顿国家政治，使其重回自己保守官僚派系的轨道。4 月，这位长州籍领导人召开政界元老理事会会议选举下一任首相。山县和尾山在直接否决原敬的提名后，推荐清浦奎吾组建下一届内阁。清浦是山县派的成员，他曾在山县和桂领导的上一届内阁中担任司法大臣和内务大臣。因此，清浦不仅公开宣称自己信奉超党派内阁，还阐述了此类内阁模式的诸多优点，并于 1914 年试图组建超党派内阁。③ 海军领导层担心清浦（作为亲陆军山县派官僚）可能漠视海军的扩军计划，因此，他们努力阻止清浦获得首相候选人资格，或者至少确保新首相能作出支持海军扩军计划的承诺。具体说来，被提名接替斋藤的海军上将加藤友三郎要求清浦召开国会特别会议以恢复被贵族院削减的海军开支。这是海军同意加藤任职的前提条件。清浦相

---

① 参见 Ko Hakushaku Yamamoto kaigun taishōdenki hensankai, *Yamamoto Gonnohyōe den*, 2：1019.1915 年初，山本在大选中严重失势后，原判定，和山本达成一致"对于政友会来说是极其不利的"。参见 *Hara Kei nikki*, 28 Mar.1915：4：92-94。

② 参见 *Hara Kei nikki*, 24 Mar.1914：3：408-409。

③ 参见 Ōtsu, *Dai Nihon kensei shi*, 7：283-285。

信,当海军在政治和预算上拒绝妥协的消息被披露后,必然会导致民众的怨声载道,此时的加藤肯定会选择退让而不是勇敢面对。因此,清浦拒绝接受加藤的要求,但清浦此时却低估了加藤的决心,后者立即拒绝在内阁中任职。由于无法找到其他合适的人选担任海军大臣,清浦无法进行成功组阁。虽然海军再也无法通过政府来影响政治,但海军领导人仍能通过高压手段对内阁政治施加影响。

如同大正政治危机期间陆军的所作所为一样,海军此时阻碍内阁的建立以及扰乱立宪政府的正常工作是一场巨大的政治赌博,尤其在西门子丑闻曝光后,反对海军的公众舆论一片哗然。事实上,清浦正是基于此盘算才劝阻海军采取上述行动路线。然而,清浦高估了大众对海军一系列运作所做的反应。由于清浦的背景和他想通过建立超党派内阁来增强山县派势力等原因,政党运动、自由主义知识界或大众护宪运动中仅极少数个人对海军的所作所为表达了愤慨。如果海军中的精英分子阻止党派内阁的形成,那么海军的政治地位将会被进一步削弱,大众对它的愤慨也将会更加强烈。但清浦不属于任何一个党派。

在清浦组建政府的尝试失败后,政界元老推荐同志会支持的大隈重信领导下届内阁。作为早期政党运动的历史人物,大隈获得了大众的广泛支持。此外,他邀请直言不讳的政党成员尾崎和犬养加入内阁的行为似乎验证了他的承诺,即让政党参与内阁级别的政治活动。① 但不可忽略的是,如之前的清浦一样,大隈很难找到一位合适的海军大臣人选,而此问题又再次涉及海军拨款。加藤很可能向大隈提出当初他曾向清浦提出的同样要求,但这位当选首相对如下事项拒不做出任何保证:努力恢复海军要求的 7,000 万日元海军开支。因此,大隈不得不将注意力转向其他的合格候选人,在当选外务大臣加藤高朋的帮助下,他决定任命海军上将矢代六郎为海军大臣,1914 年矢代六郎时任舞鹤海军军区司令。由于矢代的资历不高,而且许多人认为他并非山县

---

① 大隈邀请犬养和尾崎加入内阁,犬养拒绝了,而尾崎则答应出任司法大臣。反对党支持尾崎的任职,但政友会并不支持这一人事安排。关于大隈与政友会之间的关系,详见 Najita,*Hara Kei in the Politics of Compromise*,191。

派成员,因此,在正常情况下,他并不会成为海军大臣的候选人。但正是上述原因以及舞鹤军区的官员均未卷入任何丑闻的事实,使得矢代获得了优势。此外,矢代和加藤自学生时代在名古屋爱知英语学校学习时就是好朋友。然而,更重要的是,作为一名局外人,矢代在西门子丑闻曝光时就要求海军进行迅速、彻底的改革,这使大隈深信,矢代不仅更愿意彻底整顿海军,而且在出任海军大臣时,不太可能会提出过高的预算要求作为其任职的前提条件。

上述有关大隈和加藤高朋的猜测只有部分是正确的。在海军—政友会联盟业已崩溃的情况下,致力于改革的矢代希望与大隈、同志会建立合作性的工作关系。但是,矢代决定推进海军财政利益的决心并不亚于加藤友三郎。因此,与之前加藤所做的一样,矢代要求大隈对海军财政问题作出相关保证,并将此作为其加入内阁的前提条件。然而,相比于加藤友三郎之前要求特别国会会议恢复贵族院削减的 7,000 万日元的海军预算,矢代要求的海军预算却少得多。具体说来,矢代仅要求特别国会会议拨款大约 600 万至 900 万日元的海军预算,他认为该预算额足以维持正由日本造船厂承建的三艘战舰的建造。海军领导层认为,利用政党支持来阻止内阁的组建并不会令他们最终如愿以偿,即使这次支持他们的政党是同志会。尽管如此,当时的局势对于海军领袖们来说依旧异常严峻,而矢代却愿意在 1914 年为此挺身而出。海军预算在 1913 年遭到否决不仅让海军无法执行舰队的扩建计划,也迫使海军停止建造三艘在建战舰,其中两艘战舰由川崎、三菱民营造船厂承包建造。矢代的最低要求(事实上,也是任何一位受命担任海军大臣的人都会提出的要求)是:为了能使上述三艘战舰的建造得以继续,下任内阁应进行适当的拨款。

海军和政府内部政治形势的变化迫使海军不得不接受大隈提议的削减预算额。在矢代和大隈开始谈判后,再次出现一系列关于海军接受佣金的新指控。[①] 在调查西门子事件的过程中,军队和地方检察官都发现大量证据显示很多海军高官卷入了威格士公司日本代理商、三井公司与日本海军之间的项目承包腐败案。由于又一大丑闻即将披露,当大隈说他会召开国会特别会议

① 参见 Mori, ed., *Shiimensu jiken*; *Kiroku to shiryō*, 157-201。

以获得继续建造上述战舰所需资金时,矢代马上表示了赞同。作为回报,矢代同意彻底整顿海军并支持司法大臣尾崎起诉卷入丑闻的非军界人士,并且他再次重申自己此前的立场:即使山本或斋藤犯罪:"他们一样会被绳之以法"。① 9天后,矢代将其二人列入备查名单中并开始对他们的所作所为展开调查(虽然后来山本和斋藤从未受到指控)。②

海军大臣果然做到了言必信,行必果。在矢代任期内,不仅海军军事法庭审判速度加快,而且矢代还身体力行以确保各媒体和政党能及时了解到三井—威格士丑闻调查的进展情况。③ 经过海军和地方检察官的调查,终于掌握了充足证据起诉卷入西门子案件的五名地方人士以及涉入三井—威格士案件的地方人士。与西门子事件一样,三井—威格士案件也与向日本海军官员支付佣金有关。④ 按照矢代的指示,海军迅速起诉与西门子和威格士丑闻相关的官员。5月7日军事法庭开始审判海军上校泽崎和松本,5月8日启动了对海军上将藤井审前的诉讼。经过三周的审议,海军法官判处松本有期徒刑三年,处以罚金 409,800 日元;判处泽崎有期徒刑一年,处以罚金 11,800 日元。⑤ 对藤井的审判耗时更久,他最终被判处四年半有期徒刑并交纳罚金368,306 日元。

年初曾就丑闻事件对海军进行抨击的媒体和政客开始赞扬新大臣为起诉和惩罚腐败官员并恢复大众对海军的信心所做的努力。大隈和其他内阁大臣也对矢代备受瞩目的成果感到满意,因为他们减少了反对派政党和媒体在国会特别会议期间因遗留的海军腐败问题质问政府的机会。为进一步确保在国会中取得成功,大隈一直等到与西门子和威格士案件相关的民事审判开始后,

---

① 参见《日本时报》1914 年 5 月 3 日刊。东京《朝日新闻》1914 年 5 月 21 日报道了矢代再次重申的立场:"无论是谁,只要犯罪,都一样会被绳之以法。"

② 参见 Ko Hakushaku Yamamoto kaigun taishōdenki hensankai, *Yamamoto Gonnohyōe den*, 2:1027。

③ 参见 Ōshima, "Shiimensu-Vikkaasu jiken," 61-62。

④ 以下叙述摘自 Admiral Matsumoto Kazushi 军事法庭笔录,参见 Mori, ed., *Shiimensu jiken*:*Kiroku to shiryō*, 175-201。

⑤ 参见 Ōshima, "Shiimensu-Vikkaasu jiken," 61。

才开始请求与会代表们批准拨付资金以便继续进行海军的扩建工作。事实上,在西门子案件开庭三天后,大隈就邀请了两院代表到其官邸讨论海军的预算请求。首相敦促官员支持给予海军近 650 万日元的特别支出并告知国会议员这项支出是维持海军和国防所必不可少的。① 大隈也明白,确保内阁稳定的唯一方法是与军事部门和国会同时进行合作。大隈在重申海军扩军计划的迫切性和必要性的同时,也努力向心怀不满的贵族们保证,陆军扩张计划将是下届国会会议的头等大事。② 更重要的是,大隈向一群亲陆军贵族们作出了以下承诺:内阁的长期政策是努力实现陆军和海军之间的平衡。首相兑现了自己的承诺,矢代为赢得国会议员的支持所做的不懈努力没有白费。6 月底,首相的提议在国会两院获得了通过。6 月 30 日,海军增补的 650 万日元扩军计划获得日本天皇的批准。

小 结

至少从海军的角度来看,在山本担任首相期间,他的政府并未充分挖掘所有潜能。1913 年大部分时间内,山本和原精诚合作一举提高了政友会在政府中的地位,海军也因此获得了回报,它的扩军计划得到了国会的支持。这种合作关系使双方各得其所。经过精心培植,这种关系自明治后期开始渐渐显露,并自大正政治危机后即 1913 年发展成为正式的同盟关系。它给予了双方各自最想得到的权力和影响力。当山本利用新近获得的政治职位实施一系列政友会梦寐以求的行政改革时,海军领导却失去他们在联盟关系中最想得到的扩军机会,其失败的原因不在于公众就西门子丑闻强烈抗议海军而导致的联盟关系的崩塌,而在于早前自身的成功使得他们面临更强大的敌人。实际上,虽然政友会在二战前海军最不得人心的时期仍然支持海军,但它作为日本多

---

① 参见东京《朝日新闻》1914 年 6 月 14 日。大隈于 6 月 23 日在国会下院做了关于支持海军扩军计划的演讲,其摘要可参见 Kaigunshō, Kaigun daijin kanbō(海军部,海军大臣秘书),*Kaigun gunbi enkaku*(日本海军军备的发展)(Tokyo:Hara shobō,1970):169-170。

② 参见 Kaigunshō, Kaigun daijin kanbō,*Kaigun gunbi enkaku*,175-180。

数党在面对固执的保守派反对党时也无力保全政府。贵族们对按照政友会要求实施行政改革十分不满，并且被山本一边倒的国防拨款法案激怒，因此，他们利用西门子丑闻事件迫使政府进行根本性的变革。军种间的争论、派系间的对抗和军事拨款等问题再一次改变着日本的高层政治。此种改变一直延续至第二次世界大战结束。

事实上，大隈重信不久后发现，无论谁执政，无论执政者获得何派系或机构的支持，军事拨款问题将始终困扰日本政治，至少在和平年代会一直如此。为了保住自己的职位，新首相向海军保证，他将支持有限的海军扩军计划，但直至1914年春末，海军财政拨款这个大问题仍悬而未决。对于未打算增税的政府而言，问题在于如何支付将于1914年秋天向内阁提出的海军和陆军的扩军请求所需的拨款，而大隈也知道这一问题是他即将面对的一大难题。如果大隈想要继续执政，作为首相的他必须解决的最关键问题是，如何平衡和调节军事与国家财政方面的不同需求。其他人也明白军事拨款预算是新内阁面临的一个问题。一位外国报纸的编辑在1914年8月1日作出如下预言："业已公布于众的海军要求……对国家财政而言是很大的负担。现行政府将如何运用正在酝酿之中的财政政策来应对这一局面是大隈伯爵需要解开的戈尔迪乌姆之结。"[①]但对海军和整个日本国而言，幸运的是，欧洲的一些突发事件很快为政府提供了一个既能为扩军增加开支同时又能获得公众支持的绝佳时机。如同十年后的1904年一样，1894年战争的胜利不仅赋予了日本领导人增加军费开支的动力和手段，也使他们获得了大多数国民的支持。第一次世界大战也不例外。当然，后来的事实证明，第一次世界大战是日本攫取利益最多的战争。

---

① 参见 *Japan Times*，1 Aug.1914。

八、机会主义、扩张及限制:帝国海军和日本的 "伟大战争"(1914—1922年)

南太平洋诸岛将成为日本帝国海军的占领区。请时刻牢记这一点,并为达成这一目标履行你的职责。①

——海军总参谋部 1914 年 1 月 15 日令

我国几乎不可能造出更多船舰了。此外,我们现在不得不从海外购买原材料。②

——原敬,1918 年 1 月

即使我们竭尽全力,我们也根本不具备与美国进行军备竞赛的实力,这一点已成定局……我的政策是以日本有限的国力建立一支防御完备的军队。③

——加藤友三郎,1919 年 2 月

---

① 1914 年 10 月 15 日日本海军总参谋给南洋指挥官的指令,参见 *Taishō senryaku senji shorui*,vol.16,引自 Gabe Masaakira,"Nihon Mikuroneshia senryō to nanshin"(南进与日本对 Micronesia 的占领)*Keio Daigaku hōgaku kenkyū*。

② *Hara Kei nikki*,15 Jan.1918:4:353.

③ 参见 1919 年 2 月 5 日第 41 次下院第四组预算委员会的会议记录,引自 Asada Sadao,"Japanese Admirals and the Politics of Limitation:Katō Tomosaburō vs Katō Kanji,"in Gerald Jordan,ed.,*Naval Warfare in the Twentieth Century*,1900—1945(London:Croom Helm,1977):146.

一场战争永远改变了欧洲的历史，它是欧洲的灾难却是日本的机遇，因为后者远离环境恶劣的西欧战壕、战况惨烈的东线战场以及险象环生的北大西洋上令人提心吊胆的护航行动。虽然在一战中日本直接参与的军事规模可谓无足轻重，但作为英国的东亚同盟国，日本在这场战争中的收获无可估量。第一次世界大战彻底改变了日本，而在所有从该战争中受益的日本机构和组织中，海军的收获最大。在第一次世界大战爆发后的数月里，在没有获得内阁同意的情况下，日本海军就擅自闻风而动，利用战争来促进其制度、战略和预算目标的实现，最后竟获得了惊人的成功。① 战争不仅给日本海军提供了获得其觊觎已久的南太平洋领地的机会，而且通过在东地中海的军事行动，日本还获得了全球性的体验，并进一步得到了国际认可。此外，战争加速了美国海军大规模发展项目的进程，日本海军利用这些形势的发展来进一步证明在日本进行更大规模海军扩军的合理性。正如许多日本海军上将所述，日本必须扩大海军规模以保护新旧大日本帝国，并履行对英国盟友的军事义务以及抵御美国海军扩军所带来的威胁。政治家们同意并支持海军以史无前例的规模进行扩军主要出于两个原因：其一是国外海军的不断发展；其二是对国内政治的考量。

幸运的是，对于支持舰队扩建的人士们来说，第一次世界大战为支持海军大规模扩军既提供动力又提供了必要的手段。战争使日本获得了大量资金，而这些资金可直接用于海军扩军。在战争发生的前几个月中，日本经历了经济衰退，而在1915—1919年间，日本却获得了令人瞩目的经济发展。通过向先前曾受欧洲帝国主义列强控制的南亚和东南亚市场出售制成品，日本获取了大量资金；通过向协约国出售战时所需物资，日本获得了可观的利润。这些都使日本历史上第一次从债务国变成了债权国。1915—1918年，日本的贸易收支共计盈余14.8亿日元；1919年，日本银行和日本政府所持有的外币共计

① Frederick Dickinson 在其有关日本和世界大战的优秀专著里敏锐地指出，不同的个人或派别利用战争达到他们各自的国内政治目的。日本海军的领袖也利用这种战争实现自己的政治、预算和机构的利益。参见 Frederick Dickinson, *War and National Reinvention: Japan and the Great War*, 1914-1919(Cambridge, Mass.: Harvard University Press, 1999)。

超过 13 亿日元。同样，日本的国民支出由 1914 年的 6.18 亿日元增长到 1921
年的 16 亿日元。① 在一个充斥着日元的世界中，海军的出色表现确实令人惊
讶。日本海军开支占全国开支的比例从 1914 年的不到 13%增长到 1918 年的
超过 21%。然而，和平并未使日本海军放缓建设的步伐。相反，到 1921 年，仅
日本海军开支就耗费了 33%的国家预算。诚然，对于那些花费大量时间去追
求海军扩军的日本海军上将们来说，战争似乎就是"天赐的良机"。②

　　然而，到 1920 年，并非所有的日本海军上将都是带着人们所期待的那种
喜悦和感激来看待这些数字的。在日本财政收益的增长已超乎人们想象之
时，其海军军力也似乎正处在一个无限增长的时期，但它仍然暴露出了一个致
命的弱点，即与一个更强大更富有的对手——美国海军相比，日本的防御能力
仍显不足。虽然日本可生产与美英造船厂制造的舰船相匹敌的质量卓越的军
舰，但在数量上只能望其项背。战争清晰地暴露了日本工业实力的局限及其
对海外自然资源的依赖性。因此，与后来的 1941 年境况一样，1921 年的日本
海军在与美国海军实力的比拼上只能甘拜下风，更别说要打赢一场全面或无
限的战争，因为若要取得战争的胜利，工业实力、资源和后勤保障与军队战力
和士气一样举足轻重。这种领悟让人倍感现实的残酷，关于这一点海军中没
有人比果敢的海军大臣加藤友三郎体会得更深刻。1920 年 7 月，他终于从议
会获得了支持打造海军梦寐以求的八八舰队的承诺，该项目计划在 1920—
1927 年间投入 7.5 亿日元。③ 从第一次世界大战及其所推动的海军扩军进程
中，加藤汲取了很多有益的教训，但他在说服海军同行接受如下观点时却面临

　　① 　Sorifu teikoku kyoku(Statistics bureau, prime minister's office)，*Nihon teikoku tōkei nenkan*
(Statistical yearbook of imperial Japan)，36(1917)：574-575；以及同上 40(1921)：512-513，
516-517。

　　② 　Inoue Kaoru 的观点，引自 Dickinson，*War and National Reinvention*，35。

　　③ 　1920 年，7.61 亿日元的资金被提供用于建造 4 个额外的战斗巡洋舰，12 艘巡洋舰和 32
艘驱逐舰，在 1972 年这些战舰都被建好后，就会达到预想的目标。如果将 1911 年的预算协议达
成后开始建造的舰船也纳入其中的话，八八舰队的计划总成本达 17 亿日元。有关开支明细表，
可参见 Zōsen kyōkai(Shipbuilders association)，*Nihon kindai zōsenshi：Taishō jidai*(The history of Ja-
pan's modern shipbuilding industry：The Taishō period)(Tokyo：Hara shobo，1973)：21-24。

了巨大的困难:在国际条约框架内发展海军如果不是唯一至少是最明智的加强日本国防的途径。从狭义上来说,没有任何限制的海军发展可能会提高海军的财力及地位,但无法真正确保整个国家的安全。然而,这种观点却与大部分追求海军扩军的日本海军军官们的见解大相径庭,因而在日本海军中很难被接受。因此,加藤将其在国内外事务中的主要精力转向如何本着实用主义的态度对海军扩军进行适度的限制,他的这种行为激起了其他人的反对。其实这些人的敌对情绪由来已久,只是为了维护海军扩军的大局才压抑甚久,毕竟它是海军 1868—1922 年间所追求的最伟大的事业。

机会主义背景下日本的南进运动

1914 年 8 月 18 日,英国外交大臣爱德华·格雷爵士在给英国驻日大使科宁厄姆·葛林爵士的信件中这样写道:"我很不喜欢目前多地正在发生之事:搅入一场大战会产生无法避免的结果,即隔岸观火的人会趁机利用这种形势。"①无论格雷是否将日本考虑在内,可以肯定的是,应英国要求,日本带着投机主义的强烈企图卷入了第一次世界大战。欧战初期,日本亲英派的外务大臣加藤高明通过葛林转达格雷,只有在大不列颠暗示日本应该如何行事后,日本才会明确对欧战的态度。②"如果需要的话",加藤还表示,日本将给大不列颠提供协助:"我们会竭尽全力",但是必须"由英王政府来确定所需帮助的理由和内容"③。为了进一步表达诚意(如果不是最终立场的话),加藤还表示,他已在前一天向德国驻东京大使表达了同样的立场。④ 随后,8 月的第一

① Grey to Greene,18 Aug.1914:London,Public Record Office(P.R.O.),Foreign Office Papers (F.O.),371/2017.

② Greene to Grey,3 Aug.1914:in G.P.Gooch and Harold Temperley,*British Documents on the Origins of the War*,1898-1914,11 vols.(London:His Majesty's Stationery Office,1926):vol.11,no. 571.此后的引证简写为 BD.

③ Greene to Grey,3 Aug.1914:BD,vol.11,no.571.

④ Luigi Albertini,*The Origins of the War of* 1914,transl.Isabella M.Massey,3 vols.(London:Oxford University Press,1957):3:694.

周，当格雷还在估算请求日本支援将给英国带来的政治和军事利益及后果时，加藤就一再表示，如果英国需要，日本政府愿意提供协助。

8 月 6 日，英国政府果真向日本寻求此种协助，但由于英国在亚洲的地位不够稳固以及各种利益之间的相互冲突，这种请求并不是特别强烈。一方面，英国政府的有些部门，如海军部，强烈渴望日本海军的协助；[1]另一方面，英国驻中国和香港的外交官认为，日本的参与会减少英国"对中国未来的政治影响以及在整个亚洲的威望"，且"会在当下和未来节外生枝"[2]。因此，格雷在 8 月 6 日的公报中声明，英国只向日本寻求有限的帮助。具体说来，格雷只需要日本海军"搜寻并摧毁东亚水域的德国武装商用巡洋舰"[3]。第二天早晨，格雷告知日本驻伦敦大使井上胜之助："英王政府很高兴能利用日本政府所提供的帮助来保护英国商船。"[4]

虽然英国索求的支援低于日本的期望值，但加藤仍继续请求内阁批准日本参战。8 月 7 日傍晚，加藤在早稻田的私邸中会见了日本首相大隈，并说服他支持日本参战。[5] 随后，大隈召开了一次内阁特别会议讨论加藤的提议。8 月 8 日凌晨两点半，其他内阁成员通过了加藤提出的在英日同盟的框架下参战的提议。早晨五点半，加藤离开了早稻田赴日光拜见日本天皇，并在向天皇禀报了内阁的决定后请求他予以批准。在当天晚些时候，加藤回到东京参加第二次内阁会议，出席本次会议的还有最具影响力的政界元老山县、松方和尾

① 关于英国海军在战争前夕立场的详细研究，可参见 Ian H.Nish,"Admiral Jerram and the German Pacific Fleet,1913-1915,"*Mariner's Mirror* 56(May 1970):411-420。

② 关于 Jordan 提出的没有必要在中国开战的观点，可参见 Gaimusho(Japanese Foreign Ministry) ,*Nihon gaiko bunsho*(Japanese diplomatic documents) ,Taishō sannen(1914) ,no.114.(此后的引证简写为 NGB,T.3/III)。关于他对于日本失去在亚洲的声望和影响力的担忧，可参见 Jordan to Grey,9 Aug.1914:London(P.R.O.) ,F.O.371/2016。关于 May 的评论，可参见 May to Har-court, 10 Aug.1914:London,Colonial Office,1910-1915,box no.3。还可参见 Peter Lowe,*Great Britain and Japan*,1911-1915(London:Macmillan,1969):183。

③ Grey to Greene,6 Aug.1914:BD,X,appendix 2,823.

④ NGB,T.3/III,no.104.

⑤ Ito Masanori,*Katō Takaaki den*(Biography of Katō akaaki) ,2 vols.(Tokyo:Katō haku denki nensan iinkai,1929):2:77.

山三人,加藤告诉了他们日本参战的决定。①

仅在收到英国求援的 36 小时后,内阁、天皇和最有影响力的政界元老都已尽人皆知,虽然他们都有些不太情愿,但还是批准了加藤的提议。② 从那一刻起,加藤在公报中的语气发生了显著的变化。尤其是,他不再愿意"完全由英王政府来确定其所需援助的理由和内容"③。8 月 9 日,加藤在向格雷发送的一份备忘录中声明:"日本将不限于摧毁敌方的武装商用巡洋舰,她还会在必要的时候采取一切可能的手段。"④此外,加藤断定,这种行为必将迫使日本单方面向德国宣战。⑤ 加藤的这种口吻和随后几乎所有报文都与他最近萌生的自信密切相关。这种笃信不仅来源于他已获得了参战所需的国内政治支持,还由于大不列颠目前在东亚所处的不利的军事地位。因而,格雷领导的英国政府别无选择,只得默许日本所要求的军事和外交行动自由。1914 年 8 月初,加藤的行为被认为是外交机会主义的妙举。

日本外务大臣加藤和首相大隈都意识到日本参与欧战的重要机遇,尽管后者对此的意识没有前者那样强烈,但同样重要。二人都觉察到,在这场大规模的欧战冲突中,由于战争分散了各国的注意力,日本获得了推进其在中国利益的特殊机遇。在 1914 年之前,加藤就已经开始寻求延长日本在中国的领土租赁权。1912 年,加藤告知英国外交大臣格雷,他将等待"合适的心理契机"与中国领导人就该问题重新进行谈判。⑥ 1914 年,加藤在回到外交部后,批评注重海上实力建设的日本首相山本权兵卫的对华政策,声称"两国的问题已

---

① Kajima Morinosuke, *Nichi-Ei gaikōshi*(A history of foreign relations between Japan and Great Britain)(Tokyo:Sanshusha,1957):364.

② 虽然赞同加藤的倡议,但是政界元老会对他不先征求他们的意见就取得内阁的同意和面见天皇并不满意。更多有关这种紧张关系的讨论可参见 Ito, *Katō Takaaki den*,2:45-50。

③ 引自加藤之前发表的公报。参见 Greene to Grey,3 Aug.1914:BD,XI,no.571。

④ NGB,T.3/III,no.108;and Ito,*Katō Takaaki den*,2:86.

⑤ NGB,T.3/III,no.108.

⑥ Ito,*Katō Takaaki den*,2:133.加藤在 1900—1901 年,1905—1906 年,1913 年的 2 月曾任外交大臣,在 1909—1913 年 1 月期间曾任日本驻伦敦大使。

经堆积成山,且长时间搁置,无人问津"①。加藤认为,在欧战开始阶段,获取德国在山东的领地所有权能有效帮助日本进一步推进其在中国的经济利益和领土诉求。②

欧战爆发一周后起草的日本官方外交公报以及政府声明进一步体现了加藤和大隈对中国的极大兴趣。8 月 6 日,在收到大不列颠的军事请求后,加藤向葛林表示:"袭击青岛是解决问题的最快方法。"③此外,日本 8 月 15 日向德国下达的最后通牒进一步凸显了日本政府对中国的领土野心。其中第二条是唯一涉及德国所占领土的条款,它建议德国政府"最迟在 1914 年 9 月 15 日前将其在中国的领土——整个租赁领土胶州交给大日本帝国,日本将不会向德国做出任何补偿,目的是为了将该领土最终归还中国。"④三天后,大隈会见了一群日本商人,他阐明了日本下达最后通牒的官方缘由:"日本旨在从源头上消除德国对中国领土的侵占,因为它对远东地区的和平构成了长久威胁……因此,日本的战时行动将不会超出该目标。"⑤对中国领土的野心是加藤和大隈的动力。然而,他们都没有将战争扩大到太平洋地区的意愿。对于大多数内阁成员而言,当年被德国侵占的、今天被称为密克罗尼西亚岛的地方几乎没有多少直接或潜在价值。可并非所有日本人都持相同观点。

19 世纪 70 年代末以来,诸多海军人员的夙愿——攫取南洋某些区域的统治权,只不过是一个空洞的梦想而已。正是日本海军在地球上未曾获得任何良机,觅得哪怕是弹丸之地并从此站稳脚跟,才令很多南进倡导者们的梦想破灭。19 世纪 80 年代,再怎么勇敢的探险家或海军人员都无法为日本成功抢占有价值的无名岛,因为它们已不复存在。而如若日本试图占领地图上已

---

① Ito, *Katō Takaaki den*, 2:148.

② 1914 年 8 月 21 日最新被指派到北京的日本公使 Hioki Eki,给加藤发电报请求批准他准备与中国官员的最后谈判,此次谈判涉及延长日本租界——关东州和南满铁路的租期,作为交换,日本将最终归还目前由德国占领但不久将被日军占领的地区。参见 Gaimusho(Japanese Foreign Ministry),PVM 12-5,Se-ries 12,2599-2607。

③ Greene to Grey, 7 Aug. 1914; BD, X, appendix 2, 823.

④ NGB, T. 3/III, no. 154.

⑤ NGB, T. 3/III, no. 206, pt. 1.

标注的岛屿,这将导致它与先前进入这些岛屿的殖民大国——西班牙、德国、英国、法国或美国发生军事冲突。这种选择不切实际。然而,第一次世界大战给日本提供了一个绝佳的时机,使其可以在增援协约国的同时攫取太平洋上的领土。

在英国当局的要求下,日本同意锁定并摧毁德国海军上将马克西米利安·冯·施佩所率领的东亚舰队的残余势力,该舰队的残余部分早已在开战初期就逃离了位于青岛的母港。与此同时,这次海军行动也给日本带来了攫取太平洋领土的良机。由于日本海军深信冯·施佩的舰队潜伏在德国所占太平洋诸岛毗邻的广袤水域,便组建两支不同的特遣分队来完成本次太平洋上的军事行动:一支由海军上将山屋他人率领;另一支由海军上将松村达雄率领。① 山屋的特遣分队于 9 月 14 日离港。然而,它却是带着"限制令"出海的。根据外务大臣加藤的建议,矢代和海军副大臣铃木贯太郎要求本次太平洋上的一切军事行动都要做到慎重行事,他们通知山屋:"外务大臣认为,占领德国在太平洋的任何一寸领土将会导致日本陷入极度不利的外交处境。因此,即使你只是暂驻或必须让军事人员实施登岛,请勿占领该岛和升起日本国旗。如果你不得不展开海军陆战队行动,必须在行动完成后立刻撤回部队。"②但矢代和铃木的顾虑并没有被众人接受。

9 月底,矢代改变主意并支持实施更为激进的政策。很多因素导致了矢代建议大家不要再遵照其好友加藤的期愿和日本内阁业已制定的政策。首先,海军内部出现了一些不同的声音,它们旨在挑战矢代的"限制令"。第一个发言的便是加藤宽治上校,这个声名狼藉的加藤后来还在华盛顿会议上质

---

① Peattie,Nan'yo,41-43;Kaigun rekishi hozonkai,*Nihon kaigun shi*,2:313-315;and Gabe, "Nihon Mikuroneshia senryoto nanshin,"81-82.

② 9 月 12 日发布的命令要求摧毁德国在太平洋的舰队和地面设施,但不能占领其领地。这些命令可见于 Kaigun rekishi hozonkai,*Nihon kaigun shi*,2:313;以及 Hatano Masaru,"Tai-Doku kaisen to Nihon Gaiko"(Japanese diplomacy and the outbreak of war with Germany),*Keiō daigaku hōgaku kenkyū* 61:8(Aug.1988):67.Yashiro 对 Yamaya 的建议引自 Go Takashi,*Nan'yo boekigo-junenshi*(Fifty year history of commerce in the South Seas)(Tokyo:Nan'yo boeki ka-bushikikaisha,1942):219;以及 Gabe,"Nihon Mikuroneshia senryo to nan-shin,"82.

疑限制海军发展的必要性。1914 年 9 月，加藤在伊吹号战舰上任舰长，该舰曾被派往印度洋参加与英国和澳大利亚军舰的联合行动。几乎就在海军大臣颁布"限制令"之后，加藤就立即对日本海军将不利用战机来获取南洋领土表达了深刻的质疑。[①] 加藤下定决心不让此等好机会轻易溜走，9 月 29 日他再次向海军总部寄送了一封敦促立即占领德国在南洋诸岛领土的信件。

并不只有加藤宽治一人表达了担忧和不满。在第二支南洋特遣分队出航前，其指挥官松村与海军事务部的海军上将秋山真之进行了会面。秋山真之是日本南进运动最强烈的支持者之一。[②] 秋山大胆建议松村不必在意外务大臣的建议。[③] 他认为，如果不占领德国潜在的军事基地，就不可能准确锁定数量稀少的德国军舰在广袤的太平洋中的位置。秋山进一步声称："如果你的行动耗费大量钱财，你至少得从中获益。"[④]此后，他哀叹第一支南洋特遣分队不仅一无所成，还浪费了宝贵资源。[⑤] 因此，秋山建议，如果松村占领磷矿丰富的昂奥尔岛，那将是有利可图的。很明显，秋山不希望日本能在南洋获得立足点的机会轻易溜走。他盘算着，占领行动可以进一步推进日本向南扩张的进程，并能为扩建日本海军舰队提供正当的理由。[⑥] 在与秋山会面后，松村来到了日本海军总参，副总长井上良馨也支持秋山的立场。事实上，井上更加明确地谴责了矢代的"限制令"，他大声地自语道："你认为能够借战时之机实现

---

① Kaigun rekishi hozonkai, *Nihon kaigun shi*, 2:314.

② Akiyama 也是当时日本海军最聪明的海军战略家之一。更多关于他的信息和他对日本海军学说影响的讨论可参见 Peattie and Evans, Kaigun, 69—74。

③ 因为秋山的建议有点让人出乎意料，松村随即来到海军事务部和海军总参谋部，并把 1942 年在海军总参谋部召开的会议上发生的事情写在他的日记里。不幸的是，这本日记并没有在二战中保存下来，但是 Gō Takashi 凭借松村的笔记和一些其他资料文件重写了有关 1914 年 9 月末 10 月初日本占领密克罗尼西亚的一些事件。参见 Gō, *Nan' yō bōekigo-jūnenshi*, 219—240. 我要感谢来自斯坦福大学胡佛研究所的 Mark R. Peattie 提供的资料。

④ Gō, *Nan' yō bōekigo-jūnenshi*, 220.

⑤ Gō, *Nan' yō bōekigo-jūnenshi*, 219-220.

⑥ Hirama Yoichi, " Akiyama Saneyuki: Nan' yō guntō senryō no suishinsha" (Akiyama Saneyuki: Promoter behind the occupation of the South Sea islands) Taiheiyo shakai zasshi 50: 14(Apr. 1991): 190-191.

海军大臣所愿吗?"随后他一针见血地指出:"既然那些岛屿是敌人的领土,那你还害怕什么呢? 我认为退缩绝非战争法则。"①由此,海军中奉行激进和机会主义政策的追随者越来越多。

在松村率领一艘战舰和两艘巡洋舰出航后,海军上将山屋,即当时的第一支南洋特遣分队的指挥官,拥有了更多的决策权。1914年9月30日,山屋违反了限制令,向贾卢伊特环礁派遣了一支登陆部队,并攻占了德国在中太平洋的商务总部。② 日本侵占他人领土的钟声已然敲响。应海军部要求,海军总参谋部一接到命令后即刻下令撤出所有的登陆部队。山屋遵从了该指令并召回了军队,但内心十分不甘。1914年9月30日至10月3日,山屋的上述军事行动、松村的早期言论以及加藤言辞犀利的电报引起了广泛的热议,海军中就日本海军到底应该采取何种策略众说纷纭。③ 争论主要集中在日本海军是应采取外务大臣、内阁和海军大臣所建议的限制性政策,并眼睁睁地看着德国控制下的太平洋岛屿落入澳大利亚军队手中,还是应该抓住这来之不易的机会。预算可能是影响最终决定的重要因素。在陆、海军大臣向军务委员会呈递战时预算申请的一天前,矢代改变了主意,并就占领德国在北太平洋领土的行动寻求内阁的批准。④ 需要记住的是,这一切都是在日本陆军正向德国在山东半岛大本营积极推进的背景下发生的。而且,矢代和大隈政府的每个官员都

① Gō, *Nan' yō bōekigo-jūnenshi*, 221-22; and Gabe, "Nihon Mikuroneshia senryo to nanshin," *Hogaku kenkyū*, 82.

② 更加详细的关于海军上将山屋的指令和行动的描述,以及关于海军上将松村达雄带领的第二支南洋特遣队的描述,可参见 Kaigun Gunreibu(Naval General Staff), *Taishō san-yonnen kaigun senshi*(History of naval operations, 1914-1915) (Tokyo: Kaigun Gunreibu, n.d.) :5:5, 625-650 中,后面引证简写为 Kaigun Gunreibu, *Kaigun senshi*。

③ 参见 Hirama Yoichi, "Kaigunshiteki ni mita nanshin no ichi dammen: Nihon kaigun o Mikuronesia senryo ni fumikiraseta haikei" (Oneaspect of Japan's southern advance from the viewpoint of naval history: Background of the Japanese navy's occupation of Micronesia) , *Seiji keizai shigaku* 250 (Feb.1987) :95。

④ 关于 Yashiro 在军事委员会上所提要求的讨论细节,可参见 Kaigunshō, Kaigun daijin kanbō, *Kaigun gunbi enkaku*, 185-193.或者参见 Hatano, Tai-Doku kaisen to Nihon Gaiko, 67; Gabe. *Nihon Mikuroneshia senryō to nanshin*, 82; NGB, T.3/III, no.627; 以及 Dickinson, *War and National Reinvention*, 76。

明白,日本陆军会再次要求增加预算支出和两个新的陆军师团。虽然外务大臣反对矢代的提案,但在矢代的坚持下,双方最终达成一致,即海军可临时占领德国在太平洋上的领土。在不到三周的时间里,日本海军使日本殖民帝国的版图向东西扩大了 2,700 英里,向南北扩大了 1,300 英里。① 日本南进已然不再是梦想,而变成了现实,它进一步促进了日本海军队伍的发展壮大。

战争和海军扩军的政治

在 10 月初矢代提交海军扩军的正式申请之前,海军已利用战争向日本国会请求拨款。在卷入冲突几周后的 9 月 4 日,日本首相大隈召开了一次国会特别会议以批准追加战争预算。② 具体说,为日本海军增加 3,800 万日元作为海军在战争起始阶段军事行动的支出,其中的 1,000 万日元直接用于建造 10 艘顶级驱逐舰。③ 海军请求增加驱逐舰,这使矢代能够名正言顺、毫不含糊地指出,日本的舰队年岁已高,因此有必要进行扩充,这是人人皆知的"装备补充"。虽然矢代直言 1914 年日本海军拥有 50 艘驱逐舰,但其中 42 艘已经用了至少 9 年。1914 年 9 月 5 日,矢代向国会表示,日本大部分的驱逐舰已经过时,且更危险的是其使用寿命已然将尽,这会危及日本海军的存亡,还可能限制日本承诺其英国盟友的支援行动。这位海军大臣最后在国会强调,扩充日本驱逐舰部队的实力在军事及政治上都是必要的。9 月 9 日,日本国会议员批准了他的提议,当月日本海军就订购了 10 艘新的驱逐舰。

虽然日本国会 9 月就已批准用以购买驱逐舰的预算拨款,但对所需 1,000 万日元额外拨款的请求只是海军战时扩军请求的开始。自 8 月以来,矢代和其在海军部门的下属亲信已经开始计划下一步更大规模的扩军行动,他们希望

---

① 更多关于占领的细节可参见 Kaigun Gunreibu, *Kaigun senshi*, 5:5, 640–797。感谢 Hirama Yoichi 为我在夏威夷大学上学时提供的这些资料。

② Kaigunshō, Kaigun daijin kanbō, *Kaigun gunbi enkaku*, 183–185.

③ Kaigunshō, Kaigun daijin kanbō, *Kaigun gunbi enkaku*, 183–185.

能在 11 月将此请求递交内阁。然而,海军官员意识到他们还需要在内阁讨论及向国会递交申请前,获得新成立的军事委员会的支持。矢代认为,这会使军队拨款的政治过程进一步复杂化。虽然桂早已在其上届命运多舛的内阁内部简要阐述过类似于成立军事委员会的构想,但该机构还是由首相大隈首创。①大隈希望通过紧密协调日本各大军种、财务部及外交部之间有关扩军请求问题的不同立场,以实现内阁政治的稳定。② 大隈深知军事拨款已使前三届内阁垮台,因此,他成立了一个专门的机构并相信该机构可以在国家财力能及的范围内平衡两大军种的扩军请求。军事委员会的成员也因此包括首相、海陆两军大臣、两军参谋总长、财务大臣和外务大臣。

虽然军事委员会能帮助协调各方的扩军规划工作,但这并不能解决所有的问题。1914 年 7 月 2 日至 8 月 6 日,军事委员会举行了四次会议。在每次会议上,两大军种都递交了各自的扩军计划,每次会议也都就此展开了讨论。③ 不出所料,在同年 10 月的军事委员会会议上,矢代首次表达对八八舰队的支持并请求批准总额达 3.51 亿日元的扩军计划,该计划最早于 1911 年提出。日本陆军领导人紧随其后,要求获得 1.2 亿日元拨款以组建两支新陆军师团并将他们部署到朝鲜。④ 审议开始时,矢代迅速意识到国家财力无法满足这种大规模的海军扩军请求,随即务实地提出只追加拨款 9,000 万日元的请求,用以继续支付正在建造中的三艘战船、将要建造的六艘驱逐舰和两艘潜艇的所需费用。⑤ 陆军大臣冈市之助的策略与矢代的这种务实、调和性的方式截然相反,他坚决要求不折不扣地实施陆军提出的扩军请求。此外,冈还

---

① 关于成立军事事务理事会的规定可参见 Kaigunshō, Kaigun daijin kanbō, *Kaigun gunbi enkaku*, 180–183。

② Saitō Seiji, "Kokubō hoshin Dai ichiji kaitei no haikei: Dainiji Okuma naikaku ni okeru rikukai ryogun kankei" (The background of the first revision of thenational defense plan: The relationship between the Japanese army and navy during the second Okuma cabinet), *Shigaku zasshi* 95:6(1986): 6–7.

③ Saitō, "Kokubō hoshin Dai-ichiji kaitei no haikei," 7–8.

④ Kaigunshō, Kaigun daijin kanbō, *Kaigun gunbi enkaku*, 185–194.

⑤ Zōsen kyokai, *Nihon kindai zōsen shi*, 14–17.

强烈驳斥了财务大臣若规礼次郎的言论，即陆军扩军终将导致国家破产。[1]
因此，陆军扩军问题比海军提出的扩军请求更难以解决。此后，尽管财务大臣
一而再再而三地向陆军大臣提出质问，但后者仍毅然决然地强烈要求获得扩
军拨款并且拒绝做出任何让步。[2] 为了打破僵局，大隈不得不作出让步，并批
准了陆军大臣的提案。对这位执意要扩大陆军预算的冥顽不化的陆军大臣，
军事委员会同样无可奈何。因此，10 月初发生的一系列事件使大隈意识到了
军事委员会权力的局限性。

12 月，这位日本首相发现了军事委员会更大的结构性缺陷：它甚至忽略
了日本国会在决定拨款的过程中所扮演的最重要角色，这是一项重大的疏忽。
在 12 月初国会开会时，扩军预算事项一如既往地主导了会议议程。政友会依
然是国会中最强势的政党，它利用军事拨款实现与大隈政府的政治平衡。虽
然财政大臣向国会议员们保证陆军与海军的扩军不会拖垮国家财政，但议员
代表们仍旧反对。由于此前他们已与海军建立了特殊关系以及客观上确实迫
切需要进行海军扩军，国会同意了海军的请求。然而，尽管有军事委员会的一
致推荐，国会仍然拒绝支持陆军增加两支师团的计划。[3] 因此，大隈面临着与
1914 年拖垮了山本内阁的相似处境。然而，这一届的日本首相并未辞职，而
是采取了另一种行动路线：大隈解散了议会，并要求于 3 月 25 日重新进行
选举。

无论是在法内还是法外，大隈在其权限内竭尽所能，以确保新一届国会对
其政府更趋友善。在堪称自 1892 年以来最腐败选举之一的本次选举中，大隈
及其政府重创了政友会。[4] 政友会在议会中失去了 72 个席位，而亲政府的党
派议员却增加了 83 人。虽然新一届国会议员的构成使陆军扩军请求更有可
能得到通过，但政友会势力的减弱引起了海军大臣矢代及其他海军人士的担
忧。因此，矢代指派海军副大臣铃木贯太郎在新国会内为海军寻找更多的盟

① Saitō, "Kokubō hoshin Dai-ichiji kaitei no haikei," 8.
② Saitō, "Kokubō hoshin Dai-ichiji kaitei no haikei," 9-10.
③ *Hara Kei nikki*, 22-25 Dec.1914: 4: 81-83.
④ Duus, *Party Rivalry and Political Change in Taishō Japan*, 90-91.

友,而这位手段高明的日本官员确实做到了不辱使命。① 在始于 5 月 15 日的三周议会会议期间,国会反对派议员先后四次提出了对政府的不信任动议。尽管如此,铃木的不懈努力终于促成政府通过了总额达 9,400 万日元的扩军计划,它可以用于支付 1911 年订购的在建的三艘舰船、八艘新驱逐舰及两艘潜艇的费用。② 尽管拥有内阁及军事委员会的支持,但能否获得国会的支持仍然是扩军的关键所在。对此,海军领袖们一直都有着明确的认识。

日本新海军大臣加藤友三郎上任后就立即开始竭尽全力地为海军下一轮一揽子扩军计划争取更多的精英阶层的政治支持。1861 年出生于日本广岛的加藤在海军中很快平步青云,并被广泛视为一名真正专业能干的官员。他曾在海军大臣斋藤实手下担任过副大臣(1906—1909),掌管过吴海军学院(1909—1914),且在舰艇上担任过各种不同的职务,包括曾在日俄战争中与海军上将东乡平一起并肩作战。1913 年 12 月,加藤被任命为第一舰队总司令。虽然他形容瘦削、体质屡弱,但拥有钢铁般的意志。带着这份坚强的意志,他积极地推进海军在政府中的利益。事实上,在日本海军获得了追加的9,400 万日元拨款的四个月后,当大隈内阁于 1915 年 9 月开会讨论 1916 年预算时,加藤又开始积极推销需要耗资 3.64 亿日元的八年海军扩军计划。1915年 9 月,大隈召开内阁会议,共同讨论 1916 年的预算事项。③ 具体说来,加藤要求内阁为 1916 年追加 4,300 万日元拨款,并为此后的海军进一步扩军做出坚定的政治及预算拨款承诺,即在 1917—1923 年间共拨款 3.21 亿日元。加藤在内阁会议上表示,那笔追加的资金能够使海军成功组建一支八四舰队。他和其他海军官员宣称,这支舰队对于保证日本帝国的安全至关重要。④

在 1915 年 12 月的国会会议上,大隈从一开始就为军事拨款问题埋下了

---

① Suzuki Hajime, ed., *Suzuki Kantaro jiden* (The autobiography of Suzuki Kantaro) (Tokyo: Ogikukai shuppanbu:1949):196-197.

② Takakura Tetsu'ichi, *Tanaka Gi'ichi denki* (Biography of Tanaka Gi'ichi), 2 vols. (Tokyo: Tanaka Gi'ichi denki kanko sha,1958):1:497.也可参见 *Najita, Hara Kei in the Politics of Compromise*,90。

③ Kaigunshō, Kaigun daijinkanbō, *Kaigun gunbi enkaku*,198-209.

④ Zōsen kyokai, *Nihon kindai zōsenshi*,16-18.

伏笔。早在 12 月 7 日的讲话中,大隈就告知国会议员们,内阁坚定支持海军扩军要求,并敦促国会"不要再浪费时间",抓紧为海军扩军划拨资金。① 此外,当议员们提及未来新的海军项目有可能给国家财政带来压力并以此向首相施压时,大隈重信立即做出了回应。他公开保证,海军扩军与国家财政并不冲突。是日晚些时候,在回答下院议员三井直彦提出的关于海军扩军长期目标的问题时,加藤也采用了同样的策略。与其之前所做的一样,加藤声称筹款组建八八舰队仍然是海军所期盼的长期目标,但是,为了大幅度减少拨款,他只要求组建一支八四舰队,以便兼顾国家财政的要求②。1916 年 2 月 24 日,国会通过了海军的扩军请求。

一年的拨款到位后,为完成更为宏大的八年计划的目标,在接下来的国会会议上,加藤继续努力确保余下的 2.62 亿日元款项能全部到位。在内阁大臣一致同意提供全额资金之后,该海军项目分别于 1917 年 1 月(第 38 次会议)和 1917 年 6 月(第 39 次会议)被提交到国会。在此期间,首相在预算通过之前解散了第 38 届国会。③ 该项目之所以在国会获得成功有很多原因。首先,支持海军及工业发展的政友会在 1917 年 4 月的选举中重新成为多数党,在381 个的国会议席中占有 162 个席位。随着海军将更多的舰船交由私人造船厂生产,政友会、产业界和海军之间的联系愈加紧密。同时,原敬于 1916 年在全日本的造船厂进行演说,敦促将更大规模的海军扩军作为促进工业发展的手段。④ 此外,于 1916 年 10 月上任的新首相寺内正毅及财政大臣胜田主计在国会上均煞费苦心地向议员们保证,海军扩军绝不会超出国家的财力范围。除了国内的政治因素之外,美国《1916 年海军法案》的通过也进一步从战略层面证明了海军观点的合理性,即海军扩军对于日本安全来说是非常必要的。

---

① Kaigunshō,Kaigun daijinkanbō,*Kaigun gunbi enkaku*,203-204.

② Kaigunshō,Kaigun daijinkanbō,*Kaigun gunbi enkaku*,206-207.

③ Katō Gensui denki hensan iinkai(Admiral Kato biographical compilation committee),*Gensui Katō Tomosaburō den*(Biography of Fleet Admiral Kato Tomosaburō)(Tokyo:Miyata Mitsuo,1928),80-85(此后被称为 *Katō Tomosaburō den*);and Zōsen kyokai,*Nihon kindai zōsenshi*,18-19.

④ Dingman,*Power in the Pacific*,54-55.

美国国会所通过的该法案规定在三年内拨款 5.88 亿美元用于建造 157 艘军舰。① 最终,国会议员们达成了一致意见。1917 年 7 月国会为海军扩军拨款 2.62 亿日元,加藤的第一个多年度预算方案以胜利而告终。②

没过多久,加藤又开始采取措施以稳固其前期的胜利成果。在国会通过海军八四舰队扩军提案的十天后,海军大臣就向首相寺内正毅提出了新的扩军要求。7 月 26 日,加藤敦促这位来自长州藩、曾是陆军上将的首相签署另一份舰队扩建计划,并要求其在下次国会会议上提出该议案。③ 具体来说,加藤希望获得 1.82 亿日元资金用以建造新舰船、4,300 万日元用以升级日本在建战舰。④ 加藤并没有简单地重复扩军是加强日本国家安全的必由之路这样的陈词滥调,而是列举了若干新的理由来支撑他最新的扩军计划。首先,加藤指出,巡洋舰是在战争期间用来袭击商船的有效武器,为此,日本需要进一步扩充巡洋舰,因此他建议拨款 1.82 亿日元用于建造巡洋舰。另外,美国发展高速重装甲巡洋战舰使得日本不得不有所行动,因而需要花费 4,300 万日元对正在日本建造的两艘巡洋战舰进行升级换代。然而,加藤所做的远不止这些。1917 年 10 月 10 日,这个海军领袖在与财政大臣胜田主计讨论之后,提出了追加 6,600 万日元用于建造两艘新的巡洋战舰的要求。这样一来,至 1923 年,当日本完成了全部的扩军计划后,就将拥有一支八六舰队。⑤ 1917 年秋,寺内同意了加藤的提议,并保证他会在下一届国会会议上为维护海军利益倾尽全力。

加藤深谙日本军事拨款方面的政治之道。他在向内阁递交方案后,便立即游说国会议员们支持扩军提案。国会议员并不难说服。海军扩军在一战期间日益普遍,这不仅提升了日本实力,还导致全球海军开支的增加。1916 — 1917

---

① Dingman,*Power in the Pacific*,38-40.

② *Katō Tomosaburō den*,79-87;Kaigunshō,Kaigun daijinkanbō,*Kaigungunbi enkaku*,214-226.

③ Zōsen kyokai,*Nihon kindai zoenshi*,19-21;Kaigunshō,Kaigun daijin kanbō,*Kaigun gunbi enkaku*,227-229.

④ Zōsen kyokai,*Nihon kindai zōsenshi*,19-20;Kaigunshō,Kaigun daijin kanbō,*Kaigun gunbi enkaku*,227-239.

⑤ Zōsen kyokai,*Nihon kindai zōsenshi*,20-21.

年间，像《时事新报》和《东京日日新闻》这样的报纸多次报道美国海军的发展，很多社评文章也抛出了类似为什么日本必须增强其海军实力以便迎头赶上的问题。① 海军军官在公共活动中也反复强调同样的主题。1917 年 6 月，在地方官员和政客的一次集会上，山本权兵卫的侄子、从事欧洲战争研究的海军研究局局长山本英介上校宣称，日本必须迎头赶上美国的海军扩军步伐。② 议会的多数议员都赞同这个想法，并且批评政府没有划拨充足的资金来进行势在必行的扩军。1917 年末至 1918 年间，国民党议员犬养毅要求政府不仅应当追加海军开支，而且要扩大日本军工复合体以提振日本经济。③

加藤渴望的海军扩军很可能在第四十次国会会议（1917 年 12 月—1918 年 3 月）上得以通过，其终极原因是立宪政友会再次成为日本国会中最强大的一股势力。在政友会于 1917 年 4 月在国会上获得多数席位之后，原敬转向寺内内阁寻求合作，旨在为他本人及其政党赢得更多的权力和更大的影响力。④ 因此，在包括海军扩军在内的一系列国内和国际事务上，原敬和立宪政友会普通成员都转而支持寺内内阁。1918 年 3 月，国会通过了加藤的所有扩军计划。1917 年 7 月至 1918 年 3 月短短九个月的时间里，加藤为海军争取了逾 5 亿日元预算资金，这势必会使日本的造船厂开足马力进行全负荷生产。⑤

大航海时代：战后扩军及八八舰队梦圆

欧洲战事的结束并没有破坏海军扩张主义者的预定计划。停战协议签署

① Saitō Seiji, "Kaigun ni okeru Dai ichiji taisen kenkyu to sono hado"（The navy's research on World War I and its influence）, *Rekishigaku kenkyu* 530（1984.7）: 19-21.

② Saitō, "Kaigun ni okeru Dai ichiji taisen kenkyu to sono hado," 20.

③ Saitō, "Kaigun ni okeru Dai ichiji taisen kenkyu to sono hado," 22.

④ Roger Hackett, *Yamagata Aritomo in the Rise of Modern Japan*（Cambridge, Mass.: Harvard University Press, 1971）: 308-309.

⑤ *Katō Tomosaburō den*, 81-83; Kaigunshō, Kaigun daijin kanbō, *Kaigun gunbi enkaku*, 238-239; and *Hara Kei nikki*, 15 Jan.1918: 4: 353.

数月之后,加藤极力推动成立八八舰队。[①] 这位意志刚强的海军上将与他最亲密的顾问们一起起草了一份宏大的计划书,包括建造 4 艘战舰、4 艘巡洋战舰、12 艘巡洋舰、32 艘驱逐舰、1 艘航空母舰、多艘潜艇以及数艘支援船。[②] 加藤认为,在 1920—1927 年的八年间,仅舰船建造费用就达到 7. 61 亿日元,而计划里不单单只有建造军舰这一项支出。[③] 鉴于八八计划的巨大规模,加藤与其智囊团都认为,沿岸的海军基础设施和工业设备也需要同时进行扩充。在之前的第四十次国会会议上,加藤告知议员们,即使政府继续拨款建设更多的战舰,原材料短缺和工业生产能力不足也会限制海军扩军。[④] 因此,大幅增加用于提升岸基海军工业的支出是八八舰队计划中的一项重要内容。这不仅是军工业的要求,也是政治上的一步妙棋。对岸基工业进行如此高额的拨款恰巧符合了支持工业发展的政友会代表们的意愿,拨款比例大概为此前的扩军预算的 5%—8%。[⑤] 此外,八八舰队计划还要求出资邀请英法的海军飞行员到日本担任海军飞行教练。虽然此项计划的成本与建造 4 艘超级无畏战舰级主力舰的费用相比显得微不足道,但是它所体现出的远见卓识进一步增添了整个计划的吸引力。海军中越来越多不同的群体——飞行员、主力舰支持者、潜水艇人员和那些赞成增加岸基开支的人都表示,此计划在很多方面都很有吸引力。对于所有海军人士来说,整个计划无可挑剔。

　　这份宏伟的计划,尤其是它对岸基设施的高度重视,吸引了支持工业发展的立宪政友会成员。政友会总裁原敬也完全赞成该计划。原敬作为政友会总裁在组建日本的第一届受多数党控制的内阁后,内阁中的敌对状态随之销声匿迹,随后,海军的政治经济计划获得了最为重大的进展,这多少有些讽刺意味。在"大米骚乱"促使寺内正毅内阁垮台之后,原敬于 1918 年 9 月成为日

---

① Kaigunshō,Kaigun daijin kanbō,*Kaigun gunbi enkaku*,244-258.

② Zōsen kyokai,*Nihon zōsen shi*,21-24;Kaigunshō,Kaigun daijin kanbō,*Kaigun gunbi enkaku*,239-254;Dingman,*Power in the Pacific*,125-128.

③ *Katō Tomosaburō den*,85-91.

④ 在下院预算委员会的演说。引用 Saitō 的语录,"Kaigun ni okeru Dai ichiji taisen kenkyu to sono hado,"22。

⑤ Dingman,*Power in the Pacific*,124.

本首相。在很多当时的见证者和后来的历史学家眼中，原敬的内阁被认为开启了日本多数党政府执政的时代。原敬在其任期内执政特色鲜明，实际上，其特色主要体现在三个方面：军事扩张（尤其是海军扩军），务实对待日本保守政界元老（山县有朋）以及立宪政友会权力的膨胀。以上三者之间有着极为紧密的联系。作为一名经验丰富、作风务实、富有政治野心的卓越的机会主义者，原敬深知，一个政党领袖要获得首相的权威以及保持其权力持久有效是极其困难的。原敬明白，他作为首相必须争取山县有朋的支持。山县有朋是立场保守、坚定支持军方的政界元老。即使在 1918 年，只要他愿意，他仍然能左右首相的选举。正如原敬在日记中所记载的那样："今天，左右内阁人选的人是山县有朋"。① 此外，为了能够长期掌权以便开展他所期盼的政治改革，并且让政友会重新成为议会的多数党，原敬很清楚他需要获取军事大臣的支持。因此，为实现上述两个目的，原敬与军方及山县有朋达成了一系列重要的战术上的妥协，以便为他自己和政友会赢得战略上的胜利。原敬在被任命为首相之前的一些谈判中公开宣称，其党派所称"完善国防"，即加强国家防卫能力，将是他内阁的工作重心。② 杜斯精辟地写道："首相肩负着既要与各政党又要与无党派精英人士进行妥协的重担"："只有那些义无反顾且具有强大的政治平衡能力的人才敢挑战首相这样的职位"。③ 原敬正是这样的人。

原敬承诺加大国防开支的举措最终赢得了山县有朋和军方的支持。在担任首相期间，他还致力于开展国内政治改革以进一步强化政友会的权力。具体来说，他的改革寻求促成小型选区的成立，他相信政友会在下届选举中将成为此类选区的主宰。此外，政友会的领导层还扩大了农村基础设施项目的建设，目的不仅是为强化政友会对其主宰的选区的控制力，也是在日本农村为政

① 引自 Hackett, *Yamagata Aritomo in the Rise of Modern Japan*, 318。

② Maeda Renzan, *Hara Kei den*(Biography of Hara Kei), 2 vols. (Tokyo: Takayama Shoin, 1943): 2: 368 - 369; Kaigunshō, Kaigun daijinkanbō, *Kaigun gunbi enkaku*, 232 - 234. In English, see Duus, *Party Rivalry and Political Change in Taishō Japan*, 136 - 137; Dickinson, *War and National Reinvention*, 211 - 217; Dingman, *Power in the Pacific*, 130 - 131.

③ Duus, *Party Rivalry and Political Change in Taishō Japan*, 85.

友会开辟新的权力堡垒。① 因此,原敬热心于海军扩军,因为军事扩军能实现政治稳定,进而使得政友会出身的首相有机会实施政治改革,而这些改革将会赋予首相本人及其政党更大的权力和影响力。

　　1919 年 10 月和 11 月的大部分时间,军费拨款成为预算讨论的焦点。财政大臣高桥对海军和陆军呈交的请求深感震惊,但是原敬鼓励他想办法同时为双方都提供资金支持,声称国防是预算的重中之重。② 原敬和陆、海军大臣一起探讨如何削减扩军拨款但并未将其完全从预算中剔除。原敬和陆军大臣田中就缩减陆军提出的扩军计划达成一致:将原先 14 年计划改为 8 年计划,而且启动时间从 1920 年推迟到 1921 年。至于海军,原敬得到了加藤的以下支持:同意减少用于建造支援船和潜艇的拨款,承诺将这笔资金用于继续建设岸基工业基础设施。为了获得这些增加的资金,原敬和高桥同意使用往年的剩余资金,占用偿债资金并增加清酒的税收。原敬预计,他所采取的这些措施不会引起任何政治争论,实际上,每一项举措都可用于收买军方以确保内阁的稳定。11 月 3 日,内阁通过了预算方案。③ 八八舰队又向成功迈进了关键的一步。

表 5　1915—1922 年日本军队、海军和国民支出以及军事人员

（支出单位:日元）

年份	军队支出	海军支出	国民支出	军队人数	海军人数
1915	¥ 84, 699, 978	¥ 84, 974, 783	¥ 583, 270, 000	242, 230	62, 881
1916	94, 813, 114	116, 625, 000	590, 795, 000	248, 175	67, 962
1917	123, 436, 576	162, 435, 084	735, 024, 000	251, 600	69, 428
1918	152, 081, 959	215, 903, 389	1, 017, 036, 000	255, 887	73, 328
1919	221, 268, 029	316, 419, 080	1, 172, 328, 000	260, 753	77, 626
1920	246, 557, 000	403, 202, 000	1, 359, 978, 000	275, 028	83, 668

---

① Duus, *Party Rivalry and Political Change in Taishō Japan*, 152-157.

② Dingman, *Power in the Pacific*, 130-131.

③ Kaigunshō, Kaigun daijin kanbō, *Yamamoto Gonnohyoe to kaigun*, 409-410.

年份	军队支出	海军支出	国民支出	军队人数	海军人数
1921	246,979,000	483,590,000	1,489,856,000	284,819	88,161
1922	230,909,000	373,892,000	1,429,690,000	292,612	78,837

资料来源：National expenditures and army and navy personnel are found in Statistics Bureau, *Historical Statistics of Japan*, 5 vols. (Tokyo: Japan Statistical Association, 1987): 5:525,528. Army and navy expenditure figures are taken from Naikaku tokeikyoku (Cabinet statistics bureau), *Nihon teikoku tokei nenakan* (Statistical yearbook of the Japanese empire), 59 vols. (Tokyo: Tokyo ripurinto shuppansha, 1962-1967): 43:507 (1924).

当然，八八舰队能否从一纸空文变成一艘艘实实在在的战舰，最后还得靠国会揭开这个谜团。虽然政友会在国会中没有占据绝对多数席位，但是原敬相信，他可以依靠足够多反对派议员的支持而获得所需多数，从而使他亲军方的扩军预算方案获得通过。为了实现这一目标，加藤在整个 12 月和 1 月以及 7 月都在游说国会议员。[1] 然而，在议会会议上，比起海军扩军，议员们更加关心男子普选权的提案。[2] 国会内外气氛十分紧张，有关普选权的争论更是火上浇油，而原敬正好利用了这种纷乱为其自身的政治谋利。2 月下旬，原敬解散议会并进行新的选举。当年春天，政友会击败了反对派，重新成为议会中的多数党派。选举的胜利一举决定了八八舰队的命运。政友会议员们在投票时不可能不支持助其全体重拾权力的本党总裁。在 1920 年 7 月召开的议会上，下院议员以压倒性的优势通过了海军的八八舰队计划。[3] 加藤和原敬有理由为此进行一番热烈的庆祝。

海军防卫的幻想与实用主义的限制策略

无限制的海军扩军本身并不是确保国家安全的手段。"一战"前，一些国

---

[1] *Katō Tomosaburō den*, 83-87.

[2] Duus, *Party Rivalry and Political Change in Taishō Japan*, 154-157.

[3] *Katō Tomosaburō den*, 85 - 91; Kaigunshō, Kaigun daijin kanbō, *Kaigun gunbi enkaku*, 244-258.

家的海军军官们不遗余力地想要达成这个目标,即成就其海军扩军大业,但一
战带给了他们最明确、最刻骨铭心的教训。国民党总裁、国会议员犬养毅曾公
开说过:"国防"不仅包括"由陆军和海军提供的防卫",也需要使用"有效手段
协调贸易和生产"以达到国家防卫的目标。① 犬养毅的观点是正确的。尽管
军队领袖可以从日俄战争中吸取这一显而易见的教训,但是一战使军人及政
客们对现代战争的理解更加全面。除了犬养毅之外,其他包括海军人员在内
的人士也都吸取了这一教训。临时海军事务研究委员会也形成了类似的研究
结论,该委员会是 1915 年 10 月成立并由海军上将山屋和竹下勇掌管的,②它
的研究发现,战争的胜利不仅取决于陆上战场和海上兵力的实力,也取决于经
济、工业及民间的综合实力。这些研究成果得到了诸如秋山真之这些曾经在
战争期间去过欧洲的海军军官们的认同。秋山总结说,要想取得战争的胜利,
拥有强大的工业实力及丰富的资源与拥有数量众多的现代化战舰一样至关
重要。③

　　然而,这场战争暴露了日本的致命弱点——工业生产能力薄弱以及自然
资源和钢铁几乎全部依靠进口。早在 1918 年,实施由议会通过的八六舰队计
划导致民间海军造船厂和海军兵工厂达到了生产力的极限。如果没有更大规
模的生产能力,用于制造战舰的资金将无法使用。这就是为什么海军从八八
舰队预算拨款中拿出一大部分来发展工业的原因。重要的是,在海军将领努
力推动增加产能的同时,民营企业也开始付出同样的努力。为了完成更多海
军订单,三菱集团向长崎造船厂投资了近 2,100 万日元,川崎重工也立即效
仿。但后者投入了更多的资金,在 1919 — 1921 年间共投资了大约 1 亿日
元。④ 虽然付出了以上艰苦的努力,但越来越多的海军军官仍然怀疑尽管用

① Inukai 在 1917 年 1 月 25 日的演说。引自 Saitō 的语录,"Kaigun ni okeru Dai ichiji taisen kenkyu to sono hado,"22。

② Saitō,"Kaigun ni okeru Dai ichiji taisen kenkyu to sono hado,"17-19.

③ Dingman,*Power in the Pacific*,125.1917,许多 Akiyama 的报告被连载到 *Jiji shinpo* 上并且被译成英文以 *A Japanese View of the War* 为书名在伦敦发表(London:T.Fisher Unwin,1917)。

④ Shiba Takao,"Fukyo ki no nidai zōsen kigyo,"*Keiei shigaku* 18:3(1983):13-15.

于建造军舰的资金非常雄厚，但目前的工业增长速度能否为海军和日本提供
足够的生产能力，以使其投身于与美国的海军军备竞赛中。

要回答这个问题，必须先撇开造船能力看一看战舰建造及使用所需的原
材料。尽管 1918 年大部分舰艇还在使用燃煤，但制造军舰需要两样至关重
要的原材料——优质钢和石油。使用燃煤助力的军舰在一战后逐步淘汰，
这也给日本海军界带来了极大的焦虑，因为日本缺乏石油以及其他用于制
造优质钢的材料。虽然在一战期间日本对进口钢材的依赖程度要低于 20
世纪 30 年代后期对进口石油的依赖，但造船厂以及海军在钢材进口不顺畅
的时候仍然损失惨重。在战争后期，日本无法从英美进口钢材，前者是因为
国内需求，而后者是由于政治驱动的禁运。① 最糟糕的事发生在 1917 年，日
本超过九成的造船钢材来源于美国，而当美国停止出口后，日本的造船厂和海
军都遭到了巨大的打击。川崎重工和日本三井等企业向日本政府施压，要求
就取消钢铁禁运与威尔逊总统进行直接协商，川崎重工等公司还直接与美国
钢铁商接洽以获取生产所需的钢材。② 这两项行动并没有影响美国决策者，
并且，美国政府拒绝改变其立场。然而，更糟糕的是，加藤逐渐认识到，由于
日本资源匮乏、造船能力有限，而美国资源丰富、造船能力先进，日本不能以
传统方式抵御或抗衡美国海军的不断壮大，也就是说，考虑到日本的工业生
产能力，日本不能进行无限制的海军扩军。早在 1919 年 2 月，加藤就向质
疑他，更准确地说，向批评他的议员们坦承，海军无法一直保持无限制扩军的
步伐。③

一战暴露了日本（与美国相比）资源短缺和工业产能低下对其经济、军事
发展造成的多种限制。至 1918 年，海军规划者们相信，一旦爆发日美战争，那

① Jeffrey Safford, "Experiment in Containment: The United States Steel Embargo and Japan,
1917" *Pacific Historical Review* 39(Nov.1970) :439—452.

② Kawasaki jukogyo, *Kawasaki jukogyo kabushiki kaisha shi*, 80—82.

③ 在下院预算委员会的演说。引自 Saitō 的语录，"Kaigun ni okeru Dai ichiji taisen kenkyu
to sono hado," 22。

注定是一场旷日持久的消耗战,而日本上述劣势在这样的消耗战中将是致命的。[①] 到了 1919 年,加藤开始认识到与美国进行无限制的海军竞赛意味着自找麻烦。美国 1916 年的海军扩军计划,加上战后进一步扩建舰队的计划,让加藤和其他海军军官很是担忧。加藤相信,美国无限制的海军扩军会"导致美日力量的不均衡",太平洋也可能成为"美国的内湖"。[②] 撇开夸张的成分不说,加藤的担心并不是毫无根据的。日本不能赢得与美国之间的海军军备竞赛,而且八八舰队计划的完成可能会引起一场难以为继甚至灾难性的军备竞赛,进而导致较之以往更为紧张的美日关系。

加藤相信还有另一个选项。在整个国际体系中海军能发挥的作用毕竟是有限的,而且,一些苛刻的国际协议禁止美军强化其在太平洋岛屿预先建立的军事基地,如关岛和菲律宾群岛,这些因素使加藤、海军以及整个日本在解决其面临问题时有了一个可能更为实用的方法。加藤开始意识到与美国进行残酷的军备竞赛的诸多缺点以及日本对海军发展进行适度限制可能会带来的潜在优点,海军部国联事务研究委员会在 1921 年 7 月发表的一篇报告让他的立场变得更加坚定。[③] 该委员会的研究表明,适度限制加上禁止美国强化防御工事实际上可以改善日本海军在与美国抗争中的处境。另一方面,到 1925 年,与美进行的无限制海军竞赛会进一步将日本与美国主力舰的比率降低至70%,包括国联事务研究委员会成员在内的很多海军人士均相信,这对于日本本土及帝国的安全都是极其危险的。加藤最终坚信,实用主义策略,即在国际

---

① Boeicho boei kenshujo senshishitsu(Self-Defense Agency, Self-Defense Research Institute, War History Office), *Kaigun gunsenbi, ichi*; *Showa jurokunen juichigatsu made*(Naval armaments and war preparations number one, up to November 1941)(Tokyo: Asagumo shinbunsha, 1969): 1: 146.

② Asada Sadao, "Japanese Admirals and the Politics of Naval Limitation: Katō Tomosaburō vs Katō Kanji," in Gerald Jordan, ed., *Naval Warfare in the Twentieth century*: 1900-1945(London: Croom Helm, 1977): 146. Asada quotes from Kobayashi Tatsuo, ed., *Suiuso nikki*: *It ke monjo*(Green rain diary: Ito family papers)(Tokyo: Hara shobo, 1966): 298-304.

③ Dingman, *Power in the Pacific*, 187-189. 这份报告可见于位于东京的国家防卫署的国防研究所的论文中,也可见于 Enomoto Juji(Professor of the Naval Staff College)的论文中。我想感谢 AsadaSadao 提醒我注意这些档案。

体系框架内设置各种限制，是确保日本长期军事、经济、政治安全的最可靠、最稳定的方法。

　　然而，并不是所有日本海军人士都同意加藤关于海军应该进行有限制扩军的观点。① 对加藤友三郎批评最为犀利的是加藤宽治（无亲属关系），1921年他是海军总参谋部的一位海军中将。作为一名拥有敏锐军事头脑的舰队司令，加藤宽治同意加藤友三郎及很多其他海军将领的观点：一战清楚地表明了美国在工业和军事潜能上拥有压倒性的优势，特别是与日本相比。他还认为，这迫使日本在和平时期建立一支强大的舰队，这样在战时就能够取得对美海军的快速、彻底、决定性的胜利。② 此外，他觉得日本不能赢得对美持久战的胜利，也不能在战时迅速打造一支舰队。因此，他指出，日本应当拥有一支庞大的常规舰队，以便在未来对美战争的初期就能迅速赢得决定性的胜利，而有限制的扩军却与这种逻辑相悖。

　　是否进行有限制的扩军使得两位加藤产生了分歧，而且从政治上解决这一问题颇费周折。在接到美国政府邀请去华盛顿讨论限制海军扩军问题的邀请后，原敬首相任命加藤友三郎为日本的首席代表，他是当时参加会议的列强中唯一一名在役的海军军官。在原敬看来，加藤不仅作风务实，也是海军里最成功的行政长官以及之前多次舰队扩建计划的支持者，因此他是日本为数不多的既能够成功完成限制海军扩军谈判又能使谈判结果被日本海军接受的人士。原敬的想法是正确的。在华盛顿会议期间，加藤友三郎遭到加藤宽治的强烈批评和挑战，后者是海军总参谋部为日本代表团指派的首席海军专家。虽然加藤宽治最初辩称，任何导致美日海军不平等的军限协议对日本来说都是政治上的羞辱、军事上的灾难，但他最终还是接受了美国不论在政治还

---

　　① 关于限制扩军问题的内部辩论最为全面的探讨可见于 Asada："Japanese Admirals and the Politics of Naval Limitation，"141-166。

　　② Asada Sadao，"The Revolt against the Washington Treaty：The Imperial Japanese Navy and Naval Limitation，1921-1927，"86；Katō Kanji Taishō denki Kanko kai（Admiral Kato biographical publication association），*Katō Kanji Taishō den*（Biography of Admiral Kato Kanji）（Tokyo：Katō Kanji Taishō denki hensankai，1941）：756-757.

是军事上都不会接受与日本平起平坐的事实。因此,他转而努力说服加藤友三郎接受日本与英、美海军实力比不能低于 70% 的条件。70% 已经是最理想的比例了,它最初是由海军少校佐藤铁太郎在日俄战争后明确提出的。日本海军战略家们相信,这会使日本在对美的环太平洋海军作战中有机会取得胜利。

并不是只有加藤宽治和佐藤铁太郎坚持 70% 的比例。国联海军事务研究委员会也赞同佐藤先前的研究结果,建议不要接受低于 70% 的比率,并指出"在这个问题上没有任何妥协的空间"。① 委员会还警告说,如果美国继续进行海军扩军或在关岛和菲律宾群岛加强军事设施建设,日本在西太平洋海域的地位将会受到严重威胁。虽然加藤友三郎拒绝接受任何特定的比率,但是国联海军事务研究委员会的建议、美国军事设施的加强与加藤个人理念产生了共鸣,因此这位海军大臣决定,坚持在任何达成限制海军军备的协议中增加不设防的条款。

在增加美国在西太平洋军事基地不设防这一特定条款的前提下,加藤友三郎同意接受 60% 的比率,加藤宽治对此非常愤怒,但是在华盛顿他几乎没有周旋的余地。原敬给予了加藤友三郎谈判时相当大的权力,使他可以随时达成自认为合理的协定。就像之前在东京预算协商中所做的那样,在华盛顿所进行的谈判中,加藤这位资深的政客也同样坚持了实用主义策略。加藤友三郎断然拒绝接受比他资历更浅的小加藤的建议,选择了一条他认为符合日本军事需要的道路。根据加藤后来的回忆,他是基于直觉判断而做出该决定的,他当时的想法是,通过外交手段避免与美国交战是最有把握的确保日本安全的途径。加藤友三郎最终所签署的条约导致了八八舰队计划的夭折。② 梦寐以求的八八舰队计划是通过大量的政治努力才得以最终通过的,它的夭折完全出于实用主义的考量。

---

① Asada, "Japanese Admirals and the Politics of Naval Limitation," 149.

② Asada, "The Revolt against the Washington Treaty," 87.

小　结

对于日本海军而言，一战带来了两个不同却相互关联的结果。一方面，海军实现了两个最重要的目标：一是进行舰队扩建最终组建八八舰队，二是成就南太平洋帝国。海军上将们在战争初期抓住时机实现了第二个目标；而加藤和矢代，特别是前者，在整个战争期间为了实现第一个目标一直在不知疲倦地工作。他们像前任一样，积极开展了各种政治活动。在国内政治领域，加藤娴熟地结合了机会主义及实用主义的手段，成为海军中最成功的行政长官，可能更甚于斋藤实和山本。然而，加藤得到了多任首相的大力协助，这几任首相都清楚，擅长军事拨款之道是政治成功乃至政治存亡的基础。此外，如同 20 年前中日战争结束后所发生的那样，战时流入日本的大量资金使议会不再严厉抨击与国力不协调的庞大军事扩军计划。在这样一个支持海军扩军的理想环境中，加藤成功了。

然而，战争所揭示的另一些令人困扰的事实淡化了上述加藤和海军的成功。20 世纪初期的战争从本质上已经发生了改变，如同对马海峡战役那样，一个国家的兴衰不再取决于某一次或一系列激战的成败，不论这些战争从狭义的战术层面上来说有多么的全面或彻底。战争不仅是一种严格意义上的军事现象，而且也是一种工业、经济和社会层面的总动员。这种变化对像日本这样的新兴工业国家影响极大，因为它不仅自然资源匮乏，而且工业产能远远低于最有可能成为其对手的其他强国。如果追求和实现海军扩军目标最终导致与美国无限制海军军备竞赛，那么这样的扩军永远不可能给日本带来军事和政治领袖们所期盼的安全。对于日本来说幸运的是，像加藤友三郎这样的海军将领意识到，尽管从海军建立以来，扩军一直是其领袖们前进的动力（如果不是压力的话），但是扩军已不再是其唯一的政治诉求。

结　论

　　在华盛顿限制海军军备会议召开前夕,日本海军不仅是军力强大的战争工具,也是一个组织结构复杂、处事老练的国家机构。日本海军因在实力上名列世界第三以及它曾经取得的骄人战绩赢得了来自国内外应有的尊重。海军在和平时期及战时所取得的辉煌成就激发了日本人的民族自豪感,维护了日本的殖民利益,并向世界证明日本已经崛起成现代工业帝国。日本海军从由来自不同藩国的一群士兵组成的"乌合之众"(这是山本权兵卫于1893年对明治早期海军所做的描述)到1922年发展成了一支驰骋东亚海域、令人敬畏的强大舰队。① 相比于其他国家机构,海军的发展壮大更能形象地折射和全面地影响现代日本国的崛起。

　　规模庞大的舰队、训练有素的海员以及战力强大的军舰都需要庞大的财政支出。日本政府为提升海军的国际威望和实现海上安全付出了巨大的代价,不过日本的政客和国民们都愿意为之付出如此大的代价。日本的海军上将们在掌握了有关预算拨款的政治之道后,获得了发展、使用及维护一支庞大舰队所需的巨额资金。日本海军能以多快的速度、多高的效率以及在多大程度上成长为一支强大的军事力量和民族主义的象征取决于它的政治参与度和由此获得的资金额。购买或建造军舰、训练海员以及进行海战都需要资金,但只有掌握了必要的政治之道才能确保资金"流向"海军。在1868—1922年

---

　　① 山本于1893年向《中央新闻》做了如此的描述。参见 *Chuo shinbun*,3 June 1893.重印于 Ko Hakushaku Yamamoto kaigun taishōdenki hensankai,*Yamamoto Gonnohyōe den*,1:345。

间,日本主要的海军上将和政治家们在国内的工作重心(如果不能说是唯一的当务之急的话)是努力获得不断增加的预算拨款。这一备受忽略的政治过程是我这本书一直重点研究的对象。

在明治-大正时期,日本的海军上将们成功地说服了自己的同僚、党派政治家以及民众支持海军扩军。由于在海军中成长起来的领导人都是实用主义者,他们很快适应并成功掌握了国家财政的政治之道,因此他们首先在政治领域获得了成功。在我的研究所涉及的年代里,海军最终不仅顺应了时代的发展趋势还成为它的推动者,由此日本从一个寡头统治政体演变成了一个代议制民主国家。由于军人和日本的政界元老享有政治特权,这种代议制民主仍带有家长式作风和保守倾向。之前,预算决策过程是由寡头统治者秘密掌控的,现在却变成了一个由议会进行公开辩论的更透明的过程,海军为适应这一新变化竭尽了全力。1890 年后,海军领袖们不再只依靠在精英政治层面与寡头统治者的关系来获得政治和财政支持,而是不得不与日本的民选政客们进行合作。他们这样做并不是因为他们想支持民主或是正在加速发展的政治多元化进程和宪政政府本身,而是出自要么是臆想的,要么是客观存在的部门利益的需要。但是,在接触外界并广泛参与各种政治活动的过程中,海军找到了一些让自己受益匪浅的盟友,他们愿意支持大规模的海军扩军。

在海军所获得的所有政治盟友中,政友会无疑是最重要的,它给海军提供了最长久的支持。政友会是在日本的明治晚期及大正早期崛起成为国会多数党的。考虑到日本国会所拥有的预算拨款权,海军寻求与该党建立密切联系并不是一件令人惊讶的事。更重要的是,像山本权兵卫、斋藤实及加藤友三郎这样的海军领袖发现政友会乐于接受他们的政治建议。与上述三位领袖领导的海军一样,由伊藤博文、西园寺公望及原敬领导的政友会也奉行类似的实用主义政治路线,而这种实用的机会主义路线是海军-政友会联盟得以建立的关键。由于政友会和海军都将基于长州藩的山县-陆军派系视为最危险及最强劲的政治对手,因此双方都希望联合起来共同对抗这一政治派别。但是,海军-政友会联盟的建立不只是一种受制于保守势力的被动反应,更是一种主动性的产物,它不仅积极为双方提供重要机遇以获取和扩大各自最渴望得到的权力,还是这种联盟关系得以长久维持的关键所在。尽管海军领袖多次利用宪法赋予海军的特权来胁迫首相或后任首相,但是他们并没有也无法有效地胁迫国会议员和党派政客。海军需要国会的支持,但是对于海军领袖们来说幸运的是,他们无须采取一些咄咄逼人的政治手段来赢得政党们的支持。在山本、原及西园寺担任内阁首相时,政友会之所以支持海军扩军主要是因为与海军合作能够带来政治稳定,也因为该党领袖们很快意识到满足无党派精英人士的要求并与他们开展建设性合作的必要性,只有这样他们才能攫取政府中位高权重的职位,其中包括位列首位的首相一职。政友会在实现政治稳定并获得一个重要的无党派精英盟友之后,不仅攫取了更大的权力,还一度主宰了精英政治。该政党实施了党首们期盼已久的政策以及梦寐以求的计划,所有这一切都围绕一个目标:进一步扩大政友会的权力。与昭和早期一样,在日本的明治晚期和大正时期,政友会并不是由"讲原则的和平主义分子"组成的,①而是由讲究实用主义的机会主义分子组成的,海军也具有完全相同的特征。

在政治精英层面培养自己的盟友只是海军工作的一部分。为了寻求对代价高昂的海军扩军事业的支持,海军人士还在议会之外付出了辛勤的努力。海军领袖们很快意识到,为建立一支庞大的海军寻得必要的政治支持需要在全国范围内进行不懈的努力。海军人士们深知,海军建设需要大量的资金,因此,他们不仅需要与民众进行合作也需要他们的支持。为了激励民众支持海军,海军人士进行了广泛的宣传和形象的展示以向人们推广海军及其扩军计划。通过制作印有新舰下水仪式的明信片、组织海军阅兵、印刷包括小册子和报纸文章以及通俗小说等大量亲海军的书面材料,海军领袖们不仅成功地宣传了海军还成为民族主义的重要传播者。以上成功不仅证明海军已经成为一个越来越老练的政府机构,还表明支持海军至上主义的民众也变得越来越多。政友会及其他当选政府官员支持海军扩军——虽然在第一次世界大战前他们

---

① Gordon Berger, *Parties Out of Power*, 1931 – 1941 (Princeton: Princeton University Press, 1977):354.

并没有给予海军期望得到的那么多支持——不仅仅是出于精英政治层面的实用主义目的，也是因为海军及其扩军事业在公众中获得了更多的认可和赞同，很明显它们比陆军更加受人青睐。在一个没有任何海军传统的国家，仅凭这一点就能算得上海军领袖们所取得的一个重大成就。

日本海军就像一面镜子，不仅折射出了日本明治晚期及大正早期充满活力的政治和社会环境，也折射出了日本在军事及工业生产能力上存在的局限性。特别是在与日本海军的主要假想敌美国相比时，这一劣势表现得更为显著。在1914年之前，英国造船厂为日本提供了绝大部分主力战舰。海军装备的生产主要在第一次世界大战期间转给了国内造船厂，由此海军扩军的进程得以提速，但私人及海军造船厂和兵工厂很难满足海军扩充装备的需求。日本海军上将们对此忧心忡忡，从中他们正确地领会了一战所带来的经济、工业以及政治军事方面的教训。与美国海军1916年及1919年的建设计划相比，日本海军的前景显得更为暗淡。对于那些曾客观审视过这一前景的海军上将们来说，形势显而易见：在海军竞赛中，日本永远不会赶上更不会超过美国，因为后者不仅拥有丰富的资源还拥有强大的工业生产能力，因此，正如加藤友三郎所说的那样，限制海军装备和美国在西太平洋基地的军事存在是确保日本海军及国家安全最稳妥的方法。

不是所有的海军人士都能像加藤友三郎一样对第一次世界大战及其教训理解得如此准确。限制海军装备的做法在日本海军内部激起了强烈的不满，因为它完全违背了大多数海军官员一直以来据理力争并为之浴血奋斗的目标：海军扩军。追求海军扩军及更多的预算拨款不仅是日本海军的政治事业，也是将该机构维系和团结在一起的纽带，然而，限制海军装备在自20世纪20年代中期以来的很长时间内一直都在不断瓦解海军的这种凝聚力。反对限制海军装备的官员们借助内部大清洗及公众的危机感，要么将海军中的实用主义政客边缘化，如财部彪、山梨胜之进以及堀悌吉，要么将他们从海军中清除出去。① 这些被称为"舰队派"的官员在海军及国家政府里一旦攫取了要职，

---

① Pelz, *Race to Pearl Harbor*, 15.

就迫不及待地盼望着限制海军装备条约的到期并将海军及日本国重新带回代价高昂、不设任何限制的海军扩军之路。他们的共同理念是：这是实现海军及国家安全的最佳途径。20 世纪 30 年代，因消费支出的大幅增长而争取增加预算额再次成为日本海军政治的中心任务，但谋求更多的预算拨款极大地影响了海军的战略重心及军事规划。海军选择南进战略不仅是因为日本可以从中获取丰富的资源——这些资源对于海军和日本政治的其他行为体同样重要——也因为海军之前与那些提倡"南进运动"的民间人士之间业已建立了密切的联系。向南扩张是由海军领导和保驾护航的，它可能会造成日本与美国及英国海军的冲突，所有这些都被海军用来作为扩建其舰队的理由①。1934 年，当陆军上校铃木贞一询问海军是否认真考虑或计划过与美国间的战争时，海军副总长末次信正上将回答道："当然考虑和计划过。如果我们得到必需的预算拨款，即使与美国一战也没什么大不了的。"②海军确实获得了想要的预算拨款。20 世纪 30 年代以后，海军领袖们成功获取了建成世界最强大海军之一所需的资金。到 1938 年，日本的军费开支达到了国家总支出的70%，这一比重让人惊诧。

但是，为了实现自己的目标，这些"舰队派"官员们是否如同日本明治-大正早期的斋藤和山本一样破坏了立宪政府、自由主义和民主原则呢？毫无疑问，即使在今天，军人中挟持政府并将日本拖入死胡同的幽灵在某些地方仍然阴魂不散。但是，与 20 世纪头十年及 19 世纪 90 年代的海军领袖们一样，20世纪 30 年代的海军领袖们同样得到了一些政党的支持，他们每年都给海军大幅度增加经费支出大开绿灯。与明治和大正时期的政党一样，20 世纪 30 年代的日本政党本可以利用他们拥有的预算决策权更积极有效地反对和抵制军事扩张，但他们作出了相反的选择，因为如果不这样做，不仅他们的政治地位

---

① Mark R.Peattie, "*Nanshin*: The Southward Advance, 1931–1941, as a Prelude to Japanese Occupation of Southeast Asia," in Peter Duus, Ramon Myers, and Mark Peattie, eds., *The Japanese Wartime Empire*(Princeton: Princeton University Press, 1996): 218–219.

② Michael Barnhart, *Japan Prepares for Total War: The Search for Economic Security*, 1919–1941 (Ithaca: Cornell University Press, 1987): 39.

将受到严重的威胁,他们谋求获取更大权力的目标也将受到严重的阻碍。具有讽刺意味的是,在国会成立之初也就是被很多人视为明治独裁统治最黑暗的时期,国会议员们却以政治及道德原则为由真正利用了手中的立法权挫败了海军扩军的企图①。但是,在日本的明治-大正及昭和早期,议员们却很少延续这一做法。随着政党领袖们的野心不断膨胀以及政党自身的不断发展壮大,这些政党领袖开始与海军领袖一样,为达到自己的目的而竭力操纵政治。为此,日本的党派政客们努力打造与无党派精英行为体的联盟关系,其中最受他们青睐的当属军事部门。1930 年,在一次纯属政治机会主义的活动中,政友会与加藤宽治一起公开谴责《伦敦海军条约》,明目张胆地试图陷滨口首相的民政党内阁于不义并促使其倒台。他们的这些行为不仅源自国内政治机会主义的动机,也基于军事战略方面的考量。② 在第二次世界大战前的日本,军事部门已经崛起为拥有强大实力、雄厚资金并积极参与各种政治活动的政府机构,国会议员们对此难辞其咎,因为他们与 20 世纪 30 年代的议员们一样,都投票支持甚至经常不遗余力地推动日本明治-大正时期军费的增长。

　　在二战前日本历史的进程中,海军领袖们没有挟持、颠覆或逃避过任何政治活动和自然政治进程,相反,他们给予了认可和赞同并由此掌握了其中的政治之道。海军不是一个沉默不语、不关心政治的机构,恰恰相反,海军领导层是一个在政治上非常活跃的精英团体,他们与日本的其他精英和非精英行为体建立了联盟关系。在明治和大正时期,日本已经成为一个多元化的代议制民主国家。为了获得梦寐以求的扩充舰队所需资金,海军领袖们除了积极参与政治别无选择。就这样海军终于崛起为一个政治精英团体,他们在地方及政治精英层面勤勉工作以获得更多的预算拨款。海军的这一崛起在第二次世界大战前的日本可谓名声大噪。一位外国观察家在 19 世纪至 20 世纪之交曾将日本海军描述为"公认的接受各种过时及破旧的商用或军用船只的市场",

① 参见 DNTG,1:1441-1492,1:1999-2011,2:360-376,2:616-622。

② Berger,Parties Out of Power,36.

但这支海军在 20 世纪上半叶却发展成为世界最强大的海军之一。① 日本海军在海上及陆上的崛起极大地影响了日本的国内政治并有力地推动了日本发展成为地区强国的进程。与此同时,日本海军也参与塑造了东亚、太平洋地区以及二战前最重要的对手美国的现代史。

① Joseph H.Longford,"The Growth of the Japanese Navy,"*The Nineteenth Century and After*,54:319(Sept.1903):474.Also quoted in Cornwall,"The Meiji Navy,"42.

责任编辑:刘敬文

责任校对:吕　飞

图书在版编目(CIP)数据

"兴风作浪":政治、宣传与日本帝国海军的崛起:1868~1922/(美)史乐文 著;
　刘旭东 译.-北京:人民出版社,2016.1
ISBN 978－7－01－015700－9

Ⅰ.①兴…　Ⅱ.①史…②刘…　Ⅲ.①海军-军事史-日本-1868~1922
　Ⅳ.①E313.53

中国版本图书馆 CIP 数据核字(2016)第 004031 号

Making Waves:Politics,

Propaganda,and the Emergence of the Imperial Japanese Navy,1868-1922

Stanford University Press,2005

"兴风作浪"

XINGFENGZUOLANG

——政治、宣传与日本帝国海军的崛起（1868－1922）

[美]史乐文 著　刘旭东 译

人民出版社 出版发行

(100706　北京市东城区隆福寺街 99 号)

北京中科印刷有限公司印刷　新华书店经销

2016 年 1 月第 1 版　2016 年 1 月北京第 1 次印刷
开本:710 毫米×1000 毫米 1/16　印张:17
字数:251 千字

ISBN 978－7－01－015700－9　定价:40.00 元

邮购地址 100706　北京市东城区隆福寺街 99 号
人民东方图书销售中心　电话 (010)65250042　65289539